Lothar J. Seiwert

Mehr Zeit für das Wesentliche

Lothar J. Seiwert

MEHR ZEIT FÜR DAS WESENTLICHE

Der internationale Bestseller

Besseres Zeitmanagement mit der SEIWERT-Methode

20. Auflage

REDLINE WIRTSCHAFT
bei verlag moderne industrie

Die Deutsche Bibliothek – CIP-Einheitsaufnahme

Seiwert, Lothar J.:
Mehr Zeit für das Wesentliche : besseres Zeitmanagement
mit der SEIWERT-Methode / Lothar J. Seiwert. – 20. Aufl. –
München : Redline Wirtschaft bei Verl. Moderne Industrie, 2002
ISBN 3-478-38442-7

20. Auflage Juni 2002
1.-19. Auflage 1984 - 2000

Übersetzt in mehr als 20 europäische Sprachen
sowie ins Chinesische, Japanische und Koreanische.

1. TB-Ausgabe mvg-verlag 1995, 8. Aufl. 2002

©2002 verlag moderne industrie, 80992 München
Internet: www.redline-wirtschaft.de
Internet: www.seiwert.de (Diskussionsforum mit dem Autor)

©1984 verlag moderne industrie, 86895 Landsberg/Lech

Schutzumschlag: Felix Weinold, Schwabmünchen
Autorenfoto: Andreas Boettcher, Frankfurt
Illustrationen: Udo Kübler, Leimen
Satz: abc.Mediaservice GmbH, Buchloe
Druck: Himmer, Augsburg
Bindung: Thomas, Augsburg
Printed in Germany 38442/030001
ISBN 3-478-38442-7

Inhalt

Geleitwort

Haben Sie genug Zeit?

Ihre Antwort auf diese Frage wird vermutlich ein klares „Nein" sein. Und Sie befinden sich dabei in guter Gesellschaft: Etwa 90% aller im Berufsleben stehenden Menschen werden so wie Sie antworten.

Zeit ist ein „kostenloses" Gut, von dem jeder die gleiche Menge zur Verfügung hat. Zeit ist aber gleichzeitig eines der kostbarsten Dinge, die wir überhaupt haben können. Sie ist unersetzlich, sie ist unwiederbringlich verloren, wenn wir sie falsch oder gar nicht nutzen.

Wenn es gelingt, die uns zur Verfügung stehende Zeit optimal zu gestalten, dann werden wir in der Lage sein, viele Probleme zu lösen, Streß abzubauen und so einen neuen, optimistischen Lebensstil zu entwickeln.

Hierzu gehören konsequente Zeitplanung und effektive Arbeitsmethodik. Beide sind mit etwas Selbstdisziplin erlernbar.

Dieses Buch wird Ihnen Wege und Möglichkeiten aufzeigen, Ihr Ziel zu erreichen: Zeit für das Wesentliche zu haben, Zeit für kreatives Schaffen, für Führungsaufgaben und – last but not least – Zeit für Ihr Privatleben, für Ihre Familie.

Dies wünsche ich Ihnen.

Hamburg, im März 2002   Klaus-Jochen Schaeffer
                                                      Time/system International

Vorwort zur 20. Auflage

Seit dem ersten Erscheinen im April 1984 hat sich *„Mehr Zeit für das Wesentliche"* zum wichtigen Standardwerk für Zeitmanagement und nationalen wie internationalen Sachbuch-Bestseller entwickelt. 1990 wurde es von der Publishers Marketing Association (PMA) mit dem Benjamin-Franklin-Preis für das *„Beste Business-Buch des Jahres"* in den USA ausgezeichnet.

Das Grundkonzept und Gliederungsgerüst auf der Basis des (Zeit-)Management-Regelkreises hat sich erfolgreich bewährt und konnte beibehalten werden; im Laufe der Jahre wurden von Auflage zu Auflage aktuelle Änderungen in die entsprechenden Kapitel eingearbeitet. In der 12. Auflage erhielt *„Mehr Zeit für das Wesentliche"* ein völlig neues, „zeit"-gemäßeres Erscheinungsbild, das auch für die folgenden Auflagen übernommen wird.

Für Ihre erfolgreiche Praxis nach der Lektüre dieses Arbeitsbuches bedenken Sie bitte: Zeitplantechniken und Arbeitsmethoden stellen nur die eine Seite für besseres Zeitmanagement dar. Die andere Seite, nämlich eine positive Grundeinstellung im Umgang mit der Zeit und Ihrer Mitwelt, verbunden mit konsequentem Verhalten und persönlicher Selbstdisziplin, ist der Teil, den ausschließlich Sie einbringen können – und müssen.

Schon Erich Kästner reimte: „Es gibt nichts Gutes, es sei denn, man tut es."

Ich wünsche Ihnen
- viel Erfolg bei *„Mehr Zeit für das Wesentliche"*;
- mehr Zeit für Freizeit, Familie, Freunde, Fitneß;
- mehr Zeit für *Freude am Leben*;
- mehr Zeit für alles, was Ihnen wichtig ist.

Heidelberg, im Frühjahr 2002   Ihr *Lothar J. Seiwert*
www.seiwert.de

0. Einführung

Managen Sie Ihre Zeit – aber mit Methode

Ab heute manage ich mich selbst.

„Nothing is easier than being busy and nothing more difficult than being effective..."
(R. Alec Mackenzie, Autor von „The Time Trap")

0.1 Warum Zeitmanagement?

„Wo ist nur meine Zeit geblieben?" stöhnt manche arbeits- und streßge-
plagte Führungskraft. Wir alle kennen dieses Problem, weil immer mehr
Menschen bei ihrer Arbeit in den Sog von Streß, Überarbeitung und Zeitnot geraten. Nicht nur Arbeitsüberlastung, sondern vor allem mangelnde
Zeitplanung zwingen viele Manager 60 Stunden in der Woche (oder
mehr?) an den Schreibtisch.

Die Überlastung eines Vorgesetzten ergibt sich durch die Überschneidung
seiner vielfältigen Aufgaben. Es müssen oft viele Dinge gleichzeitig erle-
digt werden. Die Folge: Prioritäten werden falsch gesetzt, zweitrangige
Aufgaben nicht delegiert, der Manager/die Managerin in seinem/ihrem
Vorgehen zu sehr durch das Tagesgeschehen bestimmt und durch
Nebensächlichkeiten abgelenkt.

Was heißt Zeitmanagement?

Zeitmanagement ist die konsequente und zielorientierte Anwendung bewährter Arbeitstechniken in der täglichen Praxis, um sich
selbst und die eigenen Lebensbereiche so zu führen und zu organisieren (= „zu managen"), daß die zur Verfügung stehende Zeit
sinnvoll und optimal genutzt wird.

Die in diesem Buch behandelten Methoden sollen Ihnen als Führungskraft
dazu verhelfen, Ihre *Lebensziele im Beruf* und in Ihrer *persönlichen Selbst-
entfaltung zu* erreichen.

Der Grundgedanke des Zeitmanagement ist, mehr aus sich zu machen, sein
Leben bewußter zu steuern (Selbstbestimmung) und weniger Spielball der
Arbeits- und Lebensverhältnisse anderer (Fremdbestimmung) zu sein. In
diesem Buch steht der *berufliche Bereich,* die Arbeit, im Vordergrund. Hier
geht es in erster Linie darum, die Situation eigener, ungeordneter Arbeit und
von außen beeinflußter Aufgabenerfüllung in eine Situation zielorientierter,
systematisch geplanter und erledigter Aufgaben umzuwandeln.

Auch wenn von verschiedenen Seiten die unterschiedlichsten Aufgaben und
Anfragen an Sie herangetragen, mannigfache Ansprüche an Sie gestellt und

Sie mit Arbeit regelrecht eingedeckt werden, können Sie dennoch Ihre Tätigkeiten durch konsequente Zeitplanung und Arbeitsmethoden besser in den Griff bekommen, täglich ein Zeitpolster (auch für mehr *Freizeit)* gewinnen – und frei für echte Führungsaufgaben werden!

Eine alte Segler-Weisheit lautet: „Nicht, wie der Wind weht - wie *ich* die Segel setze, darauf kommt es an!" Viele Manager sind, wie W. J. Reddin es ausdrückt, zu stark tätigkeitsorientiert (→ Effizienz) und zu wenig zielorientiert (→ Effektivität), wie auch die folgende Gegenüberstellung zeigt (Reddin, 1981, S. 21):

Tätigkeitsorientierung (Effizienz)	im Vergleich zu	Zielorientierung (Effektivität)
Viele Manager ziehen es vor,		
❏ Dinge richtig zu tun,	anstatt	die richtigen Dinge zu tun.
❏ Probleme zu lösen,	anstatt	kreative Alternativen zu schaffen.
❏ Mittel zu bewahren,	anstatt	die Mittelnutzung zu optimieren.
❏ Pflichten zu befolgen,	anstatt	Ergebnisse zu erzielen.
❏ Kosten zu reduzieren,	anstatt	den Gewinn zu erhöhen.

➤ Der nachfolgende Fragebogen soll Ihnen erste Aufschlüsse über Ihren bisher praktizierten Arbeitsstil vermitteln.

Lassen Sie sich von einem Ergebnis unter 20 Punkten nicht entmutigen, sondern verwenden Sie Ihre Energie auf einen Abbau dieser Schwachstellen! Dies ist bereits der erste Schritt auf dem Weg zu einem konsequenten **Zeitmanagement!**

Die in den Fragen 1 – 10 angesprochenen Aspekte werden im *Laufe der einzelnen Kapitel* ausführlich behandelt.

ZEITMANAGEMENT: Wie gut beherrschen Sie Ihre Arbeit?

Selbsteinschätzung:

1 Vor jedem Arbeitstag reserviere ich mir einen Teil für vorbereitende, planerische Arbeit.

| 0 | fast nie | 1 | manchmal | 2 | häufig | 3 | fast immer |

2 Ich delegiere alles, was delegierbar ist.

| 0 | fast nie | 1 | manchmal | 2 | häufig | 3 | fast immer |

3 Ich lege schriftlich Aufgaben und Ziele mit Erledigungsterminen fest.

| 0 | fast nie | 1 | manchmal | 2 | häufig | 3 | fast immer |

4 Ich bemühe mich, jedes Schreiben nur einmal und abschließend zu bearbeiten.

| 0 | fast nie | 1 | manchmal | 2 | häufig | 3 | fast immer |

5 Ich erstelle täglich eine Liste mit zu erledigenden Aufgaben, geordnet nach Prioritäten. Die wichtigsten Dinge bearbeite ich zuerst.

| 0 | fast nie | 1 | manchmal | 2 | häufig | 3 | fast immer |

6 Ich versuche, den Arbeitstag von störenden Telefonanrufen, unangemeldeten Besuchern und plötzlich einberufenen Besprechungen möglichst freizuhalten.

| 0 | fast nie | 1 | manchmal | 2 | häufig | 3 | fast immer |

7 Ich versuche, die Arbeiten täglich nach meiner Leistungskurve zu disponieren.

| 0 | fast nie | 1 | manchmal | 2 | häufig | 3 | fast immer |

8 Mein Zeitplan hat Spielräume, damit ich auf akute Probleme reagieren kann.

| 0 | fast nie | 1 | manchmal | 2 | häufig | 3 | fast immer |

9 Ich versuche, meine Aktivitäten so auszurichten, daß ich mich zunächst auf die „lebenswichtigen wenigen" Probleme konzentriere.

| 0 | fast nie | 1 | manchmal | 2 | häufig | 3 | fast immer |

10 Ich kann auch nein sagen, wenn andere meine Zeit beanspruchen wollen und ich wichtigere Dinge zu erledigen habe.

| 0 | fast nie | 1 | manchmal | 2 | häufig | 3 | fast immer |

Auflösung:
Wenn Sie nun die Punkte zusammenzählen, die Sie beim Überprüfen Ihrer Arbeitsweise erzielt haben, kommen Sie zu folgendem Ergebnis:

0-15 Punkte: Sie haben keine Zeitplanung und lassen sich von anderen treiben. Einige Ihrer Ziele könnten Sie jedoch erreichen, wenn Sie eine Prioritätenliste führen und einhalten.

16-20 Punkte: Sie versuchen, Ihre Zeit in den Griff zu bekommen, sind aber noch nicht konsequent genug, um damit auch Erfolg zu haben.

21-25 Punkte: Ihr Zeitmanagement ist gut.

26-30 Punkte: Sie sind ein Vorbild für jeden, der den Umgang mit der Zeit lernen will. Lassen Sie Ihre Mitmenschen (und auch den Autor) von Ihren Erfahrungen profitieren!

(Quelle: In Anlehnung an „Topics")

> Beginnen Sie mit den Verbesserungen bei sich selbst! Dies ist außerhalb des beruflich vorgegebenen Rahmens einfacher, da realistisch, und auch erfolgreicher:

❏ Sie müssen nicht andere von den Vorteilen Ihrer Maßnahmen und Methoden überzeugen.
❏ Sie selbst arbeiten besser und wirksamer.

Hier 10 Vorteile des Zeitmanagement:

1. Aufgabenerledigung mit weniger Aufwand
2. Bessere Organisation der eigenen Arbeit
3. Bessere Arbeitsergebnisse
4. Weniger Hektik und Streß
5. Größere Arbeitszufriedenheit
6. Höhere Arbeitsmotivation
7. Qualifikation für höhere Aufgaben
8. Geringerer Arbeits- und Leistungsdruck
9. Weniger Fehler bei der Aufgabenerledigung
10. Besseres Erreichen der Arbeits- und Lebensziele

Ihr wohl größter Vorteil ist:

➡ Sie nutzen und sparen Ihre knappste und wichtigste Ressource: Ihre ZEIT !

> Wenn Sie keine Zeit haben –
> dann arbeiten Sie mit diesem Buch, um mehr Zeit zu haben!

Sie werden bei konsequenter Durcharbeitung der einzelnen Kapitel lernen und üben:

❏ die gegebene Zeit rationell zu nutzen,
❏ in Zielen zu denken, mit Zielen zu arbeiten,
❏ durch Planung Gelassenheit zu gewinnen und Streß abzubauen,
❏ sich tägliche Erfolgserlebnisse zu verschaffen und mehr freie Zeit zu gewinnen:

Täglich mindestens 1 Stunde („Die goldene Stunde")

➤ Was werden Sie mit Ihrem täglichen Zeitgewinn anfangen?

1 _____

2 _____

3 _____

(Dies ist Ihre persönliche Wertentscheidung!)

0.2 Bedeutung der Zeit

„Zeit ist das unerbittlichste und das am wenigsten flexible Element in unserer Existenz. "

(Ted W. Engstrom)

Ziel dieses Abschnittes ist es, Sie ein wenig stärker für die Bedeutung und den Wert des Gutes „Zeit" zu sensibilisieren. Versuchen Sie einmal vorab, die nachfolgenden Fragen zu beantworten. Sie werden im Laufe der Ausführungen vertieft.

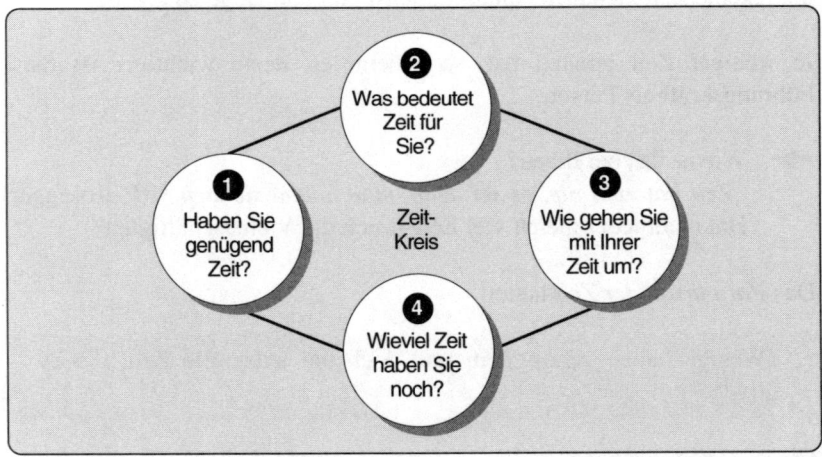

(1) Haben Sie genügend Zeit?

Wenn Ihre Antwort „Nein" lautet, entspricht dies der Mehrheit aller Führungskräfte:

► Eine Studie über die *Zeitverteilung deutscher Führungskräfte* (Quelle: Stroebe I, 1978, S. 12) ergab, daß nur 8% von ihnen aussagten, keine zusätzliche Zeit zu benötigen, während der Rest der Befragten zwischen 10% und 100% zusätzliche Zeit benötigte; insgesamt waren es 65% der Führungskräfte, die angaben, 20% zusätzliche Zeit und mehr (bis 100%) gut gebrauchen zu können – das sind ein oder zwei zusätzliche Arbeitstage pro Woche!

► Mackenzie (1974, S. 9) befragte im Laufe seiner Beratungstätigkeit Tausende von Managern und nennt folgende Richtwerte:

Von 100 Managern
❑ hatte einer genügend Zeit,
❑ benötigten zehn insgesamt 10% mehr Zeit,
❑ benötigten vierzig 25% mehr Zeit,
❑ benötigte der Rest 50% mehr Zeit.

Leider gilt es bei uns für eine Führungskraft vielfach noch als Statussymbol, „keine Zeit zu haben" und möglichst viel und lange zu arbeiten.

Je weniger Zeit jemand hat, so scheint es, desto wichtiger ist diese Führungskraft als Person.

➡ Wie ist das bei Ihnen?
„Zeit hat man nie, es sei denn, man nimmt sie sich." (P. Rosegger)
Hat nicht jeder gleich viel Zeit - auch die Vielbeschäftigten?

Das *Paradoxon der Zeit* lautet:

> „Wenige haben genug Zeit, und doch hat jeder alle Zeit, die es gibt."

Diese Zusammenhänge sollen auf den nächsten Seiten näher analysiert werden.

(2) Was bedeutet Ihnen Zeit?

Gerade in der Geschäftswelt wird immer wieder der Ausspruch „Time is money", also Zeit = Geld, verwendet.

➡ Wie ist das bei Ihnen:

❑ Ist Zeit für Sie Geld?   Zeit = Geld?
❑ Bedeutet Ihnen Geld mehr als Zeit?   Zeit < Geld?
❑ Oder ist Zeit für Sie wertvoller als Geld? Zeit > Geld?

Unsere Thesen:

> ▶ Zeit ist nicht nur Geld.
> ▶ Zeit ist bedeutend mehr wert als Geld.
> ▶ Zeit ist so etwas wie das Leben selbst!

Um einmal die **Bedeutung der Zeit** bewußtzumachen:

- ❏ „Zeit" ist das am häufigsten benutzte Substantiv der deutschen Sprache!
  (Quelle: Rowohlts Bunte Liste, Reinbek b. Hamburg 1980)
- ❏ Die „Zeitansage" ist die erfolgreichste Service-Auskunftsleistung der Post im Fernsprechverkehr mit 235 000 000 Zeitanfragen pro Jahr in der Bundesrepublik Deutschland!
  (Quelle: Feyler, 1982, S. 58)

Um dies zu verdeutlichen:

- ❏ Zeit ist unabänderlich.
- ❏ Zeit läßt sich nicht speichern.
- ❏ Zeit läßt sich nicht vermehren.
- ❏ Zeit läßt sich nicht übertragen.
- ❏ Zeit vergeht unwiderruflich mit anhaltender Gleichmäßigkeit.

➡ Während Sie diese Zeilen gelesen haben, sind wieder einige Einheiten Ihrer Lebenszeit abgelaufen - unwiederbringlich!

(3) Wie gehen Sie mit Ihrer Zeit um?

Der Erfolg jeder Führungskraft hängt nicht nur von wirtschaftlich-materiellen Größen ab, sondern vor allem davon, wie sie mit einem der wertvollsten Güter, nämlich der Zeit, umgeht.

➡ Lernen Sie daher, auch und gerade mit *Ihrer* Zeit zu haushalten und diese Lücke in Ihrer Ausbildung ebenso wie z. B. im Bereich der Menschenführung zu schließen.

Hierzu einige Aussagen von Autoren über Zeitmanagement:

„Wer seine Zeit aus der Hand gleiten läßt, läßt sein Leben aus der Hand gleiten; wer seine Zeit in der Hand hält, hat sein Leben in der Hand. "

(Alan Lakein)

„Zeit ist das knappste Kapital, und wenn man sie nicht managen kann, kann man auch nichts anderes managen. " *(Peter Drucker)*

„Mit der Zeit umgehen zu können, ist genau so wie richtige Menschenführung oder Beeinflussungstechnik ein Faktor, der Ihren persönlichen Erfolg oder Mißerfolg bestimmt. " *(Ulrich Sievert)*

Erfolgreiche Führungskräfte haben verschiedene Charakterzüge und Eigenschaften. Ein Merkmal ist ihnen jedoch gemeinsam:

Sie nutzen ihre Zeit bewußt und systematisch - und werden frei für echte Führungsaufgaben und auch für mehr Freizeit.

Wenn der Einsatzfaktor „Zeit" nicht vermehrbar und nicht speicherbar ist, so können Sie Ihren persönlichen Erfolg nur durch eine *kontinuierliche und konsequente Nutzung der Zeit erreichen!*

Zeit sparen heißt:
Zeit bewußt planen und optimal nutzen.

(4) Wieviel Zeit haben Sie noch?

➡ Haben Sie sich schon einmal Gedanken darüber gemacht, wieviel Zeit Ihnen sowohl für berufliche als auch für private Dinge zur Verfügung steht?

In einer Zeit, in der wir es gewöhnt sind, mit Millionen-Beträgen oder gar mit Milliarden zu rechnen, kann eine schnell durchgeführte Modellrechnung sicher ein wenig nachdenklich stimmen.

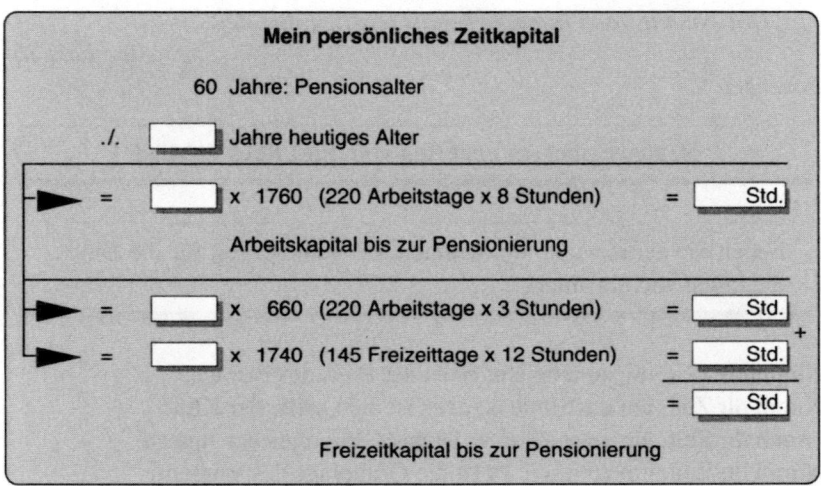

Mein persönliches Zeitkapital

60 Jahre: Pensionsalter

./. ⬚ Jahre heutiges Alter

= ⬚ x 1760 (220 Arbeitstage x 8 Stunden) = ⬚ Std.

Arbeitskapital bis zur Pensionierung

= ⬚ x 660 (220 Arbeitstage x 3 Stunden) = ⬚ Std.

= ⬚ x 1740 (145 Freizeittage x 12 Stunden) = ⬚ Std. +

= ⬚ Std.

Freizeitkapital bis zur Pensionierung

Wenn Sie beide Werte (Arbeitskapital + Freizeitkapital) addieren, erhalten Sie

Ihr persönliches Zeitkapital ⬚ Std.

Für viele ist wohl das Ergebnis überraschend, daß in dieser Modellrechnung das Freizeitkapital größer als das Arbeitskapital ist. Sicher werden die gemachten Annahmen über die tägliche Arbeitszeit und die verfügbare Zeit nicht für jeden genau zutreffend sein.

➡ Variieren Sie ggf. die unterstellten Arbeitstage und Arbeits-/Freizeitstunden!

Festzuhalten bleibt jedoch:

❏ Das persönliche Zeitkapital liegt je nach Lebensalter um einen Wert von nur einigen zehntausend Stunden!
❏ Selbst bei einer Arbeitszeit von 10 Stunden täglich verfügt man in seinem Arbeitsleben insgesamt über weniger als 90 000 Std. (40 Jahre à 220 Tage à 10 Stunden = 88 000 Stunden)!
❏ Faßt man Arbeits- und Freizeitkapital als verfügbares Gesamtkapital zusammen und geht man von einer höheren Lebenserwartung aus, so verfügt man insgesamt über höchstens 200 000 Std.!

23

„Das Wichtigste in Ihrem Leben ist letztlich Ihre Zeit."

(Alan Lakein)

Bedenken Sie:

Heute beginnt der erste Tag vom Rest Ihres Lebens!

Leben Sie zeitbewußt, und nehmen Sie sich die Zeit für die Dinge, die Ihnen wichtig sind !

Nimm dir Zeit, um zu arbeiten; es ist der Preis des Erfolges.
Nimm dir Zeit, um nachzudenken; es ist die Quelle der Kraft.
Nimm dir Zeit, um zu spielen; es ist das Geheimnis der Jugend.
Nimm dir Zeit, um zu lesen; es ist die Grundlage des Wissens.
Nimm dir Zeit, um freundlich zu sein; es ist das Tor zum Glücklichsein.
Nimm dir Zeit, um zu träumen; es ist der Weg zu den Sternen.
Nimm dir Zeit, um zu lieben; es ist die wahre Lebensfreude.
Nimm dir Zeit, um froh zu sein; es ist die Musik der Seele.
(Aus einer alten irischen Quelle; zit. in Feyler, 1982, S. 294)

0.3 Zeitinventur- Ihr bisher praktizierter Arbeitsstil (Selbstanalyse)

Die Voraussetzung dafür, daß man an seinem persönlichen Arbeitsstil überhaupt etwas ändert, ist zunächst die Kenntnis darüber, wohin die knappe Zeit geht, was man im einzelnen tut und wie man es tut. Oft bestehen nämlich völlig falsche Vorstellungen darüber, wie und wofür man im täglichen Arbeitsablauf seine Zeit verwendet.

➤ Führen Sie eine *Zeitinventur* mehrerer Arbeitstage durch, um Ihren bisherigen Arbeitsstil zu analysieren und Ursachen für auftretende Mängel zu ermitteln.

Dieser Arbeitsschritt ist unerläßlich!

Ein „falscher" Arbeitsstil hat häufig mehrere Ursachen:

❑ Man weiß nicht, wofür man seine Zeit überhaupt verwendet.
❑ Man weiß nicht, wieviel Zeit bestimmte Aufgaben erfordern.
❑ Man weiß nicht, welche Stärken und Schwächen der bisher praktizierte Arbeitsstil aufweist.
❑ Man weiß nicht, welche Personen und andere Faktoren die eigene Leistung fördern oder behindern.

Erst wenn Sie tatsächlich festhalten, wieviel Zeit Sie wofür und mit wem ver(sch)wenden, werden Sie wichtige Fehlerpunkte Ihres persönlichen Arbeitsstils oder Zeitmanagement aufdecken.

Für Ihre *Zeitinventur* schlagen wir Ihnen ein 3stufiges Verfahren vor:

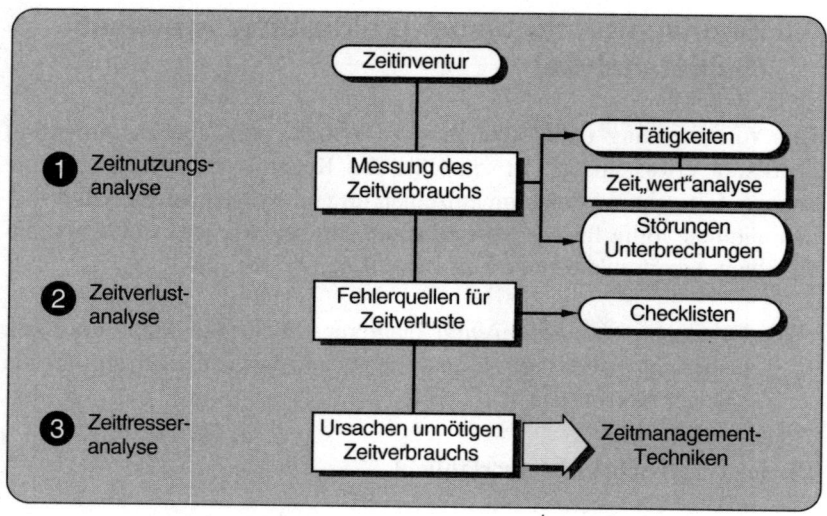

Erster Schritt ist eine Bestandsaufnahme des Gesamtablaufs aller Tätigkeiten, an denen Sie maßgeblich beteiligt sind. Eine gute Hilfestellung leisten die nachfolgenden Arbeitsblätter:

▶ Tätigkeits- und Zeitanalyse
▶ Tagesstörblatt (Unterbrechungen)
➡ Füllen Sie die zwei Bögen in der nächsten Woche an drei typischen Arbeitstagen (oder mehr) konsequent und lückenlos aus!

Bitte seien Sie dabei möglichst *ehrlich und selbstkritisch,* auch wenn Sie den Eindruck haben, daß die Ergebnisse enttäuschend sein werden!
Viele beginnen bald, „Selbstkorrekturen" vorzunehmen, aber sie machen sich selbst nur etwas vor!

Nur eine ehrliche Analyse - *allein für Ihren persönlichen Gebrauch bestimmt* - wird Ihnen deutlich zeigen, wo *Ansatzpunkte* sind, Ihren Arbeitsstil konkret zu verbessern.

Tätigkeits- und Zeitanalyse							
Nr.	Tätigkeit Beschäftigung	von – bis		Dauer (in Min.)	A[+]	B[+]	C[+]	D[+]

[+] noch nicht ausfüllen

Tages-Störblatt (Unterbrechungen)						
Nr.	Störung von	bis	Dauer (in Min.)	Telefonat oder Besuch	Wer?	Bemerkungen, z.B. Gründe für Störungen

28

Anleitung zur Aufschreibemethode (Zeitinventur):

❑ Ebenso wichtig wie die Zeitinventur selbst ist die Auswahl von repräsentativen Arbeitstagen. Wählen Sie ggf. eine ganze Arbeitswoche als *Beobachtungsperiode.*

❑ Bemühen Sie sich um eine *sofortige Registrierung,* und vermeiden Sie spätere Notizen aus dem Gedächtnis (der größte Nutzen Ihrer Zeitinventur geht sonst verloren).

Zum Formblatt „Tätigkeits- und Zeitanalyse":

❑ Beschränken Sie sich auf das Wesentliche, und halten Sie alle Tätigkeiten in Form von Ergebnissen in *Viertelstunden-Abschnitten* fest.

❑ Lassen Sie die mit A, B, C, D bezeichneten Spalten zunächst unausgefüllt. Sie werden bei der sich anschließenden Analyse der Tätigkeitserfassung benötigt.

Zum Formblatt „Tages-Störblatt":

Tragen Sie hier *alle* Störungen und Unterbrechungen ein, die den Arbeitsfluß Ihrer geplanten oder planmäßig durchgeführten Tätigkeiten hemmen oder beeinträchtigen: Telefonate und (unangemeldete) Besucher, evtl. auch Wartezeiten.

Halten Sie vor allem fest, *von wem* Sie unterbrochen werden:

V	= Vorgesetzter	K	= Kunde, Klient
Ko	= Kollege	L	= Lieferant
M	= Mitarbeiter	F	= Familie
S	= Sekretärin	A	= Andere

Denken Sie beim Ausfüllen des Tagesstörblattes daran, nicht nur Einflüsse *von außen zu* notieren, sondern auch, wann *Sie sich selbst* in Ihrem Arbeitsablauf stören, z.B. während einer wichtigen Tätigkeit spontan zum Telefonhörer greifen, weil Ihnen gerade einfällt, daß Sie ja noch Herrn XY anrufen müssen!

Zwei Ansatzpunkte bei der Zeitinventur

Bevor Sie an die Auswertung der Arbeitsbögen gehen, sollten Sie sich klarmachen, in welcher Weise Sie die Ergebnisse auswerten können.

> Sie können entweder die *positiven* oder die *negativen Aspekte* in den Mittelpunkt der Analyse stellen.

Somit ergeben sich *zwei Ansatzbereiche,* mit denen Sie arbeiten können:

1 *Die Analyse der Stärken*

Jeder Manager verfügt bereits über eine Vielzahl erfolgreicher Arbeitstechniken – denn sonst könnte er die tagtäglich anfallenden Vorgänge nicht bewältigen.

> Sie selbst sind bereits Spezialist für moderne Zeitplan-Technik und Arbeitsmethodik!

➡ Betrachten Sie daher Ihre *Zeitinventur* auch unter dem Gesichtspunkt, sich der Stärken und Vorteile Ihres persönlichen Arbeitsstils bewußt zu werden, diese systematisch auszubauen und weiterzuentwickeln!

➡ Wenden Sie die Ihnen bereits bekannten Prinzipien des Zeitmanagement konsequent in der täglichen Praxis an!

2 *Die Analyse der Schwachstellen*

Sobald Sie Ihre persönlichen Schwachstellen erkannt und aufgedeckt haben, können Sie Strategien und Ansatzpunkte entwickeln, diese zu beheben oder abzumildern.
Hier möchte Ihnen dieses Buch als Helfer und Ratgeber dienen!

Auswertung der Tätigkeits- und Zeitanalyse

Nach der Erfassung Ihrer Aktivitäten während mehrerer typischer Arbeitstage gehen Sie nun jeden Arbeitsbogen durch, und werten Sie Ihre Tagesabläufe nach dem folgenden Schema aus:

1 Beurteilen Sie jede Tätigkeit nach folgenden Kriterien:

A – War die Tätigkeit notwendig? $\langle$ Ja
Nein

Wenn Nein, „N" auch bei B und C eintragen.

B – War der Zeitaufwand gerechtfertigt? $\langle$ J
N

C – War die Ausführung zweckmäßig? $\langle$ J
N

D – War der Zeitpunkt der Ausführung sinnvoll? $\langle$ J
N

Tragen Sie jeweils J oder N bei jeder Tätigkeit in den einzelnen Spalten ein.

2 Ermitteln Sie die Gesamtdauer der Tätigkeit des jeweiligen Tages (ΣGD).

3 Zählen Sie in jeder Spalte (A, B, C, D) die Zeitdauer der Tätigkeiten zusammen, die Sie mit „N" beurteilt haben (ΣA_N, ΣB_N, ΣC_N, ΣD_N).

4 Bilden Sie die Relationen

a $\dfrac{\Sigma A_N}{\Sigma GD}$ 100 v. H.

Waren mehr als 10% der Tätigkeiten nicht unbedingt notwendig, dann haben Sie Probleme bei der Delegation und beim Setzen von Prioritäten ($\rightarrow$ Kapitel 3).

b $\dfrac{\Sigma B_N}{\Sigma GD}$ 100 v. H.

War in mehr als 10% der Fälle der Zeitaufwand zu groß, dann müssen Sie die Ursachen näher untersuchen (Arbeitstechniken, Konzentration, Selbstdisziplin etc. $\rightarrow$ Kapitel 2 und 4).

c $\dfrac{\Sigma C_N}{\Sigma GD}$ 100 v. H.

War in mehr als 10% der Fälle die Ausführung nicht zweckmäßig, dann liegt der Schwerpunkt bei Planung, Organisation, Selbstrationalisierung (→ Kapitel 4 und 6).

$$\boxed{d} \quad \frac{\Sigma D_X}{\Sigma GD} \quad 100 \text{ v. H.}$$

War in mehr als 10% der Fälle der gewählte Zeitpunkt nicht sinnvoll, dann haben Sie Probleme mit der Planung und Disposition Ihrer Arbeitszeit (Tagesgestaltung, Leistungskurve, Arbeitsvorbereitung etc. → Kapitel 4 und 5).

> Eine Zeitinventur ist der Schlüssel zu einem erfolgreichen Selbstmanagement! Die Aufschreibemethode an sich erbringt schon einen großen Lern- und Selbsterkenntniseffekt!

Auswertung des Tages-Störblatts (Unterbrechungen):

Versuchen Sie, hier Ihre persönlichen Störfaktoren und Verursacher für Unterbrechungen herauszufinden.

Auswertungsfragen:
❑ Welche Störungen und Unterbrechungen waren ihrer Bedeutung nach am kostspieligsten?
❑ Welche Telefonanrufe waren unnötig?
❑ Welche Besucher waren unnötig?
❑ Welche Telefongespräche hätten kürzer oder effektiver sein können?
❑ Welche Besuche hätten kürzer oder effektiver sein können?
❑ Wer waren die häufigsten / empfindlichsten / unnötigsten „Störer" ?

Welche *Sofortmaßnahmen* können Sie ergreifen, z.B. den betreffenden Mitarbeiter bitten, nicht 5mal, sondern nur 1mal am Tag mit allen Fragen „en bloc" zu kommen?

Lassen Sie den Mitarbeiter sich auf diese „En-bloc"-Gespräche vorbereiten, z.B. mittels der „Besprechungsplan-Checkliste" (vgl. Kapitel 6.3). So zwingen Sie ihn zur Vorbereitung auf klare Fragen und erinnern ihn bereits *vorher,* erforderliche Unterlagen zur Hand zu haben.

Erkennen und ermitteln Sie nun anhand der beiden Arbeitsbögen

- ❏ Tätigkeits- und Zeitanalyse und
- ❏ Tages-Störblatt (Unterbrechungen)

detailliert die kritischen Punkte, die hinderlichen Gewohnheiten und die häufigsten Fehlerquellen Ihres Arbeitsstils!
Analysieren Sie anhand der nachfolgenden *„50-Punkte-Checkliste"* Ihren bisher praktizierten Arbeitsstil, und stellen Sie fest, in welchen Bereichen Sie Zeit verlieren oder dazu „neigen":

Checkliste „Zeitverlustanalyse"

	Ja	Nein
Zeitverluste bei der Zielsetzung		

1 Habe ich einen systematischen Überblick über alle Aufgaben, die in meinen Arbeitsbereich fallen, z. B. mittels einer „Aktivitäten-Checkliste/Aufgaben-Kontrolle"? ❏ ❏

2 Habe ich genügend Einblick in die Zusammenhänge zwischen meiner Arbeit und dem gesamten Betriebsgeschehen? ❏ ❏

3 Habe ich zu viele verschiedene Aufgaben zu erfüllen? ❏ ❏

4 Beschäftige ich mich mit zu vielen verschiedenen Problemen und Arbeiten? ❏ ❏

5 Führe ich meine Mitarbeiter durch konkrete Zielvorgaben (Management by Objectives)? ❏ ❏

6 Arbeite ich regelmäßig daran, neue Ideen zu entwickeln, mein Wissen und Können zu erweitern? ❏ ❏

	Ja	Nein

Zeitverluste bei der Planung

7 Kenne ich die ungefähre prozentuale Verteilung von
voraussehbaren Arbeiten? ❏ ❏

8 Bin ich auf mögliche Schwierigkeiten (Krisen) bei der
Aufgabenerledigung vorbereitet? ❏ ❏

9 Berücksichtige ich eine Reservezeit für unvorhergesehene Fälle, Krisen und Störungen? ❏ ❏

10 Treffe ich Vorkehrungen gegen Störungen, um mich
meiner Arbeit ununterbrochen widmen zu können? ❏ ❏

11 Unternehme ich zu viele Dienstgänge oder Geschäfts-
reisen? ❏ ❏

12 Notiere ich Termine, Aufgaben und Aktivitäten in
einem Zeitplanbuch? ❏ ❏

Zeitverluste bei der Entscheidung

13 Beurteile ich eine Arbeit, bevor ich mit ihr beginne
(lohnt sich der Aufwand)? ❏ ❏

14 Lege ich eine Rangordnung der Arbeiten nach ihrer
Wichtigkeit (z. B. A, B, C) fest? ❏ ❏

15 Teile ich den einzelnen Arbeiten das richtige Maß an
Zeit zu, das ihrer Bedeutung (Wichtigkeit und Dringlichkeit) entspricht? ❏ ❏

16 Verbringe ich zuviel Zeit mit Telefonaten, Besuchern
oder Besprechungen, die für mich keine oder nur
geringe Bedeutung haben? ❏ ❏

17 Versuche ich, kleine Arbeiten, unwichtige Dinge und
Nebensächlichkeiten allzu perfekt zu erledigen? ❏ ❏

18 Messe ich reinen Routineaufgaben zuviel Zeit zu? ❏ ❏

19 Befasse ich mich bei der Erledigung einer Aufgabe zu
sehr mit Einzelfakten, obwohl ich die für mich wichtigsten Dinge bereits kenne? ❏ ❏

20 Führe ich zwischen den einzelnen Tätigkeiten zu lange
Privatgespräche? ❏ ❏

Zeitverluste bei der Organisation der Arbeit

21 Arbeite ich zu lange an einem Problem, so daß
der Ertrag meiner Leistung immer mehr abnimmt? ❏ ❏

22 Neige ich dazu, alles selbst machen zu wollen? ❏ ❏

23 Verfüge ich über Mitarbeiter oder Helfer, denen
ich geeignete Aufgaben übertragen kann? ❏ ❏

24 Ist mein Schreibtisch ständig überhäuft? ❏ ❏

25 Benutze ich moderne Hilfsmittel, die mir die Arbeit
erleichtern (Diktiergerät, Wählautomat, Formulare,
Checklisten etc.)? ❏ ❏

26 Stelle ich Überlegungen zur systematischen Vereinfa-
chung der Arbeit in meinem Tätigkeitsbereich an? ❏ ❏

27 Treten in bestimmten Arbeitssituationen immer wieder
die gleichen Schwierigkeiten auf? ❏ ❏

Zeitverluste zu Beginn der Arbeit

28 Plane ich schon am Vorabend den nächsten Tag? ❏ ❏

29 Plaudere ich mit Kollegen oder der Sekretärin, ehe ich
mit der Arbeit beginne? ❏ ❏

30 Beschäftige ich mich erst einmal mit persönlichen
Dingen? ❏ ❏

31 Lese ich zunächst Zeitungen und/oder die Eingangspost? ❏ ❏

32 Benötige ich für jeden Anfang eine längere Zeitspanne,
um wieder in die Arbeit hineinzukommen? ❏ ❏

33 Fange ich spontan mit einer Aufgabe an, ohne sie
durchdacht zu haben? ❏ ❏

34 Sorge ich für eine ausreichende Arbeitsvorbereitung
meiner Aktivitäten? ❏ ❏

35 Schiebe ich wichtige Dinge oft auf? ❏ ❏

36 Beginne ich bei schwierigen Problemen oder Aufgaben
in der Mitte oder am Schluß? ❏ ❏

37 Fange ich bestimmte Arbeiten an und lasse sie liegen,
ohne sie zu Ende gebracht zu haben? ❏ ❏

Zeitverluste bei der Tagesgestaltung

38 Kenne ich meinen persönlichen Arbeits- und Leistungsrhythmus?   ❏   ❏

39 Weiß ich, ob ich am Morgen oder Abend mehr
leiste?   ❏   ❏

40 Entspricht mein Arbeitstag meinem Leistungsrhythmus?   ❏   ❏

41 Plane ich die günstigste Tageszeit für die wichtigsten
Aufgaben ein, um meine Leistungsfähigkeit voll aus-
zunutzen?   ❏   ❏

42 Beschäftige ich mich in den Stunden meiner höchsten
Leistungsfähigkeit mit Routinearbeiten, Nebensächlichkeiten und unwichtigen Problemen?   ❏   ❏

Zeitverluste bei der Information und Kommunikation

43 Wähle ich meinen Lesestoff (z.B. Zeitschriften-
artikel, Fachliteratur) im Hinblick auf Wichtigkeit,
Nutzen und Verwertbarkeit aus?   ❏   ❏

44 Überfliege ich meinen Lesestoff, um die Hauptgedanken zu erfassen und dann auf wichtige Stellen
näher einzugehen?   ❏   ❏

45 Beende ich ein Telefonat, eine Unterredung oder
eine Besprechung, wenn jedes weitere Wort nutzlos
erscheint?   ❏   ❏

46 Bereite ich mich auf Besprechungen ausreichend vor?   ❏   ❏

47 Prüfe ich die Gesprächsziele des anderen und meine
eigenen, um Energie- und Zeitverschwendung auszuschließen?   ❏   ❏

48 Bereite ich meine Korrespondenz mit einfachen oder
detaillierten Entwürfen vor?   ❏   ❏

49 Vermeide ich Aufzeichnungen, die nur bei Eintritt
von höchst unwahrscheinlichen Ereignissen
von Nutzen wären?   ❏   ❏

50 Benutze ich Formulare für Routinearbeiten?   ❏   ❏

➡ Wie ist Ihr Ergebnis?   ┌─────────────┐
                            │ Nein: mal │
                            └─────────────┘

> Lassen Sie sich von der Vielzahl der angekreuzten Schwachstellen nicht entmutigen!

Nachdem Sie durch eine Zeitinventur und Analyse Ihres bisherigen Arbeitsstils die genauen Faktoren kennen, können Sie mit einem höheren Problembewußtsein an die einzelnen Kapitel dieses Buches herangehen: Alle hier aufgeworfenen Probleme werden dort behandelt!

➡ Versuchen Sie, die einzelnen Punkte ihrer *Wichtigkeit* nach neu zu ordnen! So fördern Sie eine zielorientierte Vorgehensweise bei der Durcharbeitung der nachfolgenden Ausführungen.

Wichtigste Zeitverlustquellen
1. _____
2. _____
3. _____
4. _____
5. _____
6. _____
7. _____
8. _____
9. _____
10. _____

(3) Zeitfresseranalyse

Versuchen Sie abschließend, Ihre fünf häufigsten und zeitintensivsten Urheber von Zeitverlusten zu identifizieren!

➤ Gehen Sie die folgende Liste der bedeutsamsten 30 *Zeitfresser* oder Zeitfallen einmal durch, und kreuzen Sie „Ihre" fünf wichtigsten an:

1	Unklare Zielsetzung	❏
2	Keine Prioritäten	❏
3	Versuch, zuviel auf einmal zu tun	❏
4	Fehlende Übersicht über anstehende Aufgaben und Aktivitäten	❏
5	Schlechte Tagesplanung	❏
6	Persönliche Desorganisation / überhäufter Schreibtisch	❏
7	Papierkram und Lesen	❏
8	Schlechtes Ablagesystem	❏
9	Suche nach Notizen, Merkzetteln, Adressen/Telefonnummern	❏
10	Mangelnde Motivation / arbeitsindifferentes Verhalten	❏
11	Mangelnde Koordination / Teamwork	❏
12	Telefonische Unterbrechungen	❏
13	Unangemeldete Besucher	❏
14	Unfähigkeit, nein zu sagen	❏
15	Unvollständige, verspätete Information	❏
16	Fehlende Selbstdisziplin	❏
17	Aufgaben nicht zu Ende führen	❏
18	Ablenkung / Lärm	❏
19	Langwierige Besprechungen	❏
20	Mangelnde Vorbereitung auf Gespräche und Besprechungen	❏
21	Keine oder unpräzise Kommunikation	❏
22	Privater Schwatz	❏
23	Zuviel Kommunikation	❏
24	Zu viele Aktennotizen	❏
25	Aufschieberitis	❏
26	Alle Fakten wissen wollen	❏
27	Wartezeiten (z. B. bei Verabredungen, Terminen)	❏
28	Hast, Ungeduld	❏
29	Zu wenig Delegation	❏
30	Mangelnde Kontrolle delegierter Arbeiten	❏

Bedenken Sie:

Mit der Bekämpfung Ihrer fünf wichtigsten Zeitfresser können Sie bereits eine erhebliche Leistungssteigerung erreichen. In diesem Buch werden Sie eine ganze Reihe von Anregungen bekommen, die verschiedenen Problemfelder anzugehen.

Da es jedoch niemanden gibt, der Ihre persönlichen Arbeitsprobleme besser kennt als Sie, sollten Sie bereits an dieser Stelle *aktives Zeitmanagement* praktizieren:

Machen Sie vorab eine stichwortartige Analyse der Ursachen Ihrer Zeitfresser, und suchen Sie nach Maßnahmen und Lösungsmöglichkeiten:

Zeitfresser	Mögliche Ursachen	Maßnahmen/Lösungen

➡ Ergänzen Sie diese Liste nach Durcharbeitung der einzelnen Kapitel.

0.4 Funktionen des Zeitmanagement (Regelkreis)

Die Bewältigung der tagtäglich zu erledigenden Aufgaben und Probleme kann man sich als eine *Reihe von verschiedenen Aktivitäten* vorstellen, die in einem bestimmten Zusammenhang stehen und in der Regel auch in einer bestimmten Reihenfolge ablaufen.

Ein solcher Prozeß des *Zeitmanagement* läßt sich durch einen *Regelkreis* darstellen (vgl. nächste Seite), der die Beziehungen zwischen den einzelnen Zeitmanagement-Funktionen aufzeigt.

Im *Außenkreis* lassen sich die folgenden fünf Funktionen unterscheiden:

1. *Zielsetzung*
   Analyse und Formulierung der persönlichen Ziele
2. *Planung*
   Erstellung von Plänen und Handlungsalternativen für die eigenen Tätigkeiten
3. *Entscheidung*
   Treffen der Entscheidung über die durchzuführenden Aufgaben
4. *Realisation und Organisation*
   Tagesgestaltung und Organisation der persönlichen Arbeitsabläufe zur Realisierung der anstehenden Aufgaben
5. *Kontrolle*
   Kontrolle seiner selbst und der erzielten Ergebnisse (ggf. Korrektur der Zielsetzung)

Im *Innenkreis* steht ergänzend dazu die Funktion

6. *Information und Kommunikation,*
   um die sich die anderen Funktionen gewissermaßen „drehen", denn Kommunikation als Austausch von Information ist bei allen Teilaktivitäten des *Zeitmanagement-Prozesses* unabdingbar.

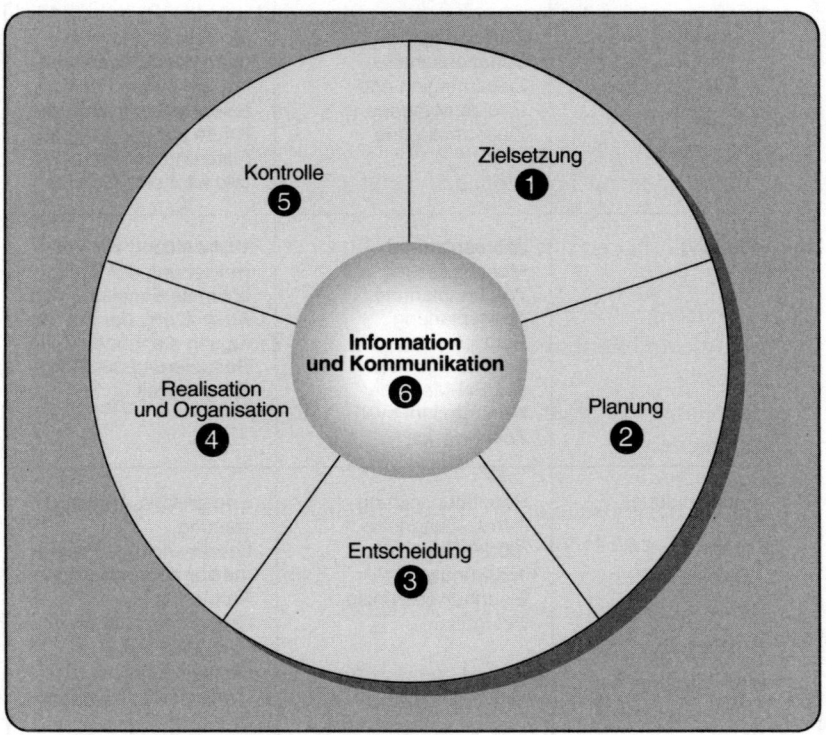

Die Funktionen laufen nicht in dieser einfachen – wie in unserem Modell dargestellten – Form nacheinander ab, sondern sind vielfältig miteinander verflochten. Die didaktische, kapitelweise Darstellung in diesem Buch verdeutlicht jedoch die den einzelnen Zeitmanagement-Funktionen zugeordneten Arbeitstechniken und Methoden sowie deren Anwendungsmöglichkeiten (vgl. nachfolgendes Schema).

41

Schema der systematischen *Zeitmanagement*-Techniken

Funktion = Kapitel	Arbeitstechniken Methoden	Erfolge, Ergebnisse (Zeitgewinn durch ...)
1 Zielsetzung	Zielfindung Situationsanalyse Zielstrategien und Erfolgsmethoden Zielformulierung	Motivierung, Beseitigung der Schwachstellen, Erkennen der Vorteile, Konzentration der Kräfte auf den Engpaß, Fixierung der Termine und nächsten Schritte
2 Planung	Jahresplanung Monatsplanung Wochenplanung Tagesplanung Prinzipien des Zeitmanagement ALPEN-Methode Management by Zeitplanbuch	Vorbereitung zur Verwirklichung der Ziele, optimale Einteilung und Ausnutzung der zur Verfügung stehenden Zeit, Reduzierung der Durchführungszeit
3 Entscheidung	Prioritätensetzung Pareto-Zeitprinzip (80:20-Regel) ABC-Analyse Eisenhower-Prinzip Delegation	Erfolgreiche Arbeitsgestaltung, Lebenswichtige Probleme vor nebensächlichen Problemen, Ordnen der Aufgaben nach Wichtigkeit, Überwindung der „Tyrannei" des Dringenden, Produktiver Arbeitseinsatz
4 Realisation und Organisation	Tagesgestaltung Leistungskurve Biorhythmus Selbstentfaltung Tagesrahmenplan	Anwendung des *Zeitmanagement*, Konzentration auf die wesentlichen Aufgaben, Ausnutzung des Leistungshochs, Berücksichtigung periodischer Schwankungen, Entwicklung eines persönlichen Arbeitsstils

5 Kontrolle	Arbeitsablaufkontrollen (Ist-Soll-Vergleich) Ergebniskontrollen (Zielkontrollen, End-, Zwischenkontrollen) Tagesrückschau (Selbstkontrolle)	Sicherstellung der geplanten Leistung, Positive Lebensführung
6 Information und Kommunikation	Rationelles Lesen Rationelle Besprechungen Rationelle Zweier-Gespräche (Besuchermanagement) Rationelles Telefonieren Rationelle Korrespondenz Checklisten – Formulare	Höhere Lesegeschwindigkeit, Bessere Konferenzorganisation, Sprechzeiten, Abschirmung vor Störungen, Weniger Unterbrechungen, Weniger Papierkrieg

0.5 Anliegen des Buches (Benutzervertrag)

Sie haben – so hoffe ich – den „*Zeitmanagement-Test*" durchgeführt, sich
mit den Möglichkeiten und Problemen einer *Zeitinventur* vertraut gemacht
und vielleicht auch schon den 50-Fragen-Check „*Zeitverlustanalyse*"
durchlaufen – das Ergebnis müßte lauten:

> *Sie können* Ihr Zeitmanagement also noch durchaus verbessern –
> wenn *Sie wollen* !

Die meisten Zeitplantechniken und Arbeitsmethoden, die wir Ihnen in diesem Buch vorstellen, werden Sie bereits *kennen!* Neu für Sie wird sicherlich die kompakte und systematische Zusammenstellung sein. Das Haupt-
problem aller Arbeitstechniken liegt jedoch ganz woanders, nämlich in der
konsequenten und dauerhaften Umsetzung in die Praxis.

Was ich als Autor nicht möchte, ist,

➡ daß Sie das Buch nach seiner Lektüre weglegen, mit der einen oder
anderen Methode anfangen und nach einiger Zeit feststellen müssen,
daß die gefaßten Vorsätze im Tagesgeschäft untergegangen sind.

Und ich denke:

Sie möchten das auch nicht!

Wenn dem so ist, möchte ich gerne mit Ihnen eine Vereinbarung treffen
und einen *Benutzervertrag* abschließen – so wie ein Computerhersteller,
der seine Hard- und Software vermarktet (hier ist es der Kaufpreis des
Buches!).

Auch das Computerunternehmen möchte nicht, daß seine Anlagen bei
Ihnen ungenutzt herumstehen!

Wenn dem nicht so ist, Sie also keinen Benutzervertrag für die Dauer der
Lektüre des Buches eingehen wollen, laufen Sie Gefahr, sich (wieder einmal?) selbst zu überlisten, keine Verantwortung für eine Veränderung
(sprich Verbesserung) Ihrer Arbeitstechnik und Ihres Arbeitsverhaltens zu
übernehmen und sich nach Ende der Lektüre dieses Buches und einigen

Umsetzungsversuchen in die Praxis eine negative Bestätigung zu holen wie: „Es funktioniert ja doch nicht/wieder nicht – mit diesen Arbeitstechniken oder diesem Zeitmanagement. Das hätte ich mir ja auch gleich denken können!"

Verwenden Sie dieses „unbequeme" Buch, das Sie zu Benutzerverträgen und Änderungsverträgen (letztes Kapitel) einladen will, dann, wie Sie wollen, z.B. als Zierde Ihres Bücherschrankes – ein Rückgaberecht gibt es leider nicht!

Dies ist in der Tat kein bequemes Lesebuch, sondern ein *Arbeitsbuch,* das Ihre intensive Mitarbeit und volle Bereitschaft fordert, Ihre Arbeitsmethoden und Zeitplanungstechniken kritisch zu hinterfragen und zu verändern! Es lohnt sich!

➡ Fragen Sie sich aber noch einmal: Was war meine eigentliche Absicht beim Kauf dieses Buches?

_____

_____

_____

➡ Was kann ich tun, damit ich dieses Ergebnis erreiche?

_____

_____

_____

➡ Was habe ich bei ähnlichen Gelegenheiten (Lektüre eines Fachbuches, Besuch eines Seminars o.ä.) getan oder unterlassen, so daß für mich bei der ganzen Sache (z.B. bei einem anderen Führungsverhalten) wenig oder nichts herausgekommen ist?

➤ Wie habe ich mich dabei selbst überlistet, womöglich sogar betrogen?

_____

_____

_____

_____

➤ Wie ging es mir danach? Welches Gefühl hatte ich dabei?

_____

_____

_____

➤ Was will ich diesmal anders machen, damit ich mein Ziel erreiche?

_____

_____

_____

_____

Benutzervertrag   Datum: _____

1 Was will ich wirklich erreichen?
(So konkret wie möglich formulieren)

2 Was will ich dafür tun?
(Zeit und Energie, die ich zu investieren bereit bin)

3 Wann will ich damit anfangen?

4 Wie lange möchte ich es mindestens probieren?

5 Wie oft will ich an meinem täglichen Zeitmanagement arbeiten?
(z.B.: jeden Tag eine halbe/ganze Stunde)

6 Wen will ich evtl. mit einbeziehen?
(Sekretärin, Mitarbeiter, Kollegen, Lebenspartner)

7 Wie werde ich mich möglicherweise selbst überlisten, um den Vertrag
nicht erfüllen zu müssen?

8 Welche Schwierigkeiten sind von anderer Seite zu erwarten?
(z. B.: Hektik im Betrieb)

9 | Termin für die erste Überprüfung, ob ich den Benutzervertrag eingehalten habe (Frist: 1-2 Wochen)

→ Fragen Sie sich dann: – Woran hat es gelegen?
– Will ich das überhaupt?
– Wie kann ich es ändern?

(Autor) _(Leser)_

Und wenn Sie (angeblich) keine Zeit haben, etwas für Ihr persönliches Zeitmanagement zu tun, nehmen Sie sich die Zeit dazu, um dann mehr Zeit zu haben!

Hierzu eine kleine Geschichte:

!Bitte *nicht* lesen!

Ein Spaziergänger ging durch einen Wald und begegnete einem Waldarbeiter, der hastig und mühselig damit beschäftigt war, einen bereits gefällten Baumstamm in kleinere Teile zu zersägen. Der Spaziergänger trat näher heran, um zu sehen, warum der Holzfäller sich so abmühte, und sagte dann: „Entschuldigen Sie, aber mir ist da was aufgefallen: Ihre Säge ist ja total stumpf! Wollen Sie diese nicht einmal schärfen?"
Darauf der Waldarbeiter (stöhnend): „Dafür habe ich keine Zeit – ich muß sägen!"

Haben Sie es doch gelesen? Wie ist das bei Ihnen?
► Wann wollen Sie *Ihre Säge* schärfen?

1. Zielsetzung:

So arbeiten Sie an Ihrem Lebens- und Karriereplan

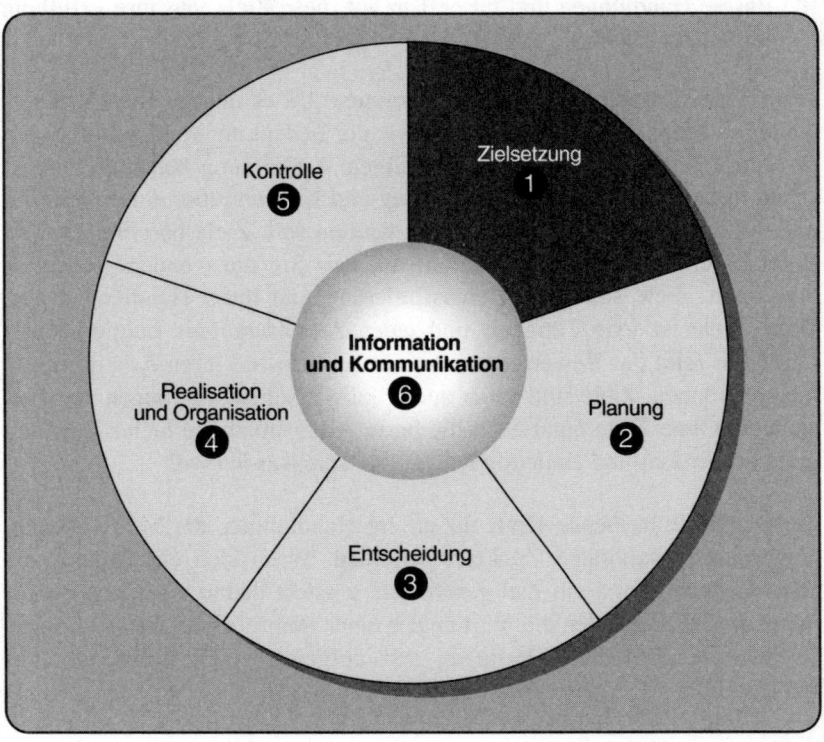

*„Nachdem wir das Ziel endgültig
aus den Augen verloren hatten,
verdoppelten wir unsere Anstrengungen."
(Mark Twain)*

1.1 Bedeutung der Zielsetzung

Ziele setzen heißt,

1 die vorhandenen und latenten Bedürfnisse, Interessen, Wünsche oder Aufgaben, die wir haben, in klare Absichten zu fassen und in präzisen Formulierungen auszudrücken sowie

2 unsere Handlungen und unser Tun auf diese Ziele und ihre Erfüllung hin auszurichten.

Jedes Unternehmen hat seine Zielsetzungen. Da es diesem Buch um persönliches Management geht, wollen wir die Bedeutung von Zielsetzungen für den eigenen Bereich näher betrachten. Zielsetzung bedeutet Vorausschau in die Zukunft sowie Ausrichtung und Konzentration unserer Kräfte und Aktivitäten auf das, was erreicht werden soll. Ziele beschreiben also Ergebnisse. Es kommt nicht darauf an, *was* Sie tun, sondern *wozu* Sie etwas tun. Ziele sind eine Herausforderung und lösen Handlungen aus. Ohne Ziele ist jede Tätigkeit und jedes Arbeitsergebnis richtig – oder falsch. Es fehlt das Bewertungskriterium, an dem Sie Ihren Arbeitseinsatz messen können. Ziele sind daher auch Maßstab zu Beurteilungen von Leistungen. Ohne Ziele nutzt auch die beste Arbeitsmethode nichts, weil ich nicht vorher klar und eindeutig festgelegt habe, was *ich* will.

Ziele sind die treibende Kraft für unsere Handlungen, die Mot(ivat)oren, die unseren Aktivitäten Zugkraft verleihen. Wenn sich ein Organismus oder ein Individuum ein Ziel gesetzt hat, entsteht dadurch ein bestimmter Spannungszustand, der die Wirkungen einer Antriebskraft hat und sogar bei zwischenzeitlichen Störungen erst aufgelöst wird, wenn das Ziel erreicht ist.

> *Ziele* sind Zukunftsvorstellungen, zu deren Realisierung ich etwas tun will – und auch tue. Sonst bleibt es nur bei einem *Vorsatz*.

Ziele setzen heißt, in Richtung Zukunft zu denken. Das traditionelle Denken in Einzelaufgaben verleitet dazu, sich in Einzelheiten zu verlieren. Das Denken in Zielen hingegen bewirkt, daß das einzelne auf das große Ganze ausgerichtet wird:

> Man weiß, wohin man will und welchen Endzustand es zu errei-
> chen gilt.

Fragen Sie sich ständig bei Ihren täglichen Arbeitsaktivitäten:

➡ Bringt mich das, was ich im Moment tue, wirklich meinem Ziel
einen Schritt näher?

Zielsetzung ist ein *permanenter Prozeß,* da Ziele nicht ein für allemal festgelegt werden, sondern sich auch laufend ändern können, z. B. wenn bei
der Kontrolle der Realisierung festgestellt wird, daß die Vorstellungen
inhaltlich falsch oder die Ansprüche zu hoch oder zu niedrig angesetzt
waren (vgl. den Management-*Regelkreis*).

Zielsetzung bedeutet, sein Tun und Handeln *bewußt* auf bestimmte Leitlinien und Orientierungen hin auszurichten. Für unser Zeitmanagement und
eine bewußte Lebensführung ist es fundamental und wichtig zu wissen,
wohin *wir* wollen und wohin wir nicht wollen *(Selbstbestimmung),* um
nicht dort anzukommen, wo andere uns hinhaben wollen *(Fremdbestimmung).*

Wenn ich „bewußt" Ziele habe, richte ich auch meine unbewußten Kräfte
auf mein Tun aus. Ziele dienen der Konzentration der Kräfte auf den
eigentlichen Schwerpunkt.

Die eigenen Ziele zu kennen und konsequent anzustreben, bedeutet, seine
Energie auch voll für die eigenen, wichtigen Angelegenheiten einzusetzen,
statt seine Kraft für unwichtige Dinge zu ver(sch)wenden.

Sich der eigenen Ziele bewußt zu werden kann eine erhebliche *Selbstmotivation* für die eigene Arbeit bedeuten.

> Zufällige Erfolge sind gut, aber selten.
> Geplante Erfolge sind besser, da häufiger und beeinflußbar.

Voraussetzung der Planung – auch des Erfolges – ist, genau zu wissen,
- ❑ was man
- ❑ bis wann
- ❑ in welchem Ausmaß

erreicht haben will. Zielsetzung ist unabdingbare Voraussetzung für Planung, Entscheidung und die tägliche Arbeit.

Falls Sie noch mit der Einstellung Ihr Büro betreten „Ich werde daran *arbeiten*, was heute (gerade) anliegt", machen Sie Schluß damit!
Setzen Sie eindeutige Ziele für sich (und Ihre Mitarbeiter) und beachten Sie das Prinzip:

> Ich werde daran arbeiten, was *ich* heute erreichen will!

In diesem Kapitel wird folgender *Zielsetzungsprozeß* zugrunde gelegt:

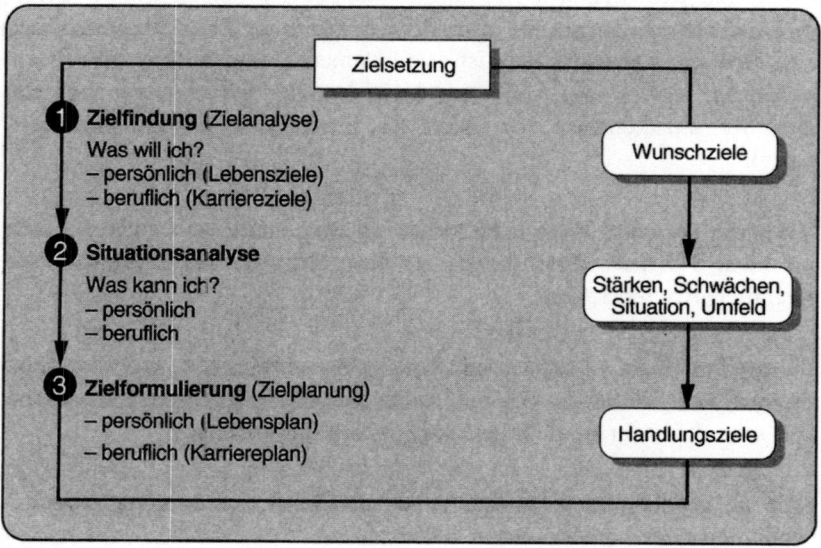

1.2 Zielfindung

Sie wollen noch erfolgreicher werden – sonst hätten Sie dieses Buch nicht gekauft. Um etwas zu erreichen und erfolgreich zu sein, müssen Sie Zeit und Mittel aufwenden. Es bedarf sorgfältiger Dispositionen und Methoden, um die angestrebten Ziele möglichst gut und in angemessener Zeit zu erreichen:

➡ Welche Ziele wollen Sie erreichen?

➡ Wie sehen diese aus? Lassen sie sich untereinander vereinbaren?

➡ Gibt es ein sogenanntes Oberziel und bestimmte Zwischenziele auf dem Weg dorthin?

➡ Wissen Sie, was Sie selbst dafür tun können (Stärken) und woran Sie noch arbeiten müssen (Schwächen)?

> ### Verschaffen Sie sich Zielklarheit!

Dies ist die unabdingbare, grundlegende Voraussetzung für eine erfolgreiche Arbeits- und Lebensgestaltung! Persönliche Lebensziele zu finden und zu definieren heißt, seinem Leben eine Richtung zu geben und die eigenen Werte verwirklichen zu können.

Versuchen Sie, Ziele festzulegen, die sich in unmittelbare Handlungen umsetzen lassen.

Beispiel:
1. *Nicht:* Ich will gesünder leben.
   Sondern: Ich will jeden Tag 15 Min. Waldlauf (Jogging) machen.
2. *Nicht:* Ich will besseren Kontakt zu meinen Mitarbeitern haben.
   Sondern: Ich will jede Woche für jeden MA eine zusätzliche Stunde reservieren und mit ihm berufliche und private Themen besprechen.

Solche konkreten, handlungsbezogenen Ziele lassen sich auch unmittelbar planen, z. B. im Zeitplanbuch für bestimmte Tage oder Wochen fixieren oder festschreiben, und im darauffolgenden Schritt auch realisieren.

> Schreiben Sie daher genau auf, was Sie *konkret* erreichen wollen!

Das Prinzip der *Schriftlichkeit* bewirkt, daß oft mehr oder weniger vage Vorstellungen und Wünsche fixiert werden. Sie werden auf diese Weise dazu angehalten, sich mit Ihren Zielen auseinanderzusetzen und diese zu präzisieren. Schriftliche Ziele prägen sich auch visuell ein und unterliegen weniger der Gefahr, vergessen zu werden. Wenn Sie Ihre Ziele für sich bzw. vor sich selbst definiert haben, bekommen diese automatisch einen verbindlicheren Charakter: Auf dem Papier festgehalten, regen sie zur Auseinandersetzung, Überprüfung und Revision an.

➡ Wir wollen Sie in diesem Abschnitt dazu anregen, anhand verschiedener Übungen Ihre Ziele zu durchdenken, Konkretes zu fassen und zu systematisieren sowie auch schriftlich festzuhalten.

Vom Lebenswunschbild zum Zielinventar

Die *persönliche Zielfindung* kann über folgende vier Stufen vorgenommen werden.

(1) Erarbeitung eines *Lebenswunschbildes*
(2) Zeitliche Differenzierung der *Wunsch- und Lebensziele*
(3) Entwicklung eines *beruflichen Leitbildes*
(4) Aufstellung eines *Zielinventars*

(1) Entwerfen Sie Ihr Lebenswunschbild

Malen Sie sich aus, wie Ihr zukünftiges Leben verlaufen könnte. Jammern Sie nicht über gelegentliche Mißerfolge und Niederlagen in der Vergangenheit: Diese können Sie ohnehin nicht mehr ändern – aber daraus lernen!

Einstimmung: Meine Lebenskurve
- ❑ Wie ist Ihr bisheriges Leben verlaufen?
- ❑ Welches waren Ihre größten Erfolge? Wo gab es Niederlagen? Beruflich? Privat?
- ❑ Wie stellen Sie sich Ihre Zukunft vor?
- ❑ Wie alt wollen Sie werden?
- ❑ Was wollen Sie noch alles erreichen?
- ❑ Mit welchen Schicksalsschlägen oder Niederlagen rechnen Sie?

➡ Zeichnen Sie auf der nachfolgenden Seite Ihre Lebenskurve, wie sie bisher verlaufen war, und markieren Sie, wo Sie heute stehen.

➡ Schreiben Sie Stichwörter neben die Extrempunkte Ihrer Lebenskurve, die die betreffenden Erfolge bzw. Mißerfolge charakterisieren.

➡ Versuchen Sie, sich die Zukunft vorzustellen, und führen Sie die Kurve weiter fort.

Lebenswunschbild: Nennen Sie die wichtigsten 5 Punkte, die Sie bis zum Ende Ihres Lebens noch erreichen wollen:

1 _____

2 _____

3 _____

4 _____

5 _____

Zeichnen Sie Ihre Lebenskurve

56

Der nächste Schritt:

(2) Differenzieren Sie Ihre Wunsch- und Lebensziele nach zeitlichen Kriterien!

➡ Dabei ist es zunächst unerheblich, ob Ihnen Ihre eigenen Vorstellungen realistisch oder utopisch erscheinen – dieser Aspekt wird später überprüft.

➡ Wichtig ist vielmehr herauszufinden, was Ihre daseinsbestimmenden Leitlinien und was Ihre in naher Zukunft anzustrebenden Wünsche sind.

Auch zunächst utopisch anmutende Ziele können zum Antreiber und Lenker Ihrer späteren Arbeit und Ihres weiteren Lebens werden.

➡ Machen Sie sich darum in der folgenden Übung klar, mit welchen Ereignissen Sie in den nächsten 20 Jahren in Ihrer persönlichen *Zeitreihe* rechnen müssen. Berücksichtigen Sie dabei Ihre wichtigsten Bezugspersonen (Partner, Kinder, Eltern, Chef, Freunde etc.) und deren Lebensalter. Solche besonderen Ereignisse können sein:

❑ Einschulung oder Volljährigkeit der Kinder
❑ Ausbildungsabschluß der Kinder
❑ Pensionierung des Vaters / der Mutter
❑ Pensionierung des Vorgesetzten
❑ Auslaufen einer Hypothek
❑ Freiwerden von festgelegten Geldern, Bausparverträgen etc.

Diese Zeitreihe setzt Ihre eigenen Wünsche und Ziele in Beziehung zu anderen wichtigen Daten Ihres persönlichen Umfeldes.

Zeitreihe für persönliche Zielfindung							
Jahr	eigenes Alter	Alter von Bezugspersonen					besondere Ereignisse
2002							
2003							
2004							
2005							
2006							
2007							
2008							
2009							
2010							
2011							
2012							
2013							
2014							
2015							
2016							
2017							
2018							
2019							
2020							
2021							
2022							

➤ Schreiben Sie nun auf das nachfolgende Arbeitsblatt alle Wunsch- und Lebensziele, die Sie für die nahe und ferne Zukunft haben:

❑ *Langfristig* (Lebensziele, Leitlinien etc.):
Was wollen Sie auf dieser Welt, in diesem Leben erreichen?
❑ *Mittelfristig:*
Was wollen Sie in den nächsten 1– 5 Jahren erreichen?
❑ *Kurzfristig:*
Was wollen Sie noch in den nächsten 12 Monaten erreichen?

Wunsch- und Lebensziele

Private Wünsche
❑ **langfristig (Lebensziele)**

❑ **mittelfristig (5 Jahre)**

❑ **kurzfristig (in den nächsten 12 Monaten)**

Berufliche Wünsche
❑ **langfristig (Karriereziele)**

❑ **mittelfristig (5 Jahre)**

❑ **kurzfristig (in den nächsten 12 Monaten)**

Im vorletzten Schritt einer persönlichen Zielfindung wollen wir uns dem Teilbereich „Beruf" näher zuwenden:

(3) Entwickeln Sie Ihr berufliches Leitbild!

Was würden Sie eigentlich beruflich am liebsten tun? Wenn Sie Position, Funktion, Titel, Branche und Organisation, Unternehmen oder Institution frei wählen könnten, was würden Sie gern sein oder werden?

Beispiele:

- Geschäftsführer in einem mittleren Unternehmen der XY-Branche werden
- Vorstand im Unternehmen X oder Y werden
- Niederlassung im Ausland (wo?) gründen oder leiten
- Zu den Spitzenleuten / Experten für .... gezählt werden
- Eine Beamtenposition als .... erreichen
- Eine Professur / einen Doktortitel erwerben
- Die gegenwärtige Position bis zur Pensionierung halten und ausbauen
- Sich selbständig machen als ....
- Eine politische Karriere als .... anstreben
- In 5 Jahren aussteigen und Schäfer in der Lüneburger Heide werden
- etc.

Ihre Antwort:

Berufliches Leitbild

❏ Ich möchte gern .... bei .... sein oder werden.
❏ oder: Ich möchte gern .... bei .... sein oder werden.
❏ oder: Ich möchte gern freiberuflich mein eigener Chef sein oder werden, und zwar als ....

Ihr berufliches Leitbild ist der Schlüssel zu Ihrem beruflichen und persönlichen Erfolg:

➡ Vom Berufsleitbild geht eine starke Arbeits- und Leistungsmotivation aus.

➡ Das Berufsleitbild steuert Ihre Aktivitäten, Orientierungen und Berufsentscheidungen auf diesen Wunsch hin.

➡ Das Berufsleitbild ist der Leitfaden für Ihre zukünftige Berufsausübung.

> Überprüfen Sie Ihr Leitbild in der nachfolgenden Übung!

Stellen Sie sich Ihren Wunschberuf vor, und versuchen Sie, die nachfolgenden Besinnungsfragen zu beantworten:

Besinnungsfragen „Wunschberuf" (nach Lang / Siegert, 1978):

❑ Warum tun Sie es eigentlich nicht?

Antwort: _____

_____

❑ Was haben Sie bisher dagegen getan, um diese Gründe zu beseitigen?

Antwort: _____

❑ Was haben Sie bisher dafür getan, um näher an Ihre Wunschposition heranzukommen?

Antwort: _____

_____

❑ Kennen Sie die Anforderungen Ihrer Wunschposition?

Antwort: _____

_____

❑ Wenn nein, wie groß ist eigentlich Ihr wirkliches Interesse daran?

Antwort: _____

❑ Welches ist Ihre größte Schwierigkeit, überhaupt näher an die Wunschposition heranzukommen?

Antwort: _____

_____

❑ Was haben Sie bisher getan, um die Schwierigkeiten zu mindern oder zu beseitigen?

Antwort: _____

_____

❑ Was müßte man tun?

Antwort: _____

_____

❏ Welches *Ziel* wollen Sie sich setzen, um diese Schwierigkeiten in einem angemessenen Zeitraum zu überwinden?
Antwort: _____

_____

Ziel: _____

Letzter Schritt einer beruflichen und persönlichen Zielfindung ist die

(4) Aufstellung eines Zielinventars

Gehen Sie die in den Stufen (1) bis (3) ausgefüllten Arbeitsblätter durch, und erstellen Sie eine Inventarliste Ihrer Ziele. Filtern Sie dabei die wichtigsten Positionen heraus, die Sie als Lebens- und Karriereziele erreichen wollen.

Denken Sie dabei auch an Ihre Wünsche und Jugendträume, die sich z. B. durch einen einmaligen zeitlichen und finanziellen Aufwand realisieren ließen, wie eine Weltreise machen, 6 Monate auf einer Insel in der Südsee leben etc. Wenn Sie diese Ziele unter der Rubrik „Dinge, die ich noch tun will" festgehalten haben, werden diese bisher vagen Wünsche konkreter und Grundlage Ihres späteren Lebens- und Mehrperiodenplans.

Sie verleihen dadurch Ihren Wunsch- und Zielvorstellungen Aufforderungscharakter, sie auch endlich einmal zu realisieren und nicht für die nächsten 5 oder 10 Jahre weiter nur in der Phantasiewelt existieren zu lassen.

Zielinventar	
Persönliche Ziele (Lebensziele)	
_____	_____
_____	_____
_____	_____
_____	_____

62

Berufliche Ziele (Karriereziele)

_____   _____

_____   _____

_____   _____

_____   _____

Erfahrungen, die ich noch machen möchte:

persönlich: *beruflich:*

_____   _____

_____   _____

_____   _____

_____   _____

Dinge, die ich noch tun will:

persönlich: *beruflich:*

_____   _____

_____   _____

_____   _____

_____   _____

1.3 Situationsanalyse

Nachdem Sie nun im letzten Abschnitt „Zielfindung" für sich die Frage nach den persönlichen und beruflichen *Zielen* geklärt haben, wollen wir uns im Rahmen einer Bestandsaufnahme mit Ihren persönlichen Ressourcen, den *Mitteln* zur Zielerreichung, beschäftigen.

Wir werden dabei ebenfalls in vier Schritten vorgehen:

> (1) Leitfragen zur Situationsanalyse
> (2) Persönliche Erfolgs-/Negativbilanz
> (3) Stärken und Schwächen
> (4) Ziel-Mittel-Analyse

➡ Eine solche Situationsanalyse soll Aufschluß über Ihre Stärken und Schwächen geben und Hinweise liefern, welche Bereiche Sie ausbauen können und an welchen Punkten Sie noch arbeiten müssen.

Was tun Sie, um Ihre Lebenskurve positiv zu beeinflussen?

➡ Auf den folgenden beiden Seiten finden Sie jeweils eine Reihe von

(1) Leitfragen zur persönlichen und beruflichen Situationsanalyse,

die den eigenen Standort näher beleuchten sollen.

Leitfragen zur persönlichen Situationsanalyse	
Mein Lebenslauf: Welches waren meine größten Erfolge und Mißerfolge?	
Familiäre Einflüsse: Kindheit? Jugend? Eltern? Geschwister? Bezugspersonen?	
Welches sind meine wichtigsten Persönlichkeitswerte, Charaktervorzüge und Stärken?	
Welches sind meine Schwächen? Belastungen?	

Welches sind meine Harmonien? Welches sind meine Konflikte mit meiner Umwelt? Worauf führe ich diese zurück?	
Freundschaften? „Feind"schaften?	
Wie und wann fühle ich mich stark, unterlegen und schwach?	
Welche Erfolge konnte ich bisher nicht erreichen? Aus welchen Gründen?	
Welche Gefahren, Schwierigkeiten, Probleme etc. können/könnten auf mich zukommen? In welchen Bereichen?	
Welche Maßnahmen will ich hier ergreifen?	
Welche Menschen, Freunde etc. fördern mich, behindern mich in meiner Entfaltung?	
Wo kann ich mein Können entfalten? Nicht entfalten? Was will ich dagegen tun?	
Welche für mich negativen Einflüsse von anderen will ich beseitigen?	
Welche positiven Einflüsse will ich fördern, ausnutzen?	
Was brauchen andere? Was kann ich geben?	
Wo und wem kann ich helfen? (auch in Gruppen)	
Wem kann ich Nutzen bieten – jetzt und in Zukunft?	
Was will ich konkret tun, um anderen Nutzen zu bieten?	

Wieviel (Löse-)Geld würde ich bereit sein, für meine besten Freunde zu geben?	
Biete ich den Leuten den meisten Nutzen, die mir den meisten Nutzen bringen?	
Wem werde ich welche Freude bereiten? Jetzt gleich? Morgen? etc.?	

Leitfragen zur beruflichen Situationsanalyse

Kenne ich die Ziele meiner Stelle?	
Weiß ich, was von meinem Arbeitsplatz, was von mir erwartet wird?	
Sind meine Ziele mit meinem Vorgesetzten abgestimmt?	
Kenne ich die zu meinem Arbeitsgebiet gehörenden, routinemäßig wiederkehrenden Aufgaben?	
Plane ich meine Aufgaben?	
Habe ich jederzeit einen Überblick über die zur Bearbeitung anstehenden Aufgaben?	
Kenne ich die Dringlichkeit und Wichtigkeit meiner Aufgaben?	
Setze ich Prioritäten?	
Erledige ich meine Aufgaben rechtzeitig?	
Gerate ich dabei öfter unter Druck?	
Muß ich von anderen Stellen an die Erledigung von Aufgaben erinnert werden?	

Schiebe ich Aufgaben vor mir her?	
Nehme ich Aufgaben selbständig in Angriff?	
Erledige ich meine Aufgaben vollständig?	
Erhalte ich oft Rückfragen oder Reklamationen?	
Erhalte ich Klagen darüber, daß ich andere Stellen unzureichend informiere?	
Wie groß ist der Einfluß des Unternehmens auf meinen persönlichen Lebensbereich?	
Meine Kompetenz, mein Entscheidungsspielraum?	
Welchen Nutzen biete ich durch meine momentanen Leistungen?	
Welche Gegenleistung kann ich erzielen (Gehalt, Aufstieg, Kontakte etc.)?	
Welche Erfolge und Teilerfolge kann ich in absehbarer Zeit erzielen?	
Mit welchen Mißerfolgen muß ich rechnen?	
Welches sind die Hauptvorzüge des Unternehmens?	

Nach dem „Wo will ich hin? (Zielfindung)" durchdenken Sie einmal das „Wo stehe ich?". Im nächsten Schritt wollen wir nun Ihre persönlichen *Stärken und Schwächen* näher analysieren.

Betrachten Sie zu diesem Zweck noch einmal Ihre

➡ Lebenskurve (Seite 56),

und listen Sie in der nachfolgenden Übung Ihre bisher größten Erfolge auf.

(2) Größte Erfolge in beruflicher und privater Sicht

Welche Fähigkeiten, Kenntnisse, Erfahrungen etc. waren notwendig, um diese Erfolge zu erzielen?
Versuchen Sie dabei, jeweils die Fähigkeiten herauszufinden, die Sie bei dem betreffenden Ereignis eingesetzt haben:

Persönliche Kenntnisse + Fähigkeiten

Fachkenntnisse
- ❑ Produktkenntnisse
- ❑ Herstellungskenntnisse
- ❑ Verkaufstechnik
- ❑ Managementwissen
- ❑ Betriebswirtschaftliche Spezialkenntnisse
- ❑ Allgemeinwissen
- ❑ Kontakte und Beziehungen

Persönlichkeit
- ❑ Körperliche Verfassung, Fitneß, Widerstandskraft
- ❑ Auftreten, Aktivität, Stehvermögen
- ❑ Kontaktfähigkeit, Zuhören können, Einfühlungsvermögen
- ❑ Anpassungsfähigkeit, Hilfsbereitschaft
- ❑ Kritikvermögen, Selbstkritik

Führungsfähigkeiten
- ❑ Durchsetzungskraft, Überzeugungsvermögen
- ❑ Fähigkeit zur Delegation, Unterweisung
- ❑ Motivation von Menschen und Gruppen
- ❑ Fähigkeit zur Teamarbeit und Kooperation

Denkfähigkeiten
- ❑ Urteilskraft
- ❑ Kreativität
- ❑ Logisches Denken
- ❑ Denken in Strukturen, Systemen

Arbeitstechniken
- ❑ Rationelles und systematisches Arbeiten
- ❑ Entscheidungstechniken, Problemlösungen
- ❑ Konzentrationsfähigkeit, rationelles Lesen
- ❑ Arbeitsmethodik, Organisation
- ❑ Rhetorik, Diskussions- und Verhandlungstechniken

Persönliche Erfolgsbilanz

Meine größten Erfolge, Leistungen etc.	Wie habe ich sie errungen? (Fähigkeiten, die dafür notwendig waren.)
1	
2	
3	
4	
5	
6	
7	
8	
9	
10	

Sonstiges:

Mit der Analyse Ihrer Fähigkeiten ermitteln Sie, was Sie überhaupt leisten können, d.h. welches persönliche Potential Ihnen zur Erreichung Ihrer Ziele zur Verfügung steht. Dieses gilt es zu verbessern und zu fördern. Das ist jedoch nur eine Seite der Medaille.

Auf der anderen Seite müssen Sie sich über Ihre Schwachpunkte klar werden, um entweder solche Aktivitäten zu meiden, die den Einsatz derartiger „Skills" fördern, oder Maßnahmen ergreifen, diese Mängel abzustellen.

➡ Stellen Sie daher auch eine Bilanz Ihrer größten Mißerfolge und Niederlagen auf,

und notieren Sie, an welchen mangelnden Fähigkeiten, Eigenschaften etc. es *auch* gelegen haben mag. Überlegen Sie weiterhin, wie Sie seinerzeit diesen Mißerfolg überwunden haben.

> Seine Schwächen erkennen heißt, seine Stärken auszubauen.

Persönliche Negativbilanz		
Meine größten Mißerfolge, Niederlagen etc.	Fähigkeiten, die hier gefehlt haben	Wie habe ich die Mißerfolge überwunden?
1 _____		
2 _____		
3 _____		
4 _____		
5 _____		
6 _____		
7 _____		
8 _____		
9 _____		
10 _____		
Sonstiges:		

(3) Stärken und Schwächen

Im nächsten Schritt ordnen Sie die gefundenen Fähigkeiten und Mängel nach Bereichen und geben die jeweils wichtigsten *zwei oder drei* Stärken und Schwächen an. Ein solches persönliches Fähigkeitsprofil ist eine der Grundlagen für die Planung der nächsten Schritte und Maßnahmen zur Erreichung von Zielen.

Prozeß der Zielsetzung

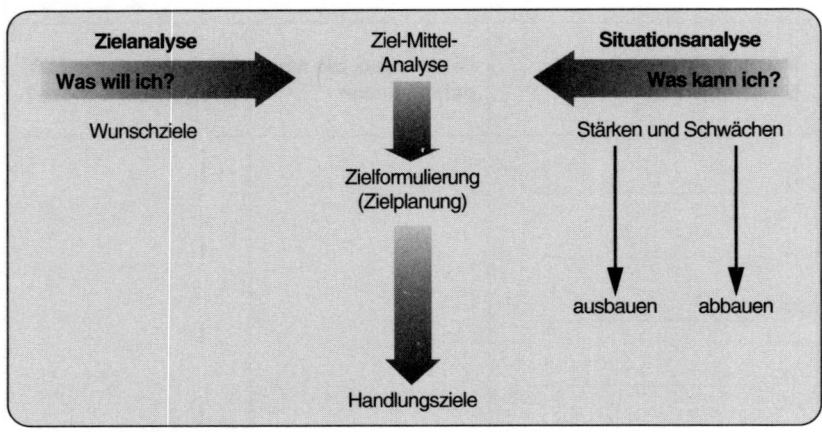

Fähigkeitsprofil	Stärken +	Schwächen –
Berufliche Kenntnisse und Erfahrungen	1 _____ 2 _____ 3 _____	1 _____ 2 _____ 3 _____
Soziale und kommunikative Eigenschaften	1 _____ 2 _____ 3 _____	1 _____ 2 _____ 3 _____
Persönliche Fähigkeiten	1 _____ 2 _____ 3 _____	1 _____ 2 _____ 3 _____
Führungsfähigkeiten	1 _____ 2 _____ 3 _____	1 _____ 2 _____ 3 _____
Denkfähigkeiten Arbeitstechniken	1 _____ 2 _____ 3 _____	1 _____ 2 _____ 3 _____

Sonstiges	1 _____	1 _____
	2 _____	2 _____
	3 _____	3 _____

Letzte Stufe der Situationsanalyse ist die

(4) Ziel-Mittel-Analyse,

in der die zur Erreichung der Wunschziele notwendigen Mittel (persönliche, finanzielle, zeitliche Ressourcen) mit der Ist-Situation verglichen werden.

Nehmen Sie daher Ihr im vorhergehenden Abschnitt erstelltes *Zielinventar* zur Hand, und wählen Sie die für Sie wichtigsten fünf Ziele aus. Finden Sie heraus, welches die dazu notwendigen Mittel sind, und prüfen Sie, was Sie noch erreichen bzw. noch in Angriff nehmen müssen, um diesem Lebensziel näher zu kommen.

Beispiele:

Ziel	Mittel	vorhanden
❏ Robinson-Dasein auf einer Südseeinsel	→ 6 Monate Zeit	
	→ DM 20 000,– für Reisekosten	x
	→ Segel- und Fischereikenntnisse	
	→ Sprachkenntnisse	x
❏ Marketingvorstand in Branchenunter- nehmen	→	
	→	
	→	
	→	

Bei Karrierezielen führen Sie unter der Rubrik „Mittel" die für die Wunschstelle erforderlichen Qualifikationen auf und leiten konkrete, realistische Handlungsziele für die Erfahrungen und Fähigkeiten ab, die Ihnen noch fehlen.

Ziel-Mittel-Analyse

Wunschziele	Notwendige Mittel Was ist erforderlich?	Situationsanalyse		Handlungsziele Maßnahmen
		vorhanden (Fähigkeiten etc.)	nicht vorhanden	
1 ___				
2 ___				
3 ___				
4 ___				
5 ___				

1.4 Zielformulierung

Letzte Stufe des Zielsetzungsprozesses ist die konkrete Zielformulierung, die Ableitung von Handlungszielen für die nachfolgende Stufe der Planung.

Lebens- und Karriereplan

Tragen Sie nun Ihre Lebens- und Karriereziele aus den bisherigen Arbeitsblättern in die nachfolgenden Übungsblätter ein!

Termine setzen – Ergebnisse formulieren

Jedes Ziel, so hatten wir zu Beginn dieses Kapitels ausgeführt, das Sie sich beruflich oder privat setzen wollen, hat nur dann einen Sinn, wenn

- ❑ ein *Termin* oder Zeitpunkt festgelegt und
- ❑ die angestrebten *Ergebnisse* formuliert werden.

Fixieren Sie diese nun für Ihre Wunsch- und Handlungsziele, und überprüfen Sie Ihre Pläne, inwieweit diese auch realistisch sind. Den Maßstab legen *Sie* an !

➤ Denken Sie dabei auch an solche Bereiche wie Körper und Gesundheit, denn (nur) eine gute *Gesundheit* und Konstitution ist die Voraussetzung für ein aktives, zielbewußtes Leben – für ein erfolgreiches Zeitmanagement.

Planen Sie daher in Ihre Periodenpläne (Jahres-, Monats-, Wochen- und Tagesplan) auch Phasen für diesen Bereich ein: Skilanglauf, Sportferien, Kur, wöchentliches Schwimmen, täglichen Waldlauf, Yoga etc. sowie ärztliche Routine- und Vorsorgeuntersuchungen.

LEBENS - u. KARRIEREPLAN von: Ulli

In: 1 Jahr 4 J. 7 J. 10 J. 12 J. 15 J. 18 J. 20 J. 23 J. 25 J. 28 J. 30 J. 33 J. 35 J. 38 J. 40 J. 43 J. 45 J. 48 J.

Einschulung / ca. DM 20,- Taschengeld monatl.

Kommunion / ca. DM 1.400,- Umsatz

Konfessionswechsel z. ev. Kirche ca. DM 80,- Taschengeld

Konfirmation / ca. DM 1.800,- Umsatz

Realschul-Abschl. (1x sitzengeblieben) ca. DM 150,- Taschengeld

Start Lehre als Bankkaufmann ca. DM 1.000,- Gehalt

Verlobung m. Tochter d. Chefs (kaum Umsatz) ca. DM 1.700,- Gehalt + Golf GTI v. Schwiegerelt.

Hochzeit (Mercedes 240 E, Hausrat), ca. DM 2.400,- Gehalt

1. Erfolg m. Aktien! ca. DM 700,- Gewinn

Gewinne m. Aktien, monatl. DM 1.500,-

Beförderung z. Abteilungsleiter ca. DM 3.400,- Gehalt

Beförderung zum Filial-Leiter ca. DM 4.100,- Gehalt

Aufstieg z. Direktor / ca. DM 5.000,- Gehalt kleinere Gewinne m. Aktien (ca. DM 900,- monatl.)

Nach Eintritt in Vorstand, Scheidung v. der blöden Tussi, Kosten tragt meine Freundin (Tochter d. Aufsichtsrats-Vorsitz.), DM 13.500,- Geh.

2. Hochzeit (beträchtl. Umsatz!), Eintr. i. Aufsichtsrat. Ca. DM 22.000,- Geh. + Nebeneinn. ca. 6.000,- monatl.

2. Aufsichtsrats-Posten. Ca. DM 43.000,- monatl. **Es geht endlich aufwärts!**

3. Aufsichtsrats-Posten + 1. Vorsitz! Ca. DM 84.000,- monatl.

Gründung einer Holding. Ca. DM 2.1 Mio Einkommen

Ca. DM 3 Mio Einkommen

Ca. DM 5,3 Mio Einkommen

Ca. DM 14 Mio Einkommen international

Ein-kommen:

So stimmt die Zielrichtung. Alles klar?

➡ Vergessen Sie auch nicht die persönliche Weiterbildung, um Ihr Wissen und Können zu steigern,

sowie

➡ die kulturelle Bildung (Reisen, Kultur, Veranstaltungen etc.). Nehmen Sie sich *nicht zu viel auf einmal vor,* denn Aufgaben, die Sie überfordern, haben wenig Chancen, realisiert zu werden. Je mehr Ziele Sie sich setzen, um so mehr müssen Sie u. U. in Ihrem bisherigen Leben verändern bzw. an neuen Aktivitäten entwickeln.

➡ Setzen Sie auch *konkrete, kurzfristige* Ziele, die auf Ihre langfristigen Globalziele ausgerichtet sind. Bei langfristigen Zielen müssen Sie mit sich ändernden Umweltbedingungen und neuen Entwicklungen rechnen. Daneben ist es motivationspsychologisch wichtig, auch kurzfristig erreichbare (Teil-)Ziele zu verfolgen, um Erfolgserlebnisse zu haben.

Beispiel: Lebensplan (Auszug)

Lebensbereich	Nr.	Lebensziel Wunschziel	Bedeutung, Wichtigkeit	Termin Jahr	Handlungsziele, Maßnahmen, nächste Schritte	Termin bis wann?	Kontrolle
Besitz, Geld	4	Eigenheim (Bungalow) in einer landschaftlich reizvollen Gegend	hoch	2008	Grundstücksuche	2003	
					Bausparverträge abschließen	2002	
					Eigenkapital beschaffen	2005	
					Eigentumswohnung gewinnbringend verkaufen	2007	

Lebensplan							
Lebensbereich	Nr.	Lebensziele Wunschziele	Bedeutung, Wichtigkeit	Termin Jahr	Handlungsziele, Teilpläne, Maßnahmen, nächste Schritte	Termin bis wann?	Kontrolle

78

Die Formulierung von Handlungszielen für die *Karriere- und Berufs-wünsche* erfordert Informationen aus erster Hand und genaue Orientierungen in Unternehmen, Branche und Markt. Hier werden auch die persönliche fachliche Weiterbildung und die Erweiterung Ihres beruflichen und fachlichen Wissens- und Erfahrungsschatzes eine bedeutsame Rolle spielen.

➡ Welches ist Ihre wahrscheinlichste (kurzfristige) Aufstiegsmöglichkeit in den nächsten zwei bis drei Jahren?

Stellenbezeichnung: _____

Verantwortungsbereich: _____

zusätzlich erforderliche
• fachbezogene Fähigkeiten: _____

• Führungseigenschaften: _____

• persönliche Fähigkeiten: _____

andere Kriterien: _____
_____
_____

Wichtig für Ihre Karriereplanung ist:

Ein kleiner Schritt, der *sofort* in Angriff genommen wird, bringt oft mehr als umfangreiche strategische und grandiose Planungsüberlegungen in der Zukunft, die Aktionen nur schleppend in Gang kommen lassen.

Wie sieht Ihr *nächster Schritt* aus?

Aktionsziel: nächster Schritt

Benötigte Informationen:

Erforderliche Ressourcen, Hilfen etc.:

Zu erwartende Schwierigkeiten, Probleme:

Aktionen, Maßnahmen:	*Termine:*

Sonstiges:

➡️ Halten Sie diesen ersten, nächsten Schritt in Ihrem Karriereplan fest!

Beispiel: Karriereplan (Auszug)

Nr.	Wunschziele Karriereziele, Berufsziele	Bedeutung, Wichtigkeit	Termin Jahr	Handlungsziele, Maßnahmen, nächster Schritt	Termin bis wann?	Kontrolle
3	Partner einer mittleren Kanzlei werden	hoch	2007	Verkaufserfahrung Erwerb spezieller Fachkenntnisse	2003 2004	

Karriereplan						
Nr.	Karriereziele, Berufsziele, Wunschziele	Bedeutung, Wichtigkeit	Termin Jahr	Handlungsziele, Teilpläne, Maßnahmen, nächste Schritte	Termin bis wann?	Kontrolle

1.5 Zusammenfassung und Auswertung

❑ Das *Denken in Zielen* bewirkt, daß das Einzelne auf das große Ganze ausgerichtet wird.
Man weiß, wohin man will und welchen Endzustand es zu erreichen gilt.

❑ Der *Zielsetzungsprozeß* umfaßt drei Phasen:
  – Zielfindung: Was will ich?
  – Situationsanalyse: Was kann ich?
  – Zielformulierung: Was werde ich konkret in Angriff nehmen?

❑ Verschaffen Sie sich zunächst *Zielklarheit,* indem Sie in den angebotenen Übungen genau aufschreiben, was Sie konkret erreichen wollen (Wunsch- und Lebensziele).

❑ Das *Zielinventar* faßt die schrittweise erarbeiteten, persönlichen und beruflichen Leitbilder zusammen.

❑ Die persönliche und berufliche *Situationsanalyse* stellt eine Bestandsaufnahme der persönlichen Ressourcen (Mittel zur Zielerreichung) dar und gibt Aufschluß darüber, welche Bereiche ausgebaut werden können *(Stärken)* und an welchen Punkten noch gearbeitet werden muß *(Schwächen).*

❑ Nächster Schritt ist die *Ziel-Mittel-Analyse,* bei der die zur Erreichung der Wunschziele notwendigen Mittel (persönliche, finanzielle, zeitliche Ressourcen) mit der Ist-Situation verglichen werden.

❑ Aus der Ableitung von Maßnahmen zur Erreichung der Wunschziele, z.B. Konzentration auf bestimmte Stärken, ergeben sich konkrete *Handlungsziele* für den weiteren Zeitmanagementprozeß. *Zielformulierung* beinhaltet, Termine zu setzen und Ergebnisse zu fixieren.

❑ Die Formulierung von Handlungszielen wird abschließend in einem *Lebens- und Karriereplan* festgehalten, der regelmäßig überprüft, aktualisiert und ergänzt werden sollte.

➡ Werten Sie nun das Kapitel »*Zielsetzung"* für Ihre persönlichen Zwecke aus!

➡ Was erschien Ihnen beim Durcharbeiten dieses Kapitels (besonders) wichtig?

➡ Was haben Sie an neuen Erkenntnissen gewonnen?

➡ Was haben Sie bestätigt gefunden?

➡ Was wollen Sie eingehender bearbeiten?

➡ Was wollen Sie umsetzen?

Auswertung Kapitel „Zielsetzung"				
Ergebnis Nr.	Seite(n)	Was (Gedanke, Anregung, Thema etc.)?	Bis wann bearbeiten, umsetzen?	Kontrolle

Nachdem Sie in diesem Abschnitt nun Ihre Lebens- und Karriereziele analysiert und formuliert haben, geht es im nächsten Kapitel „Planung" darum, die Realisierung dieser Ziele vorzubereiten.

2. Planung:

So bereiten Sie die Erledigung Ihrer Aufgaben vor

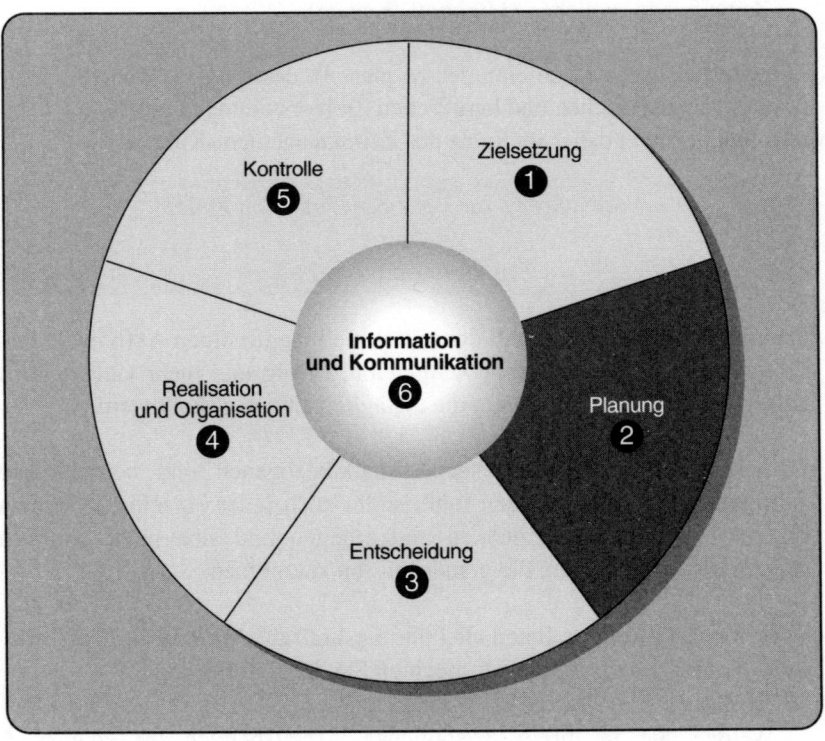

„Wer alles nimmt, wie es kommt,
der arbeitet nicht, der wird gearbeitet."
(Polymedia)

2.1 Grundlagen der Planung

Zeitplanung will die wirtschaftliche Nutzung des vielleicht kostbarsten Gutes „Zeit" sicherstellen, nämlich entweder

❏ die zur Verfügung stehende Zeit für die ertrag- und erfolgreichsten Tätigkeiten einsetzen *(Maximalkriterium)* oder
❏ die angestrebten und fixierten Ziele mit einem möglichst geringen Zeitaufwand erreichen *(Minimalkriterium).*

Je besser wir unsere Zeit einteilen (= planen), desto besser können wir sie für unsere persönlichen und beruflichen Zielvorstellungen nutzen. *Planung* bedeutet daher im Sinne des Zeitmanagement-Kreises:

> Vorbereitung zur Verwirklichung von Zielen
>
> +
>
> Strukturierung von Zeit

Planung der täglichen Arbeit, der mittel- und langfristigen Aktivitäten und Ereignisse bedeutet weiterhin Zeitgewinn, Erfolg und mehr Gelassenheit gegenüber den Anforderungen, die tagtäglich an uns gestellt werden.

So wie jedes Unternehmen seine marktbezogenen und betrieblichen Aktivitäten plant bzw. planen muß, sollte auch jeder einzelne in seinem Bereich vorausschauend denken und arbeiten und sich nicht von den Ereignissen leiten lassen, die gerade auf ihn zukommen.

Es ist nicht notwendig, Ihnen als Führungskraft die Vorteile der *Unternehmensplanung* aufzuzeigen. Wir möchten Sie daher auffordern:

> Werden Sie in Ihrem persönlichen Arbeitsbereich Ihr eigener Unternehmer, und planen Sie den Einsatz Ihrer knappen Zeit für die Erreichung Ihrer Ziele!

Der größte Vorteil, wenn Sie Ihre Arbeit planen, ist:

Die allgemeine Erfahrung in der betrieblichen Praxis zeigt (vgl. z.B. Mackenzie, 1974, S. 44), daß man mit mehr Aufwand an Planungszeit weniger Zeit für die Durchführung benötigt und insgesamt Zeit einspart:

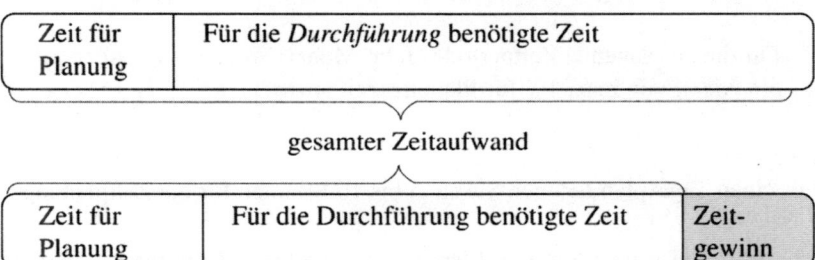

gesamter Zeitaufwand

Es liegt auf der Hand, daß dieser Prozeß nicht beliebig ausgedehnt werden kann, sondern irgendwann sein Optimum erreicht und anschließend weitere Planungszeiten ineffektiv werden, da zu lange geplant wird (Überplanung):

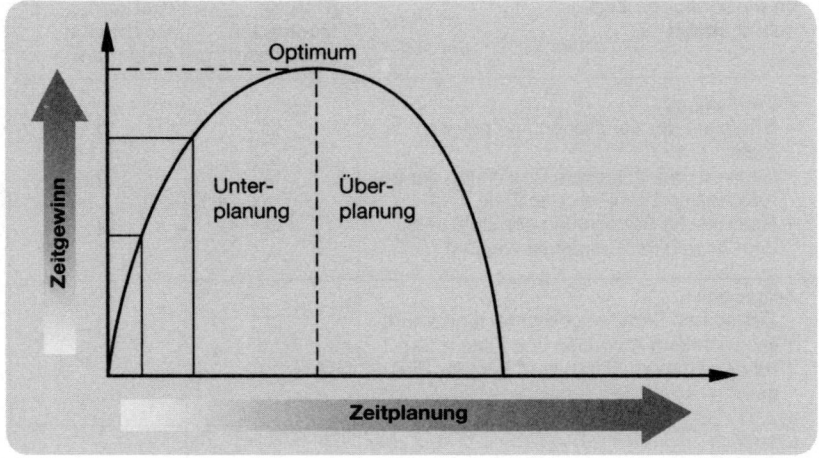

Die Dynamik und teilweise Unvorhersehbarkeit der meisten betrieblichen Tagesabläufe bringt es mit sich, daß das absolute Optimum sicherlich nie „geplant" und erreicht werden kann, doch wenn Sie nur einen Zeitgewinn von täglich 30 Minuten erzielen, ist das schon ein Erfolg. Als Erfahrungswert kann gelten:

„Wer seinen Arbeitstag zehn Minuten vorbereitet, kann zwei Stunden täglich einsparen und wird die wesentlichen Dinge treffsicherer und in besserer Qualität erledigen." (H. L. Clemm, Arbeitsmethodik – Wer plant, gewinnt, in: Wirtschaftswoche Nr. 23 vom 6. 6.1980, S. 76-77)

Als *Faustregel* hat sich bewährt:

> Für die zu planende Zeitperiode (Jahr, Monat, Woche, Tag) ist etwa ein Anteil von max. 1% für Planungszeit anzusetzen.

Beispiel:
Für einen Tagesplan rechnen Sie ca. 5 bis 10 Minuten für die Zeitplanung.

Abschließend finden Sie eine Liste mit Antworten auf die Frage *„Warum Planung?"*, die Sie in einem *ersten Durchlauf* einmal durchgehen – bitte heutiges Datum eintragen! – und alle die Punkte ankreuzen sollten, die Sie erreichen möchten:

Vorteile der (Zeit-)Planung im persönlichen Zeitmanagement	1. Durchgang (Datum: ____) Möchte ich erreichen	2. Durchgang (Datum: ____) Möchte ich erreichen
Zielerreichung		
– Erkennen der beruflichen und privaten Ziele	❏	❏
– Bessere und schnellere Erreichung der beruflichen und persönlichen Ziele	❏	❏
– Realistische Betrachtung der Ziele unter dem Aspekt der Knappheit von Zeit	❏	❏
Zeitgewinn		
– Zeit sparen und Zeit gewinnen für die wirklich wichtigen Aufgaben und Ziele (Führungsaufgaben, Mitarbeiter, Familie, Freizeit)	❏	❏
Überblick		
– Zeitlicher Überblick über alle Projekte, Aufgaben und Tätigkeiten (Was ist wann in welcher Zeit zu tun?)	❏	❏
– Bessere Zeiteinschätzung und Sichtbarmachen von Zeitbedarf	❏	❏

Vorteile der (Zeit-)Planung im persönlichen Zeit- management	1. Durchgang (Datum: ____) Möchte ich erreichen	2. Durchgang (Datum: ____) Möchte ich erreichen
Prioritäten – Konzentration auf die wirklich wichtigen Aufgaben und Sicherstellung deren Erledigung – Sichtbarmachen wichtiger und weniger wichtiger Tätigkeiten und delegierbarer Aufgaben	❑ ❑	❑ ❑
Termine – Realistische Festlegung und Einhaltung von Terminen, Erfassung des Zeitbedarfs – Frühzeitiges Erkennen von Engpässen und Einleitung von Gegenmaßnahmen	❑ ❑	❑ ❑
Zeitreserven – Zeitreserven (Puffer) für Unvorhergesehenes; Freiräume im Tagesablauf	❑	❑
Effizienz – Vorstrukturierung und damit rationellere Ausnützung des Tagesablaufes – Schnellere Erledigung durch blockweise Erledigung von Aufgabengruppen – Vermeiden von Leerläufen bei sich und anderen (Mitarbeiter)	❑ ❑ ❑	❑ ❑ ❑
Delegation – Gutes Arbeitsklima zu den Mitarbeitern – Delegation von Aufgaben an Mitarbeiter – Auftragserteilung an betriebsinterne und -externe Stellen	❑ ❑ ❑	❑ ❑ ❑
Streßabbau – Weniger Hektik, mehr Vorhersehbares im Tagesablauf, bessere Pausenplanung – Weniger Streß, da mehr erledigt wird – Mehr Arbeitsfreude, Reduktion von Termindruck, Ärger, Ungeduld	❑ ❑ ❑	❑ ❑ ❑

Wenn Sie nach einem *späteren zweiten Durchlauf* (vgl. Kap. 7, Transfer: Umsetzung in die Praxis) dann drei Punkte und mehr tatsächlich auch erreicht haben, ist Ihre neue Zeitplanung ein großer Erfolg für Sie – und auch für mich als Autor!

2.2 Prinzipien und Regeln der Zeitplanung

Machen Sie sich bewußt, daß Sie nur ein begrenztes *Zeitbudget* zur Verfügung haben, um Ihre Aufgaben zu erledigen und Ihre Ziele zu erreichen. Planung ist der Entwurf von Arbeitsabläufen für bestimmte Zeitperioden in der Zukunft: Wir planen nicht nur unsere beruflichen und persönlichen Ziele, sondern auch unsere laufende arbeitsmäßige Belastung, um im Tagesgeschäft mit der Annahme, Ablehnung oder Verschiebung neuer Verpflichtungen und Anforderungen besser umgehen zu können.

Je besser also Ihre Übersicht über Ihr Zeitbudget und die Summe Ihrer Aufgaben ist, desto größer wird Ihre Bereitschaft, weniger Wichtiges zu delegieren, zu reduzieren oder zu verschieben.

Damit Sie wie bei einer umfangreichen Bedienungsanleitung nicht von der Fülle der Zeitplanregeln abgeschreckt werden, kreuzen Sie bitte die fünf Prinzipien an, die Ihnen am wichtigsten erscheinen und die Sie anwenden wollen:

1 Grundregel (60:40-Regel)	Bewertung	Bemerkungen
Verplanen Sie nur einen bestimmten Teil Ihrer Arbeitszeit, erfahrungsgemäß 60%.	❑	

Unvorhergesehene Ereignisse, Störgrößen (Zeitfresser) und persönliche Interessen und Bedürfnisse erfordern es, sich nicht restlos zuzuplanen. Ihre *Zeiteinteilung* sollte demnach aus drei Blöcken bestehen.

Doch, doch, Herr
Dr. Dhom, das paßt
prima! Genau da
habe ich noch eine Lücke
in meinem Terminkalender!!

Grundregel der Zeitplanung

- ca. 60% geplante Aktivitäten
- ca. 20% unerwartete Aktivitäten (Reserve für Pufferzeiten und nicht planbare Aktivitäten)
- ca. 20% für spontane Aktivitäten (Führungstätigkeiten, kreative Zeiten)

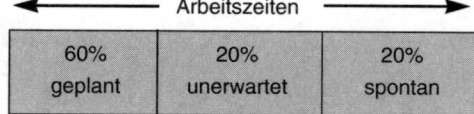

◄──── Arbeitszeiten ────►		
60% geplant	20% unerwartet	20% spontan

Je nach Art und Eigenheit Ihrer Tätigkeit werden diese Werte nach oben oder unten abweichen. Genaueren Aufschluß erhalten Sie aus den Daten Ihrer *Tätigkeits- und Zeitanalyse*, der Grundlage einer jeden Zeitplanung.

2 Tätigkeits- und Zeitanalyse Tages-Störblatt	Bewertung	Bemerkungen
Dokumentieren und prüfen Sie, wie Sie Ihre Zeit ver(sch)wenden und wofür (siehe hierzu die Formblätter auf S. 27 und S. 28).	❑	

So erhalten Sie:

❑ einen ständigen Überblick über den Verbrauch Ihres Zeitbudgets
❑ Erfahrungswerte als Grundlage für die Schätzung zukünftigen Zeitbedarfs
❑ Ansatzpunkte für eine Verbesserung der persönlichen Arbeitsmethodik und Zeitgestaltung (Zeitfresser) etc.

3 Aufgabensammlung – Aktivitätenplan	Bewertung	Bemerkungen
Listen Sie *alle* für die betreffende Planungsperiode anstehenden Tätigkeiten auf. Bei freiwerdenden Kapazitäten und bei Aufstellung des nächsten Periodenplans können Sie das Unerledigte aus dieser Liste zugrunde legen.	❑	

Wichtig:
Voraussetzung für eine gute Zeitplanung ist, daß Sie sich stets einen Überblick über alle anstehenden Aufgaben verschaffen. Unterteilen Sie diese z.B. in lang-, mittel- und kurzfristige Aufgaben. Setzen Sie Prioritäten (→ Ziff. 13), und handeln Sie danach, auch wenn Ihnen weniger Wichtiges häufig besser von der Hand geht als eine schwierige, aber äußerst wichtige Aufgabe.

➤ Benutzen Sie hierfür ein Arbeitsformular *„Aktivitäten-Checkliste/ Aufgaben-Kontrolle"* (Muster S.136)!

4 Regelmäßig – systematisch – konsequent	Bewertung	Bemerkungen
Arbeiten Sie regelmäßig und systematisch an Ihren Zeitplänen, und führen Sie eine angefangene Aufgabe konsequent zu Ende.	❏	

Wichtiger als die perfektionistische Ausfüllung der Formblätter ist das Arbeiten nach der Methode und das Einhalten der Zeitpläne.

5 Realistische Planung	Bewertung	Bemerkungen
Verfallen Sie nicht in den Hang zur Überplanung, und planen Sie nur den Aufgabenumfang ein, den Sie realistischerweise auch erledigen können.	❏	

6 Flexibilität	Bewertung	Bemerkungen
Seien Sie flexibel, denn Zeitpläne sind nicht dazu da, um ihrer selbst willen eingehalten zu werden, sondern um Ziele zu verwirklichen.	❏	

7 Zeitverluste	Bewertung	Bemerkungen
Versuchen Sie, aufgetretene Zeitverluste möglichst sofort auszugleichen, z.B. einmal abends länger zu arbeiten, als tagelang die verlorene Zeit aufzuholen.	❑	

8 Schriftlichkeit	Bewertung	Bemerkungen
Legen Sie Ihre Zeitpläne auf selbst entwickelten oder von Zeitplanbuch-Herstellern angebotenen Formblättern an. So geht Ihnen nichts verloren, und Sie haben einen ständigen Überblick (siehe z.B. das Formblatt „Projektplanung", S. 154).	❑	

9 Unerledigtes	Bewertung	Bemerkungen
Übertragen Sie alle unerledigten Aufgaben, die Sie nicht streichen wollen, auf den nächsten Periodenplan. Sie werden dadurch sichtbar gemacht und automatisch in die neuen Planungsüberlegungen mit einbezogen.	❑	

10 Resultate statt Tätigkeiten	Bewertung	Bemerkungen
Legen Sie Resultate bzw. Ziele (Endzustände) fest und keine bloßen Tätigkeiten.	❑	

Beispiele:

❑ statt: „H. Meyer anrufen"
  besser: „EDV-Liste mit H. Meyer abstimmen."
❑ statt: „Besprechung Fr. Günter"
  besser: „Weiterbeschäftigung der Azubis mit Fr. Günter klären."

➤ So werden Ihre Aktivitäten von vornherein auf Ihr Aufgabenziel hin ausgerichtet, und Sie vermeiden es, ungeplante Aktivitäten zu entfalten, z.B. das, was Ihnen gerade einfällt, auch noch zu besprechen.
➤ Stellen Sie sich immer wieder die Frage:

Welches ist das Ziel dieses Gesprächs, dieser Tätigkeit etc.?
Was will ich erreichen?

11 Zeitvorgaben	Bewertung	Bemerkungen
Machen Sie genaue Zeitvorgaben, und setzen Sie nur die Zeit in Ihrem Plan an, die für die Erledigung der einzelnen Aufgaben wirklich notwendig ist.	❑	

Die Erfahrung hat nämlich gezeigt:

> Eine Arbeit zieht sich in der Regel so lange hin, wie Zeit zur
> Verfügung steht.

Wenn Sie z. B. eine Besprechung von 10–12 Uhr ansetzen, etwa die regelmäßige Montagsbesprechung, wird diese auch so lange dauern, obwohl das eigentliche Ziel schon erreicht ist.

Die Vorgabe „Diskussion und Festlegung der Vertriebsstrategie für Monat Mai" (Zeit: 60 Min.) schafft einen genauen Rahmen und zwingt, sich auf das Wesentliche zu beschränken (kein „Debattierclub"), um das angestrebte Ergebnis zu erzielen.

12 Erledigungstermine	Bewertung	Bemerkungen
Taxieren Sie Endtermine für alle Ihre Tätigkeiten. So zwingen Sie sich zur Selbstdisziplin und vermeiden Unentschlossenheiten, Verzögerungen und Aufschub (siehe hierzu die Formblätter „Aktivitäten-Checkliste" bzw. „Projekt Planung").	❑	

➤ Schaffen Sie so vage und undefinierte Angaben wie „so bald wie möglich", „so schnell wie möglich" etc. ab. Was bedeuten sie: In einer Stunde? Noch heute? Nächste Woche? In zwei bis drei Wochen?

➤ Bei Absprachen mit anderen schaffen Sie ohne Terminvorgaben den Nährboden für Vorwürfe und Konflikte:

„Sie hatten mir doch versprochen, es so bald wie möglich zu schicken! Jetzt warte ich schon seit 3 Tagen!" „Ich hatte Ihnen doch am Mittwoch gesagt: ‚So schnell wie möglich!' Und nun bringen Sie mir den Bericht erst heute!"

➡ Treffen Sie daher konkrete Vereinbarungen („Minivertrag") über den Endtermin! Fragen Sie oder sagen Sie, bis *wann* die Aufgabe erledigt sein soll, und versichern Sie sich der Zustimmung des anderen. Wenn Ihre gegenseitigen Vorstellungen nicht übereinstimmen, können Sie eine neue Vereinbarung treffen, die realistisch ist.

13 Prioritäten (Wichtigkeit)	Bewertung	Bemerkungen
Legen Sie genau fest, was Sie alles mit welcher Priorität erledigen wollen (→ Kapitel 3.3).	❑	

14 Tyrannei des Dringenden	Bewertung	Bemerkungen
Lernen Sie, das Wichtigste vom Dringenden zu unterscheiden, und lehnen Sie es ab, sich vom Dringenden tyrannisieren zu lassen.	❑	

Die dringlichste Aufgabe ist nicht immer die wichtigste, doch nehmen Dringlichkeiten oft einen viel zu großen Teil unserer kostbaren Zeit in Anspruch. Die *„Tyrannei des Dringenden"* liegt in der Verzerrung von Prioritäten, der Bevorzugung von Unwichtigem und der Vernachlässigung von wichtigen Dingen, nur weil mangels ausreichender Planung die unwichtigen Dinge dringend geworden sind.

„Die wichtigste Aufgabe muß selten heute oder gar diese Woche erledigt werden. Die dringende Aufgabe verlangt nach unmittelbarer Tat. Die momentane Anziehungskraft dieser Aufgaben scheint unwiderstehlich, und sie verschlingen unsere Energie. Aber im Lichte der Zeitperspektive schwindet ihre täuschende Prominenz. Mit einem Gespür für das Verlorene erinnern wir uns an die wichtigen Aufgaben, die zur Seite geschoben wurden. Wir erkennen, daß wir Sklaven des Tyrannen Dringlichkeit geworden sind."
(Ch. Hummel, The Tyranny of the Urgent, zit. in: Mackenzie, 1974, S. 45)

15 Delegation	Bewertung	Bemerkungen
Planen Sie von Anfang an auch ein, welche Tätigkeiten von Ihnen selbst erledigt werden müssen und welche delegiert werden können.	❏	

16 Zeitfresser und Reservezeiten	Bewertung	Bemerkungen
Halten Sie einen durchschnittlichen Prozentsatz Ihrer Zeit als Reserve für unerwartete Besucher, Telefonate, Krisen oder für Unterschätzungen der Dauer einzelner Arbeiten frei, und versuchen Sie, Ihre persönlichen Störgrößen abzubauen (Zeitfresser)!	❏	

17 Überarbeitung – Überprüfung	Bewertung	Bemerkungen
Überarbeiten und überprüfen Sie auch ständig Ihren Plan, ob manche Aktivitäten nicht vollkommen entfallen können.	❏	

18 Freie Zeiten	Bewertung	Bemerkungen
Planen und nutzen Sie auch Ihre freie Zeit wie Reise- und Wartezeiten, z.B. für das Studium längerer Berichte oder konzeptionelle Überlegungen. Hier hilft Ihnen ein Zeitplanbuch, indem Sie immer alles Wichtige bei sich haben.	❏	

19 Zeitblöcke – Störarme Zeiten (Sperrstunden)	Bewertung	Bemerkungen
Reservieren Sie längere, nicht unterbrochene Zeit- und Freiräume für größere Aufgaben (störarme Zeiten, Sperrstunden) und kürzere Einheiten für die serienweise Abarbeitung von mehreren kleineren Aufgaben.	❏	

20 Planungs- und Kreativitätszeiten	Bewertung	Bemerkungen
Reservieren Sie sich einen bestimmten Teil Ihrer Zeit für planerische, vorbereitende und schöpferische Tätigkeiten sowie Weiterbildung. Gehen diese Zeiten im Alltag unter, sorgen Sie in den folgenden Wochen für einen Ausgleich.	❑	

21 Routinetätigkeiten	Bewertung	Bemerkungen
Planen Sie auch die Erledigung Ihrer Routine- und Detailtätigkeiten ein, z.B. monatliche Abteilungsberichte, Betriebsrundgang etc.	❑	

22 Unproduktive Tätigkeiten	Bewertung	Bemerkungen
Achten Sie darauf, Ihren Zeitaufwand für unproduktive Arbeiten, wie z.B. Fotokopieren, unwichtige Meetings etc., so niedrig wie möglich zu halten, und beschränken Sie sich hier auf das Wesentliche. Sie sind sonst nicht in der Lage, Ihre Zeit für wichtigere Dinge einzusetzen.	❑	

23 Alternativen	Bewertung	Bemerkungen
Versuchen Sie bei Ihrer Planung immer, in Alternativen zu denken – nach dem Gesetz: „Es gibt immer einen anderen, noch besseren Weg." (Iles' Law)	❑	

24 Abwechslung	Bewertung	Bemerkungen
Sorgen Sie für Abwechslung in Ihren Aktivitäten, indem Sie Ausgleiche zwischen lang- und kurzfristigen Projekten, Einzelarbeit und Besprechungen schaffen.	❑	

25 Abstimmung der Zeitpläne	Bewertung	Bemerkungen
Versuchen Sie, Ihren Arbeitsalltag aktiv zu gestalten und Ihren Plan zu verwirklichen, indem Sie diesen auch mit den Zeitplänen von anderen (Sekretärin, Vorgesetzten, Mitarbeitern, Kollegen) abstimmen.	❏	

Schreiben Sie nun stichwortartig auf, welche fünf dieser Regeln und Prinzipien Sie in den nächsten Wochen besonders berücksichtigen wollen:

Meine 5 wichtigsten Zeitplanungsregeln

1. _____

2. _____

3. _____

4. _____

5. _____

2.3 System der Zeitplanung

Im Rahmen der Gesamtplanung orientiert sich die Zeitplanung an den jeweiligen strategischen Langzeitzielen, die schrittweise in überschaubare operative Teilziele aufgeteilt werden. Die Festlegung der Zeitspannen, die Ihre privaten und beruflichen Ziele beanspruchen, gibt Ihnen ein Gefühl und einen Überblick für die günstigste Rangfolge und Zeiteinteilung.

Als Planungszeiträume haben sich im Geschäftsleben bewährt:

❏ Langfristige Ziele =   3 bis 5 Jahre (oder mehr)   → Mehrjahrespläne
❏ Mittelfristige Ziele =   1 bis 3 Jahre   → Jahrespläne
❏ Kurzfristige Ziele =   3 Monate bis 1 Jahr   → Quartalspläne
❏ Laufende Ziele =   1 Woche bis 3 Monate   → Monats- und Wochenpläne

Auf dem folgenden Schaubild ist die *Zeitplanung als* geschlossenes *System* dargestellt, in dem die Zusammenhänge zwischen den Einzelplänen deutlich werden: Aus den langfristigen Plänen leiten sich entsprechend die mittel- und kurzfristigen Pläne sowie solche für die laufende Periode ab, die sich schließlich in der Planung des Tagesgeschäftes konkretisieren. Nach Ablauf der entsprechenden Planungszeiträume werden durch einen *Soll-Ist-Vergleich* (Kontrolle) die Periodenergebnisse ermittelt, die wiederum als Anpassungen oder Plankorrekturen bei den entsprechenden Zeitplänen berücksichtigt werden (können).

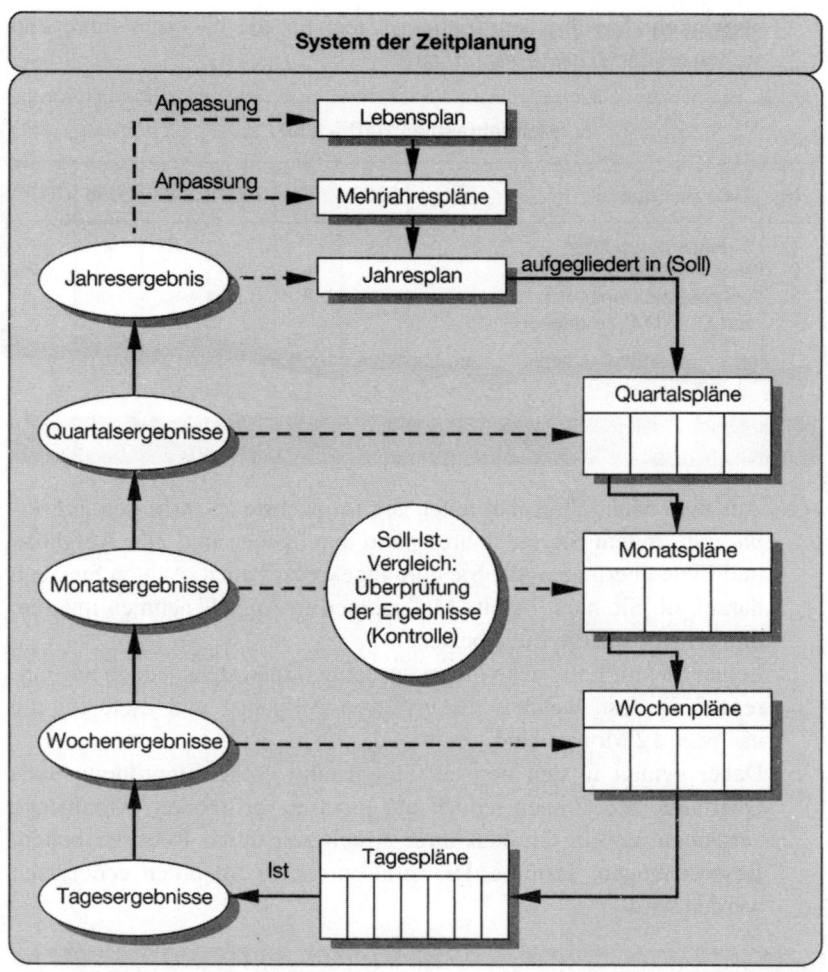

Wenden wir uns nun den einzelnen Zeitplänen zu:

(1) Mehrjahresplan

➡️ Wenn Sie sich – wie im letzten Kapitel angeregt – einen *Lebensplan* für Ihre persönlichen und beruflichen Ziele gemacht haben, dient er als Ausgangspunkt Ihrer gesamten Planung. Aus dem Lebensplan entwickeln Sie Ihre langfristigen Ziele für die nächsten Jahre und stellen einen *Mehrjahresplan* auf.

Mehrjahresplan 2002 – 2007							
Nr.	Ziele (Aufgaben)	2002	2003	2004	2005	2006	2007
1	Eigenheim errichten				X	X	
2	Vertriebsleiter werden			X			
3	Jahreseinkommen von		X				
.	Euro 100 000,- erreichen						

(2) Jahresplan

➥ Aus dem Mehrjahresplan leiten Sie im nächsten Schritt den *Jahresplan* ab, indem Sie die Jahresspalte durchgehen und alle Aufgaben und Ziele übertragen, die Sie dort angekreuzt haben. Achten Sie auch darauf, ob Sie nicht bereits Maßnahmen in Angriff nehmen müssen, die sich auf spätere Ziele beziehen.

Legen Sie am Ende des vorherigen Jahres, spätestens jedoch am Jahresanfang, fest, welches die größeren Aufgaben und Ziele für die nächsten 12 Monate sind.

Dabei genügt in den meisten Fällen eine grobe Einordnung nach Quartalen. Sie können jedoch nur die frei verfügbaren Arbeitstage verplanen, da ein Großteil Ihrer Arbeitszeit durch Routinearbeiten, Besprechungen, Termine, Dienstreisen etc. in Anspruch genommen werden wird.

(3) Quartalsplan

➥ Der *Quartalsplan* dient als Kontrollinstrument des Jahresplanes. Sie werden während des Jahres in regelmäßigen Abständen dazu angeregt, die abgelaufene Periode zu überdenken und evtl. notwendige Änderungen und Verschiebungen einzuplanen (Zwischenkontrolle). An jedem Quartalsende können Sie die Leitlinien für die nächsten drei Monate festlegen und bestimmen, in welchen Bereichen im nächsten Quartal Aufgaben gestrichen, verschoben, beschleunigt oder neu eingeführt werden sollen.

Jahres- und Quartalsplan

Jahres- und Quartalsplan

	1	2	3	4	5	6	7	8	9	10	11	12	
EDV-System aktual. ca. 20 Tage			×		×	×				×	×		bis 15.11.
Jahresreport erstellen 1,5 Tage	×												bis 20.02.
MA-Beurteilung u.-gespr. 6 Tage									×	×			bis 30.09.
Pers.-/Schulungsplanung 10 Tage								×	×	×			bis 01.10.
Marketing-Strategie 93 4 Tage										×	×		bis 31.10.

(4) Monatsplan

➡ Die für den *Monatsplan zu* berücksichtigenden Aufgaben und Ziele werden aus dem Quartalsplan übernommen und ggf. um weitere Aufträge erweitert, die zwischenzeitlich hinzugekommen bzw. aus dem vorhergehenden Monatsplan übertragen worden sind. Im Sinne einer mit abnehmender Fristigkeit des Plans zunehmenden Feinheit und Genauigkeit der Planung werden im Monatsplan bereits mehr *Detailaufgaben* berücksichtigt (Zeitaufwand in Std.).

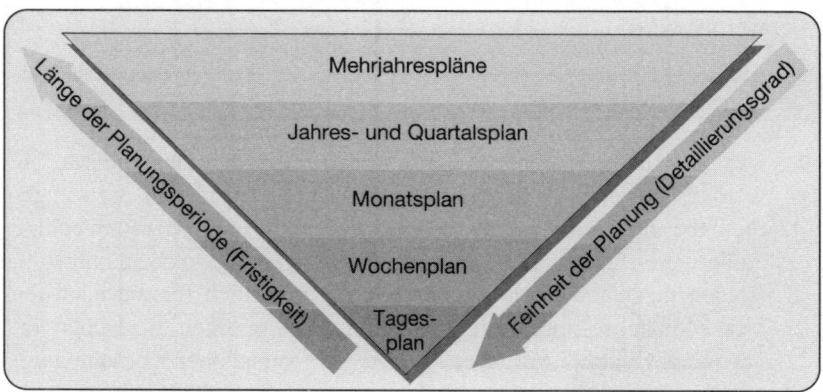

Länge der Planungsperiode (Fristigkeit)

Feinheit der Planung (Detaillierungsgrad)

Mehrjahrespläne

Jahres- und Quartalsplan

Monatsplan

Wochenplan

Tages-plan

Voraussetzung für eine realistische Aufstellung von *Monats- und Wochenplänen* ist, daß Sie die noch frei planbare Zeit ermitteln. Berücksichtigen Sie in Ihrem Zeitplan auch Reservezeiten (Puffer) für zusätzliche und unvorhergesehene Aufgaben, um die geplanten Termine ohne Streß und Zeitnot einhalten zu können.

Monatsplan

**Aktivitäten-Checkliste/
Aufgaben-Kontrolle**

Monatsplan September

Datum	Prio-rität A B C	Aktivität/Aufgabe	Zeit-aufw.	Delegiert an	Beginn	Fertig bis	OK
	X	EDV-System aktualisieren	4,0	selbst		30.Sept.	
	X	MA beurteilung und -gespräche	12,0	"		30.Sept.	
	X	Spanisch-Intensivkurs	3,0	"		30.Sept.	
	X	Marketing-Strategie '93	3,0	"		30.Sept.	
	X	Marktstudie bbx fertigstellen	10,0	selbst	3.Sept.	12.Sept.	
	X	Verkaufsstatistik Stuttgart	8,0	Hr. Neumann	3.Sept.	22.Sept.	
	X	Gehaltsgespräch mit Chef	1,5	✓	✓	30.Sept.	
	X	Planungskonferenz HET	2,5	selbst, MA	✓	15.Sept.	
	X	RKW-Vortrag 25.Sept. vorber.	4,0	selbst	16.Sept.	22.Sept.	

1106

➡ Der *Wochenplan* erfordert entsprechend dem obigen Trichterbild eine
noch detailliertere, möglichst genaue Vorausschau der Zeitperiode.
Ausgehend von Ihrem Monatsplan, stellen Sie alle Aufgaben und
Tätigkeiten hinsichtlich Umfang und Zeit für die betreffende Woche
zusammen. Versuchen Sie, dies z.B. nach folgendem Ordnungs-
Schema vorzunehmen:

Wochenplan

Wochenplan von: _17.09._ bis _23.09._ 19

Wochenplan

Angebot für P3-Auftrag
Marketing-Strategie

Woche Nr.: _38_
Monat: _September_

Tag	⏰		✉	☎	OK
Mo.	9.00 Marktstudie bW durchsehen u. abzeichnen	1,0			
	15.00 Marketingstrategie '93	1,0			
	16.00 MA-gespräch " B. Trottuow "	1,0			
	Müller: EDV-Ablauf			X	
	Höfner & Partner: Marketing-Report		X		
Di.	11.00 Kundenbesuch " Rieger & Co "	2,0			
	9.30 Meyer, Versicherungsaußendienst Zeiting			X	
	15.00 Marketing-Strategie '93	1,0			
	Protokoll: HET Planungskonferenz		X		
Mi.	Angebot für P3-Auftrag	2,0	X		
	Dr. Schott: Key-Account-Management			X	
	9.00 PKW-Vortrag 25. Sept.	2,0			
	16.00 MA gespräch " G. Werner "	1,0			
Do.	11.00 Abteilungsbesprechung	1,5			
	9.00 PKW-Vortrag 25. Sept.	2,0			
	16.00 Marketing-Strategie '93	1,0			
	EDV: Abteilungs-Baumbeschlüssel	1,0			
	Mathilde: 25-jähriges Dienstjubiläum		X		
Fr.	10.00 Gehaltsgespräch mit Chef	2,0			
	Kundenbesuch bei Personalabteilung	1,0			
	15.00 Fachzeitschriften aufarbeiten	1,0			
	Neumann: Verkaufsstatistik Stuttgart			X	
	IHK: AdA-Lehrgangsunterlagen		X		
Sa.	11.00 Tennis mit Georg				
	20.00 Gartenfest in Gündelbach				
So.	Geburtstag Tante Frieda		X		
	16.00 Kaffeetrinken bei Schwiegereltern				

Leitfragen für die wöchentliche Aufgabenplanung:

❏ Worauf muß ich mich in dieser Woche hauptsächlich konzentrieren (Schwerpunktaufgabe)?
❏ Welches ist die größte und zeitaufwendigste Wochenaufgabe?
❏ Welche weiteren Arbeiten muß ich in dieser Woche unbedingt erledigen, fertigstellen oder in Angriff nehmen (Muß-Aufgaben)?
❏ Was muß ich alles an Routinearbeiten (Schreibkram, Telefonate, Gespräche etc.) erledigen?
❏ Welche schwebenden Arbeiten sollten in Angriff genommen werden (Kann-Aufgaben)?
❏ Was wäre noch zweckmäßig, wünschenswert oder angebracht?
❏ Welche unvorhergesehenen Ereignisse können eingeplant werden?

(6) Tagesplan

➡ Der Tagesplan leitet sich entsprechend aus dem *Wochenplan* ab und legt im ersten Schritt fest, welche Aufgaben und Aktivitäten an dem betreffenden Arbeitstag durchgeführt werden sollen, wobei zu den vorgesehenen, geplanten Aufgaben auch neue, ungeplante Aufgaben hinzukommen.

Der *Tagesplan* stellt die letzte und zugleich wichtigste Stufe der Zeitplanung und die konkrete Umsetzung (= Realisierung) der gesetzten *Ziele* dar!

➡ Planung erfordert ein schrittweises Vorgehen, eine Zerlegung der Gesamtaufgabe in Teilaufgaben, um die verschiedenen Aktivitäten auf einzelne Zeitabschnitte verteilen zu können. Im folgenden werden die *fünf Schritte einer systematischen Zeitplanung* am Beispiel des Tagesplanes dargestellt.

Um Ihre Zeitverwendung in der Gegenwart organisieren zu können, müssen Sie ihre Einteilung schon vorbereitet haben, als sie noch in der Zukunft lag. (Cooper)

2.4 Zeitplanung (Tagespläne) mit der ALPEN-Methode

Planung, so hatten wir eingangs festgestellt, bedeutet Vorbereitung der Zielerreichung. In diesem Zusammenhang wird auch von Zweckplänen oder Wie-Plänen gesprochen. Sie können gegenüber Ihrer Umwelt ganz anders auftreten, wenn Sie wissen, was Sie wann (warum) wollen – wenn Sie einen konkreten Zeitplan haben.

Wichtiges Prinzip der Tagesplanung ist die *Schriftlichkeit:*

❏ Tagespläne, die man nur „im Kopf" hat, verlieren an *Überblick* („Aus den Augen – aus dem Sinn") und werden leichter umgeworfen.
❏ Schriftliche Tagespläne bedeuten *Arbeitsentlastung* des Gedächtnisses.
❏ Ein schriftlich fixierter Plan hat den psychologischen Effekt einer *Selbstmotivation* zur Arbeit. Ihre Aktivitäten bei der Bewältigung des Tagesgeschäfts werden zielorientierter und auf straffe Befolgung des Tagespensums gerichtet.
❏ Dadurch lassen Sie sich weniger ablenken (*Konzentration*) und werden angehalten, sich nur noch mit den angestrebten Aufgaben zu befassen.
❏ Durch die *Kontrolle* des Tagesergebnisses geht Ihnen das Unerledigte nicht verloren (Übertragung auf einen der nächsten Tage).
❏ Sie können darüber hinaus Ihren *Planungserfolg* steigern, indem Sie dadurch Ihren Zeitbedarf und Störzeiten besser schätzen und z.B. realistischere Pufferzeiten für Unvorhergesehenes einplanen können.

Alles in allem bewirkt eine konsequente Tagesplanung eine

➡ Verbesserung der persönlichen Arbeitstechniken:

„Ist man sich klar darüber, was man an einem Tag erreichen will, so versucht man automatisch, seine Arbeit zu rationalisieren und darüber hinaus Störungen im eigenen Haus oder von außen bewußt entgegenzuwirken. Man hält sich dann nicht mehr mit unnötigen Telefongesprächen auf, beschränkt sich, soweit sie geführt werden müssen, auf das Wesentliche, fragt sich, ob ein vorgesehener Besuch wirklich im Interesse der Sache nötig ist oder die Angelegenheit auch brieflich oder telefonisch erledigt werden kann. Die Ursache dafür, daß man sich am Schluß eines Tages oft fragen muß, was man eigentlich erreicht hat, liegt vielfach darin, daß es

an einer klaren Zielvorgabe für diesen Tag gefehlt hat." (R. Höhn: Wissen, was man den ganzen Tag so tut – Die tägliche Feinstplanung und ihre Bedeutung für ein erfolgreiches Management, in: Blick durch die Wirtschaft vom 29.4.1980)

Ein realistischer Tagesplan sollte grundsätzlich nur das enthalten, was Sie an diesem Tag erledigen wollen bzw. müssen – und auch können! Denn je mehr Sie die gesetzten Ziele für erreichbar halten, um so mehr konzentrieren und mobilisieren Sie auch Ihre Kräfte darauf, diese zu erreichen.

Die fünf Stufen der ALPEN-Methode

Die nachfolgende Methode ist relativ einfach und erfordert nach einiger Übung nicht mehr als durchschnittlich 10 Minuten täglicher Planungszeit. Sie ist relativ leicht zu behalten, da ihre Anfangsbuchstaben einen gegenständlichen Begriff symbolisieren (Mnemotechnik).

➡ Auch wenn Sie in „Bergen von Arbeit" zu ersticken scheinen, resignieren Sie nicht, und gehen Sie nach der ALPEN-Methode vor:

Frau Weber! Schauen Sie doch mal, ob Sie noch mehr Mahnungen finden. Die werden wir alle nach der ALPEN-Methode erledigen.

Die 5 Stufen umfassen im einzelnen:

(1) **A**ufgaben zusammenstellen
(2) **L**änge der Tätigkeiten schätzen
(3) **P**ufferzeit für Unvorhergesehenes reservieren (60:40 Regel)
(4) **E**ntscheidungen über Prioritäten, Kürzungen und Delegation treffen
(5) **N**achkontrolle – Unerledigtes übertragen

1. Stufe: Aufgaben zusammenstellen

➡ Notieren Sie auf dem Formular „Tagesplan" in den entsprechenden Rubriken, was Sie am nächsten Tag alles erledigen wollen bzw. müssen:
  - vorgesehene Aufgaben aus der Aktivitäten-Checkliste bzw. dem Wochen- oder Monatsplan,
  - Unerledigtes vom Vortage,
  - neu hinzukommende Tagesarbeiten,
  - Termine, die wahrzunehmen sind,
  - periodisch wiederkehrende Aufgaben.

➡ Verwenden Sie *Abkürzungssymbole* entsprechend der Art der einzelnen Vorgänge oder die entsprechenden Rubriken im Formular „Tagesplan":

B	– für	Besuche, Besprechungen
D	– für	Delegationsvorgänge
K	– für	Kontrollen
L	– für	alle Lesevorgänge (Bericht, Rundschreiben, Zeitschriften etc.)
P	– für	Post, Diktate oder Schreibvorgänge
R	– für	Reisen
S	– für	Sekretärin
T	– für	Telefonate
V	– für	Vorgänge

Eine solche *Aufgabensammlung* könnte z. B. so aussehen:

```
R   –   BMW-Händler (Gebrauchtwagen)
B   –   Müller (EDV-Liste)
B   –   Schulte (Beurteilung)
V   –   Metakom-Projekt (Testmarkt)
T   –   Schmidt (Verkäuferstatistik)
P   –   Fa. Günter (Angebot)
L   –   Manager-Magazin, Capital
T   –   Meyer (Personalmangel)
T   –   Helmut (Waldlauf)
```

Mit etwas Übung können Sie die *Aufgabensammlung* gleich so aufstellen, daß Sie

➡ die Aufgaben schon in eine erste, vorläufige Rangreihe bringen,

➡ die Aufgaben nach arbeitsintensiven und „Kurzarbeiten" gliedern, die Sie relativ rasch erledigen können,

➡ die Aufgaben, die mit persönlicher Kommunikation zu tun haben, auf die rationellere Möglichkeit des Telefonierens (Direktkontakt mit Rückantwort) überprüfen.

Beispiel:

```
V   –   Metakom-Projekt (Testmarkt)
B   –   Schulte (Beurteilung)
R   –   BMW-Händler (Gebrauchtwagen)
L   –   Manager-Magazin, Capital
───────────────────────────────────────────────
T   –   Schmidt (Verkaufsstatistik)  ⎫   Kurz-
P   –   Fa. Günter (Angebot)          ⎬   arbeiten
───────────────────────────────────────────────
T   –   Müller (EDV-Liste)            ⎫
T   –   Siemens (Fernkopierer)        ⎪   Telefon-
T   –   Meyer (Personalmangel)        ⎬   block
T   –   Helmut (Waldlauf)             ⎭
```

Dies ist jedoch nur der Anfang Ihres Tagesplanes!

Ein realistischer Tagesplan muß immer auf das reduziert werden, was Sie tatsächlich auch bewältigen können (2. bis 4. Stufe).

2. Stufe: Länge der Tätigkeiten schätzen

➡️ Notieren Sie nun hinter jeder Aufgabe den Zeitbedarf, den Sie ungefähr für deren Erledigung veranschlagen müssen, und ermitteln Sie durch Summation die geschätzte Gesamtzeit:

			Stunden
V	–	Metakom-Projekt (Testmarkt)	3,0
B	–	Schulte (Beurteilung)	2,0
R	–	BMW-Händler (Gebrauchtwagen)	1,5
L	–	Manager-Magazin, Capital	1,0
T	–	Schmidt (Verkaufsstatistik)	0,5
P	–	Fa. Günter (Angebot)	1,5
T	–	Müller (EDV-Liste)		
T	–	Siemens (Fernkopierer)	0,5
T	–	Meyer (Personalmangel)	
T	–	Helmut (Waldlauf)	
			Σ: 10,0.

Möglicherweise werden Sie einwenden, daß sich die Länge der einzelnen Tätigkeiten nicht genau schätzen läßt. Das ist richtig. Sie können jedoch nach einiger Übung Erfahrungswerte angeben, die als Grundlage für Ihre Zeitplanung anwendbar sind. Auch Ihr Unternehmen ist bei seinen Aktivitäten auf komplizierte Schätzungen über zukünftige Märkte, Umsätze und Kosten angewiesen.

➡️ Denken Sie auch daran, daß für eine Arbeit oft so viel Zeit benötigt wird, wie Zeit gerade zur Verfügung steht.

➡️ Bei einer konkreten Vorgabezeit für Ihre Aufgaben zwingen Sie sich selbst dazu, diese auch einzuhalten.

➡️ Sie arbeiten erheblich konzentrierter und unterbinden Störungen konsequenter, wenn Sie sich für eine bestimmte Aufgabe auch eine bestimmte Zeit vorgenommen (= vorgegeben) haben.

➡️ Probieren Sie es einmal 10 Tage aus, und Sie werden feststellen, daß Sie dabei immer sicherer werden.

➤ Legen Sie bei Ihrer Tagesplanung die Grundregel der Zeitplanung zugrunde, wonach nicht mehr als ca. 60 % Ihrer Zeit verplant und ca. 40 % als Pufferzeit für unerwartete und spontane Eventualitäten reserviert bleiben sollten!

Wenn Sie zunächst von einem 10-Stunden-Tag ausgehen, heißt das, daß Sie in Ihrem eigenen Interesse nicht mehr als 6 Stunden verplanen dürfen.

➤ Ziel sollte jedoch der 8-Stunden-Tag mit ca. 5 Stunden verplanbarer Zeit sein!

Haben Sie – wie in unserem Beispiel – mehr als 60 % Ihrer verfügbaren Arbeitszeit verplant, müssen Sie Ihren Aufgabenkatalog rigoros auf dieses Maß zusammenstreichen, indem Sie Prioritäten setzen, reduzieren und delegieren! Der Rest muß verschoben, gestrichen oder in Überstunden abgearbeitet werden.

4. Stufe: Entscheidungen über Prioritäten, Kürzungen und Delegation treffen

Ziel: Zeitbedarf der Tagesaufgaben auf 5 bzw. 6 Stunden reduzieren

➤ Setzen Sie eindeutige *Prioritäten, z. B.* mit Hilfe der ABC-Analyse, und bringen Sie Ihre Tagesaufgaben in eine Rangordnung!
→ Kap. 3

➤ Überprüfen Sie den veranschlagten Zeitbedarf, und *kürzen* Sie die Zeiten aller Vorgänge auf das *unbedingt Notwendige;* versuchen Sie aber dabei, realistisch zu bleiben!

➤ Loten Sie jede Tätigkeit nach *Delegations- und Rationalisierungs-möglichkeiten* aus! (Delegation → Kap. 3.5)

Weitere Anregungen zur Kürzung auf das Mögliche finden Sie in dem Abschnitt über → Selbstentlastung, Kap. 4.5.

Der endgültige *Tagesplan* in unserem Beispiel ergibt folgendes Tagespensum (vgl. Planungsformular auf der nächsten Seite):

		Prioritäten	Stunden	Delegation
V –	Metakom-Projekt (Testmarkt)	A	2,5	Deleg. von 0,5
B –	Schulte (Beurteilung)	A	1,5	Std. an Fr. K.
T –	Schmidt (Verkaufsstatistik)	B	0,5	
P –	Fa. Günter (Angebot)	B	·	Deleg. an H.N.
R –	BMW-Händler (Gebrauchtwagen)	B	1,0	
L –	Manager-Magazin, Capital	C	0,5	
T –	Müller (EDV-Liste)	C		
T –	Siemens (Fernkopierer)	C		
T –	Meyer (Personalmangel)	C		Deleg. an Sekr.
T –	Helmut (Waldlauf)	C		
			Σ: 6,0	

5. Stufe: Nachkontrolle – Unerledigtes übertragen

Erfahrungsgemäß schaffen Sie nicht alle Aufgaben oder Telefonate, die Sie erledigen wollten. Diese müssen darum auf einen anderen Tag *übertragen* werden.

Wenn Sie eine Aktivität mehrfach übertragen haben, wird sie Ihnen lästig, und es gibt zwei Möglichkeiten:

❏ Sie werden diese Aufgabe endlich anpacken – womit sie nunmehr erledigt ist.

❏ Sie werden sie streichen, weil die Sache sich von selbst erledigt hat.

Tagesplan   **Donnerstag**

14

Woche 50   349/17   Dezember 2000

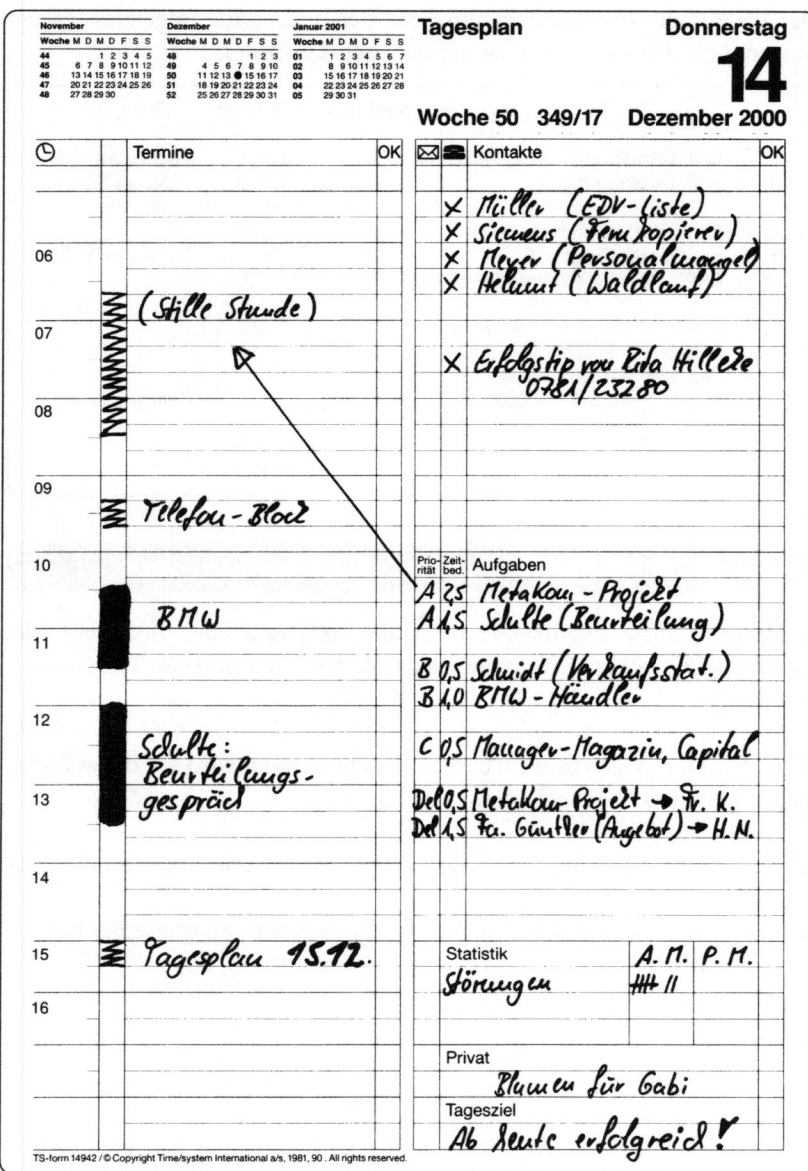

⏱	Termine	OK	✉ ☎ Kontakte	OK
06			✗ Müller (EDV-Liste) ✗ Siemens (Fernkopierer) ✗ Meyer (Personalmangel) ✗ Helmut (Waldlauf)	
07	(Stille Stunde)		✗ Erfolgstip von Rita Hille 0781/23280	
08				
09	≋ Telefon-Block			
10			**Prio-rität / Zeit-bed. / Aufgaben**	

A	2,5	Metakom - Projekt
A	1,5	Schulte (Beurteilung)
B	0,5	Schmidt (Verkaufsstat.)
B	1,0	BMW - Händler
C	0,5	Manager-Magazin, Capital
Del	0,5	Metakom Projekt → Fr. K.
Del	1,5	Fr. Günther (Angebot) → H.M.

10		BMW
11		
12		Schulte: Beurteilungs- gespräch
13		
14		
15	≋ Tagesplan **15.12.**	
16		

Statistik   A.M. | P.M.

Störungen   ⊞⊞ II

Privat

    Blumen für Gabi

Tagesziel

    Ab heute erfolgreich!

114

Da für den Bedarf von Tagesplänen der Platz herkömmlicher Terminkalender nicht ausreicht und eine Zettelwirtschaft mit fliegenden Tagesblättern schnell den Überblick verlieren läßt, empfiehlt es sich, regelmäßig und konsequent mit einem *Zeitplanbuch* zu arbeiten. Hier sind Tages-, Termin- und andere Zeitpläne übersichtlich geordnet (→ Kap. 2.5).

Zeitrationalisierung durch Büroglyphen

Das Ausfüllen der Planungsformulare können Sie weiter rationalisieren, wenn Sie für die wichtigsten Elemente neben den *Buchstaben*-Abkürzungen andere Kurzzeichen und graphische Symbole, sog. *„Büroglyphen"*, verwenden.

Hier einige Beispiele:

⚡	Dringend
!	Wichtig
?	Klären
⚡	A-Prioritäten
•	Aufgabe erledigt
••	Aufgabe besonders gut erledigt
○	Aufgabe auf später übertragen
x	undurchführbare Aufgabe bzw. hat sich von selbst erledigt

Entwickeln Sie weitere eigene Zeichen. Der persönlichen Kreativität sind hier keinerlei Grenzen gesetzt.
Durch die Verwendung von Kurzzeichen (Abkürzungen, Büroglyphen) können Sie die Effizienz des Arbeitsmittels „Zeitplan(buch)" noch weiter verbessern.

Zusammenfassung: Was Ihnen die ALPEN-Methode bringt

Der allabendliche Aufwand von anfangs 20, später ca. 10 oder dann nur noch 5 Minuten für die *ALPEN-Methode* wird Ihnen ein Vielfaches an Ertrag bringen!

Hier noch einmal die wichtigsten Gründe:

Um den letzten, vielleicht wichtigsten Aspekt noch einmal aufzugreifen:

➧ Bei erfolgreicher Anwendung von Zeitplantechniken und Arbeits-methoden können Sie zwischen 10 und 20 % Zeit einsparen – jeden Tag!

Versuchen Sie, jeden Tag 1 Stunde Zeit zu gewinnen:
„Die Goldene Stunde"!

➧ Versuchen Sie, einen Monat nach der *ALPEN*-Methode Ihren Arbeitstag zu planen und zu gestalten. Dies erfordert einige Selbstdisziplin, aber Sie werden schnell die großen Vorteile einer täglichen Zeitplanung erfahren.

Wann fangen Sie an, z.B. morgen? Datum:..............

➧ Planen Sie vor Arbeitsbeginn, und zwar am Abend des abgeschlossenen Tages für den nächsten Tag: Sie fahren mit größerer Sicherheit und Entspannung nach Hause und beginnen mit größerer Konzentration am nächsten Morgen Ihren neuen Tag!

Der psychologische Hintergrund
❑ Schon auf der Fahrt nach Hause und dem morgendlichen Weg ins Büro verarbeitet Ihr *Unterbewußtsein* diese Aufgaben und hält mögliche Lösungen bereit.
❑ Da Sie nun Ihre Hauptaufgaben vor Augen und Lösungsansätze im Hintergrund sehen, steht Ihnen der *neue, arbeitsreiche Tag* nicht mehr wie eine graue, schwere Last bevor, sondern wird durchsichtig, *plan- und greifbar.*
❑ Sie lassen sich dann *weniger leicht* durch Nebensächlichkeiten *ablenken,* mit deren Hilfe Sie früher die Hauptaufgaben gern – und immer weiter – vor sich hergeschoben haben, bis sie schließlich nur noch unter Zeitdruck, mit Überstunden und meist weniger befriedigend erledigt werden konnten.

➧ Wie weitermachen?

1 Das mindeste, was jeder in Angriff nehmen sollte, ist – neben täglichen Feinplänen – ein jährlicher Grobplan.

2 Im nächsten Schritt können Sie zusätzlich Wochen- und dann Monatspläne einführen.

3 Eine integrierte, lückenlose Zeitplanung umfaßt darüber hinaus auch den Quartalsplan und läuft dann über alle Stufen des Systems vom erweiterten Jahresplan zum Tagesplan (vgl. Abb. Seite 101).

4 Je nach Neigung und Ausgestaltung Ihrer beruflichen und persönlichen Zielvorstellungen können Sie das System schließlich bis zum Mehrperioden- oder gar Lebensplan ausbauen.

➧ Als Zeitplanungs- und Steuerinstrument für den täglichen Einsatz in Ihrer Praxis sollten Sie das wohl effektivste Arbeitsmittel eines persönlichen Zeitmanagement, das Zeitplanbuch, verwenden.

2.5 Management by Zeitplanbuch

Sie werden mit Sicherheit Ihre Zeit bisher auch schon geplant haben – nur nicht so bewußt, so methodisch und so systematisch, wie in diesem Kapitel dargestellt. Sie werden schon immer einen *Terminkalender* geführt haben, meistens in Form eines Taschenkalenders und/oder eines großen, mehr oder weniger dekorativen Tischkalenders.

> Herkömmliche Terminkalender, die nur zur Terminvormerkung benutzt werden können, sind die Totengräber einer jeden erfolgreichen Zeitplanung.

Der Wert solcher *Vormerkkalender* besteht meistens nur darin, Erinnerungshilfe für Termine und Daten zu sein, die wie ein Fahrplan die Stationen Ihres Arbeitstages bestimmen. Das, was wirklich erledigt werden soll, wird nicht notiert, obwohl hinter jeder Tätigkeit sich doch die Ziele verbergen (sollten), die wir erreichen wollen oder müssen.

Mit dem

> „Was zu erledigen ist"

wird lediglich der Inhalt meiner Arbeit beschrieben.

Mit dem

> „Was ich erreichen will"

bewirke ich eine eindeutige Orientierung meiner Tätigkeiten auf meine Ziele hin.

Betrachten wir nun die üblichen Terminkalender unter dem Gesichtspunkt der *Zeitplantechnik,* so können wir folgende Kritikpunkte anbringen (vgl. Clemm, 1979, S. 33–42):

10 Fehler des Terminkalenders

1. Nur Terminsetzung – keine *Zielsetzung* von Aktivitäten. Das, was tatsächlich wichtig ist, steht nicht auf dem Tagesplan.
2. Keine Angabe der *Zeitdauer* von Aktivitäten. Keine Reservezeiten für länger andauernde Tätigkeiten.
3. Willkürliche, von außen beeinflußte *Reihung* von Aktivitäten.
4. Keine *Tagesplanung* – kein Vorausdenken.
5. Keine zusammenliegenden *Arbeitsblöcke* und Pufferzeiten für unvorhergesehene Tätigkeiten (z. B. 90 Minuten und 30 Minuten Puffer).
6. *Routinebesprechungen* ohne genaue Themenvorgabe.
7. Keine *Prioritätensetzung* bei den Aktivitäten.
8. Keine klaren *Definitionen* der Aktivitäten. (z.B. Besprechung mit dem Chef).
9. Keine *eingeplante Zeit* für Routine- und Daueraufgaben.
10. Kein Einsatz von *Checklisten* und anderen Planungs- und Entscheidungshilfen.

➡ Die Konsequenz: Verwenden Sie ein Zeitplanbuch (ZPB)!

Was ist das ZPB ?

➡ Das Zeitplanbuch ist ein Loseblattsystem, das in einem *Arbeitsringbuch* zusammengefaßt ist und durch eine sinnvolle Unterteilung übersichtlich gestaltet sein sollte. Es ist Terminkalender, Tagebuch, Notizbuch, Planungsinstrument, Erinnerungshilfe, Adressenregister, Nachschlagewerk, Ideenkartei und Kontrollwerkzeug zugleich: Ein ständiger persönlicher Begleiter – sozusagen Ihr schriftliches Gedächtnis, das immer und überall zur Hand ist. Empfehlenswert ist das A5-Format, da kleinere Ringbücher nicht ausreichend Platz für die vielen Eintragungen bzw. Formulare bieten und auch nicht genügend Übersicht ermöglichen.

➡ Das Zeitplanbuch ist der noch fehlende, praktische Teil eines konsequenten Zeitplansystems, nämlich der persönliche *Arbeitsspeicher* aller Zeitpläne, Formulare und Listen für die tägliche Praxis.

➡ Das Zeitplanbuch ist das wichtigste Hilfsmittel der Zeitplantechnik. Es sorgt für eine erfolgreiche persönliche Ziel- sowie Zeitplanung und bessere Nutzung der wertvollen Zeit. Sie realisieren mit dem ZPB insbesondere das Prinzip der *Schriftlichkeit.*

➥ Sie haben nicht nur alle kurz- oder langfristigen Termine im Griff, sondern einen ständigen und vollen *Überblick* über sämtliche Dispositionen, Pläne und größeren Vorhaben.

➥ Sie können flexibel auf jede geänderte Situation reagieren und Ihre verschiedenen Zeitpläne jederzeit auf *aktuellem Stand* halten.

Aufbau eines ZPB

Je nach Angebot der einzelnen Hersteller kann ein *Zeitplanbuch* wie folgt aufgebaut sein:

➥ Kalenderteil

❑ Hier können Sie neben dem herausklappbaren Jahreskalendarium die verschiedenen Formblätter für die Monats-, Wochen- und Tagespläne mit Zwischenregistern einheften.

❑ Besondere Bedeutung kommt hier dem Tagesplan zu. Grundprinzip: Pro Tag ein Blatt! Bewährt hat sich hier vor allem das praktische Terminzeichen, das einen schnellen Zugriff auf die einzelnen Tage der betreffenden Monate ermöglicht.

❑ Weiterhin finden Sie Vormerkblätter für nachfolgende Monate und Wochen, die die Übertragung von Terminen und Zielsetzungen auf die einzelnen Wochen und Tage erleichtern.

❑ Die einzelnen Tagesblätter können Sie nach Gebrauch in speziellen Ordnern ablegen und haben so im Laufe der Zeit ein lückenloses Zeit- und Erfolgsarchiv Ihres Lebens – ein geeignetes Hilfsmittel für die bewußte Lebensgestaltung und die Planung zukünftiger Erfolge.

❑ Neu hinzukommende Tagesblätter werden mit allen Terminen und Aufgaben aus den Wochen- und Monatsblättern versehen; auch Termine für Geburtstage, Jubiläen, Urlaube, Veranstaltungen, Zahlungstage etc. werden aus entsprechenden Listen übernommen und eingetragen. So können Sie auch Ihre gesamten privaten Dinge integrieren mit dem Ergebnis, daß Ihnen nichts mehr verlorengeht – bei entsprechender regelmäßiger Durchführung und Kontrolle.

➤ Beruflicher und persönlicher Datenteil

Hier können Sie in kurzer und kompakter Form auf entsprechenden Form- und Notizblättern die wichtigsten Listen und Informationen niederlegen und ständig mit sich führen, z. B.

❑ Projektplanung
❑ Mini-Organisationspläne
❑ Umsatzlisten
❑ Reiseausgaben
❑ Checklisten.

➤ Adressen- und Telefonregister:
So haben Sie ständig Ihre wichtigsten Telefonnummern und Adressen zur Hand, die häufig gebraucht werden.

➤ Allgemeiner Teil:
Klemmtaschen, Klarsichthüllen und Umschlagtaschen ermöglichen Ihnen, zusätzliche Dinge wie Eurocheques, Briefmarken, Kredit- und Scheckkarten, Ausweise oder Geldscheine unterzubringen.

Elektronische Organizer

Persönliche digitale Assistenten (PDAs) ersetzen als „Gameboys für Manager" (Focus) zunehmend Papier-Ringbuch und Bleistift. Diese mobilen Helfer können per Handyanschluß wie ein Schreibtisch-PC Faxe versenden, *E-mails* austauschen und Informationen aus dem *Internet* abrufen. Mit einem Spezialstift können Sie bei diesen elektronischen Organizern direkt auf dem eingebauten Bildschirm schreiben, z.B. mit dem Compaq iPAQ oder Palm m515. Der Nokia Communicator 9210i vereint PDA und Handy in einem. Die nächste Generation der WAP-Geräte ermöglicht bereits permanenten Internetzugriff.

Wer häufig unterwegs ist und sofort auf Nachrichten reagieren will oder muß, wird die elektronische Version eines Ziel- und Zeitplanbuches bevorzugen. Das *mobile Arbeiten* mit automatischer Terminorganisation, elektronischer Postbearbeitung und digitalen Notizen setzt sich zunehmend durch – das *virtuelle* Büro mit Internetstation ist nicht mehr weit.

Durch den Einsatz und die Anwendung des Zeitplanbuches können Sie Ihre gesamte Arbeit täglich (wöchentlich, monatlich) besser planen, organisieren, koordinieren und rationeller mit Ihrer Zeit umgehen.

❏ Das Zeitplanbuch verbessert die Qualität und den Erfolg der eigenen Arbeit!
❏ Bei nur 12,5% Rationalisierung (die Anbieter versprechen 15-35% mehr Zeit) sparen Sie bei einem 8stündigen Tag täglich eine ganze Stunde!
❏ Deshalb:

Führen Sie ein Zeitplanbuch (Management by ZPB) = es ist das wichtigste Arbeitsmittel Ihres persönlichen *Zeitmanagement!*

Zeitplanbuch (Beispiel: Time/system)

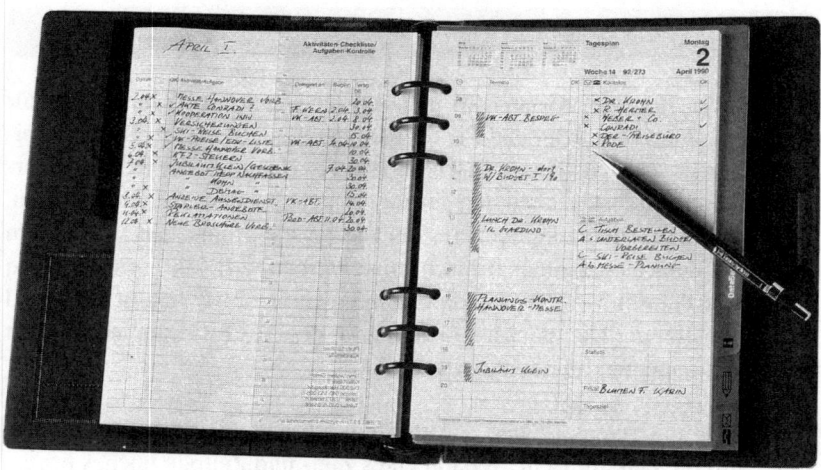

2.6 Zusammenfassung und Auswertung

❏ Planung im Sinne des *Zeitmanagement*-Kreises bedeutet Vorbereitung zur Verwirklichung von Zielen.

❏ Durch einen Mehraufwand an Planung können Sie die für die Durchführung benötigte Zeit reduzieren und insgesamt Zeit einsparen (Planung = *Zeitgewinn*).

❏ Die *Vorteile* der Planung am persönlichen Zeitmanagement liegen in den Bereichen Zielerreichung, Zeitgewinn, Überblick, Prioritäten, Termine, Zeitreserven, Effizienz, Delegation und Streßabbau (vgl. Checkliste in Kapitel 2.1).

❏ Die wichtigsten *Prinzipien und Regeln* der Zeitplanung sind:

1	Grundregel (60:40-Regel)	13	Prioritäten (Wichtigkeit)
2	Tätigkeits- und	14	Tyrannei des Dringenden
	Zeitanalyse/Tages-Störblatt	15	Delegation
3	Aufgabensammlung –	16	Zeitfresser – Reservezeiten
	Aktivitätenplan	17	Überarbeitung – Überprüfung
4	Regelmäßig – systematisch -	18	Freie Zeiten
	konsequent	19	Zeitblöcke – Störarme Zeiten
5	Realistische Planung		(Sperrstunden)
6	Flexibilität	20	Planungs- und Kreativitätszeiten
7	Zeitverluste	21	Routinetätigkeiten
8	Schriftlichkeit	22	Unproduktive Tätigkeiten
9	Unerledigtes	23	Alternativen
10	Resultate statt Tätigkeiten	24	Abwechslung
11	Zeitvorgaben	25	Abstimmung der Zeitpläne
12	Erledigungstermine		

❏ Die Zeitplanung läßt sich als ein geschlossenes *System* darstellen: Aus dem Lebensplan und den Mehrjahresplänen leiten sich entsprechend die Jahres- und Quartalspläne sowie die Monats- und Wochenpläne ab, die sich schließlich in der Planung des Tagesgeschäftes konkretisieren; nach einem Soll-Zeit-Vergleich werden evtl. Plankorrekturen vorgenommen (System der Zeitplanung als *„Bausatz"*).

❏ Der *Tagesplan* stellt die letzte und wichtigste Stufe der Zeitplanung und die konkrete Umsetzung (= Realisierung) der gesetzten *Ziele* dar.

❑ Planung erfordert ein schrittweises und systematisches Vorgehen, ein Zerlegen der Gesamtaufgabe in Teilaufgaben, um die verschiedenen Aktivitäten auf einzelne Zeitabschnitte verteilen zu können (vom *Aktionsplan* zum *Zeitplan).*

❑ Die Anwendung der *ALPEN-Methode* bringt Ihnen bei minimalem Aufwand von 10-20 Minuten täglich ein Vielfaches an Zeitgewinn:

1. Aufgaben zusammenstellen
2. Länge der Tätigkeiten schätzen
3. Pufferzeit reservieren (60:40-Regel)
4. Entscheidungen über Prioritäten, Kürzungen u. Delegation treffen
5. Nachkontrolle und Übertrag.

❑ Das *Zeitplanbuch* ist das wichtigste und effektivste Arbeitsmittel eines persönlichen Zeitmanagement. Es ist Terminkalender, Tagebuch, Notizbuch, Planungsinstrument, Erinnerungshilfe, Adressenregister, Nachschlagewerk, Ideenkartei und Kontrollwerkzeug zugleich.

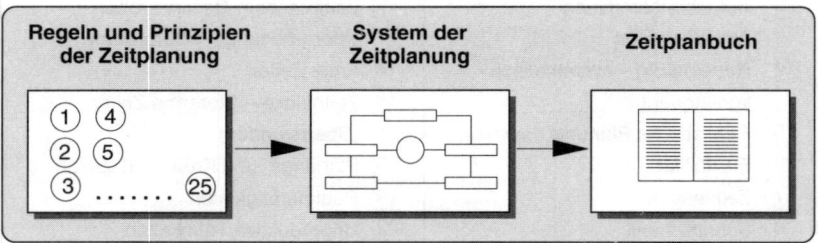

❑ Als erster *Anfang* haben sich die Aufstellung eines groben Jahresplanes und die Arbeit mit täglichen Zeitplänen bewährt. Stellen Sie sich zu dem Plan, durch den Sie Ihre Ziele erreichen wollen, *positiv* ein.

Auch eine vielbeschäftigte Führungskraft hat die Freiheit, ihre spezielle Zielsetzung und Planung den jeweiligen (Arbeits- und Lebens-)Umständen entsprechend so abzuändern, daß sie wieder dem Lebens- und Karriereplan dienen können. Probieren Sie es! Bleiben Sie wach, aktiv und flexibel, damit Sie auf jede Art von Einflüssen, z. B. Störungen Ihrer Absichten, richtig reagieren können. Ein fundierter Plan verhilft zu Gelassenheit.

Überprüfen Sie immer wieder Ihre Pläne, und ändern Sie sie ab, wenn es sich erweist, daß bestimmte Pläne oder Teilpläne sich nicht durchführen lassen oder der Zeitpunkt für das angestrebte Ziel nicht der richtige ist.

Wenn Sie sich jedoch zu einer bestimmten Sache (Ziel) entschlossen haben, führen Sie diese auch durch, und konzentrieren Sie Ihre gesamten Kräfte darauf. Denken Sie aber daran, daß jeder Anspannung die Entspannung folgen muß (Gesundheitsmanagement ist ein Teil des Zeitmanagement).

Und:

> Richten Sie Ihre Planung nicht nur auf den materiellen und beruflichen Erfolg, sondern auch auf Ihr persönliches Wohlergehen (Körper, Gesundheit, Freunde, Partner, Sinnfragen, Selbstentwicklung etc.)!

Werten Sie nun das Kapitel „*Planung*" für Ihre persönlichen Zwecke aus!

➡ Was erschien Ihnen beim Durcharbeiten dieses Kapitels besonders wichtig?
➡ Was haben Sie an neuen Erkenntnissen gewonnen?
➡ Was haben Sie bestätigt gefunden?
➡ Was wollen Sie eingehender bearbeiten? (Woran weiterarbeiten?)
➡ Was wollen Sie umsetzen?

Auswertung Kapitel „Planung"				
Ergebnis Nr.	Seite(n)	Was (Gedanke, Thema, Anregung etc.)?	Bis wann bearbeiten, umsetzen?	Kontrolle

> Arbeiten Sie nach Plänen, was Ziele, Mittel, Wege und Zeit Ihres beruflichen und privaten Lebens angeht!

3. Entscheidung:

So erschließen Sie produktive Arbeitsreserven und Selbstentlastungsmöglichkeiten

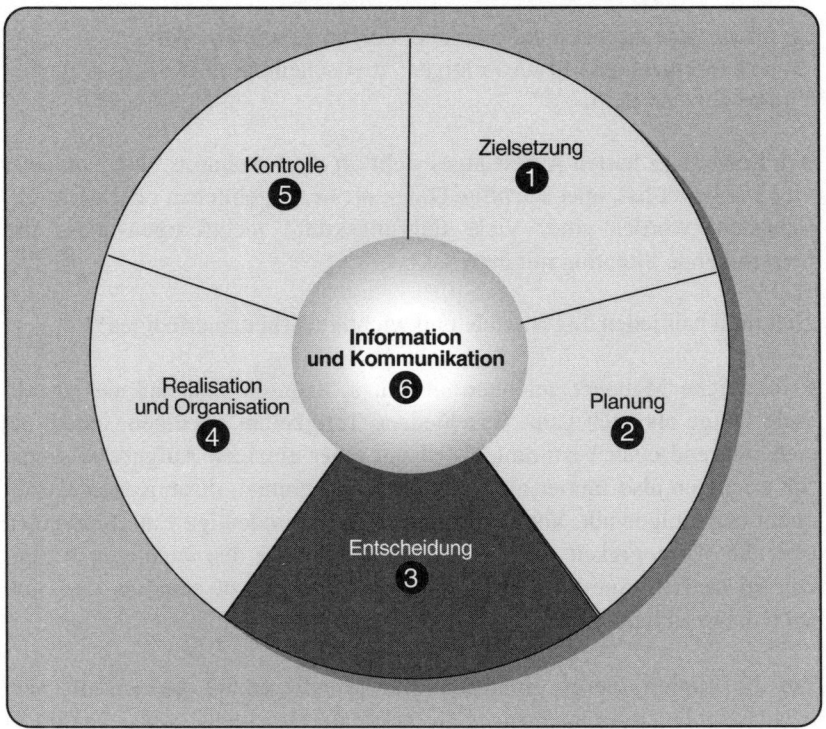

Erfolgreich arbeiten kann nach P. Drucker (zit. bei Mackenzie) wie folgt umschrieben werden:

> *„Efficiency may be defined as doing any job right...*
> *Effectiveness as doing the* right *job right."*

In diesem Kapitel *„Entscheidung"* geht es um Kriterien und Methoden, mit deren Hilfe die *„richtigen"* Aufgaben für eine erfolgreiche Arbeitstechnik festgelegt werden können.

3.1 Notwendigkeit der Entscheidung

Entscheidung im Sinne des Zeitmanagement bedeutet, eine Auswahl über Art und Umfang der vorrangig durchzuführenden Aufgaben zu treffen:

Entscheidung heißt Prioritäten setzen.

Einige der Hauptprobleme von Führungskräften liegen darin,

❏ oft zu viele Arbeiten auf einmal erledigen zu wollen oder
❏ sich in einzelnen, oft unwichtigen, aber scheinbar notwendigen Aufgaben zu verzetteln.

Am Ende eines harten Arbeitstages steht oft die Erkenntnis, daß man zwar viel gearbeitet hat, aber wichtige Dinge oft liegengeblieben oder nicht fertiggestellt worden sind. Viele Führungskräfte rechtfertigen diese unbefriedigende Situation mit dem Satz:

„Ich muß halt jeden Tag so viele und wichtige Arbeiten erledigen!"

Erfolgreiche Manager zeichnen sich u. a. dadurch aus, daß sie sowohl viele Dinge als auch ganz verschiedene Tätigkeiten erledigen, indem sie sich während einer bestimmten Zeit nur einer einzigen Aufgabe widmen. Sie erledigen also immer nur *eine* Sache auf einmal, diese jedoch konsequent und zielbewußt. Voraussetzung dafür ist, eindeutige Entscheidungen über die Vorrangigkeit – auch bzw. gerade – unter den wichtigen Aufgaben zu treffen, eine entsprechende Prioritätenliste zu erstellen und sich auch daran zu halten.

Zur Illustration dieses einfachen und grundlegenden, jedoch oft vernachlässigten Zusammenhanges die bekannte Geschichte vom „25.000 $-Tip":

Als Charles M. Schwab Präsident der Bethlehem Steel war, stellte er Ivy Lee, einen Unternehmensberater, vor eine ungewöhnliche Aufgabe: „Zeigen Sie mir eine Möglichkeit, meine Zeit besser zu nutzen", sagte er. „Wenn sie funktioniert, zahle ich Ihnen jedes Honorar innerhalb vernünftiger Grenzen." Lee gab Schwab ein Blatt Papier und sagte: „Schreiben Sie die wichtigsten Dinge, die Sie morgen zu erledigen haben, auf, und numerieren Sie diese in der Reihenfolge Ihrer Bedeutung durch. Fangen Sie dann morgen früh als erstes mit der Aufgabe Nr. 1 an, und bleiben Sie so lange daran sitzen, bis sie erledigt ist. Überprüfen Sie Ihre Prioritäten noch einmal, und fangen Sie dann mit Nr. 2 an, und gehen Sie nicht weiter, bis Sie diese erledigt haben. Dann gehen Sie zu Nr. 3 über etc.. Auch wenn Sie Ihren Zeitplan nicht erfüllen können, ist dies nicht tragisch. Am Ende des Tages werden Sie wenigstens die allerwichtigsten Dinge erledigt haben, bevor Sie von Aufgaben von geringerer Wichtigkeit in Anspruch genommen werden. Der Schlüssel dazu ist, es täglich zu tun: Überprüfen Sie die relative Wichtigkeit der Aufgaben, die Sie zu erledigen haben, entscheiden Sie über Prioritäten, listen Sie diese in einem Tagesplan auf, und halten Sie sich daran. Machen Sie dies zu einer Gewohnheit für jeden Arbeitstag. Wenn Sie sich von dem Wert dieses Systems überzeugt haben, geben Sie es an Ihre Mitarbeiter weiter. Versuchen Sie es, solange Sie wollen, und dann schicken Sie mir einen Scheck über den Betrag, der Ihnen dieser Tip wert ist."

Einige Wochen später schickte Schwab Lee einen Scheck über 25.000 Dollar. Schwab sagte später, daß diese Lektion die gewinnreichste sei, die er jemals in seiner Managementkarriere gelernt habe.

(Quelle: R. A. Mackenzie, Die Zeitfalle, Heidelberg 1974, S. 41 f.)

> Prioritätensetzung heißt, darüber zu entscheiden, welche Aufgaben erstrangig, zweitrangig etc. und welche nachrangig zu behandeln sind.

Prioritäten setzen ist so selbstverständlich, fast zu selbstverständlich, daß es oft unsystematisch oder gar nur unbewußt vorgenommen wird.

Daher:

> Setzen Sie bewußt eindeutige Prioritäten, und erledigen Sie die anstehenden, geplanten Aufgaben konsequent und systematisch in dieser Reihenfolge !

Vorteile der Prioritätensetzung

Durch Aufstellung einer persönlichen Rangfolge Ihrer Aufgaben stellen Sie sicher, daß Sie

❑ nur an wichtigen oder notwendigen Aufgaben arbeiten,
❑ die Aufgaben ggf. auch nach ihrer Dringlichkeit bearbeiten,
❑ sich jeweils nur auf eine Aufgabe konzentrieren,
❑ die Aufgaben in der festgelegten Zeit zielorientiert in Angriff nehmen und besser erledigen,
❑ die gesetzten Ziele unter den gegebenen Umständen jeweils noch am besten erreichen,
❑ alle Aufgaben ausschalten, die von anderen durchgeführt werden können,

❏ am Ende der Planungsperiode (z. B. eines Arbeitstages) zumindest die wichtigsten Dinge erledigt haben,

❏ die Aufgaben, an denen Sie und Ihre persönliche Leistungsfähigkeit gemessen werden, nicht unerledigt liegenlassen.

Die positiven Auswirkungen:

❏ Termine werden eingehalten.

❏ Arbeitsablauf und Arbeitsergebnisse werden befriedigender.

❏ Mitarbeiter, Kollegen und Vorgesetzte werden zufriedener.

❏ Konflikte werden vermieden.

❏ Sie selbst werden ruhiger und vermeiden unnötigen Streß.

In den nachfolgenden Abschnitten werden verschiedene Kriterien und Methoden vorgestellt, nach denen Sie eine Rangfolge Ihrer wichtigsten Aufgaben erstellen können.

3.2 Pareto-Zeitprinzip (80:20-Regel)

Das *Pareto-Prinzip* besagt allgemein, daß innerhalb einer gegebenen Gruppe oder Menge einige wenige Teile einen weitaus größeren Wert aufweisen, als dies ihrem relativen, größenmäßigen Anteil an der Gesamtmenge in dieser Gruppe entspricht. Es geht auf den italienischen Volkswirtschaftler Vilfredo Pareto (1848-1923) zurück und wurde als Erfahrungsregel in verschiedenen Bereichen bestätigt.

So machten amerikanische Techniker bei der Anwendung des Pareto-Prinzips auf die Inventurkontrolle die Entdeckung, daß 20% der Bestände normalerweise 80 % des Wertes einer Inventur ausmachen. Eine Konzentration der Kontrollen auf diese „lebenswichtigen wenigen" Elemente brachte Ergebnisse, die in Relation zum erforderlichen Aufwand die bisherigen Inventurarbeiten an Effizienz weit übertrafen.

Andere Beispiele aus der betrieblichen Praxis bestätigen:

❏ 20% der Kunden (oder Waren) bringen 80% des Umsatzes bzw. Gewinns,
   80% der Kunden (oder Waren) bringen 20% des Umsatzes bzw. Gewinns.
❏ 20% der Fehler verursachen 80% des Ausschusses,
   80% der Fehler verursachen 20% des Ausschusses.
❏ 20% der Produkte erzeugen 80% der Fertigungskosten,
   80% der Produkte erzeugen 20% der Fertigungskosten.

Man spricht im Zusammenhang mit dem Pareto-Prinzip daher auch von der *„80:20-Regel"*. Eine Übertragung dieser Gesetzmäßigkeiten auf die Arbeitssituation einer Führungskraft bedeutet:

➡ Beim Prozeß der Leistungserstellung erzielt man bereits mit den ersten 20% der aufgewandten Zeit (Input) einen Anteil von 80 % der Leistungsergebnisse (Output).
➡ Dagegen erbringen die restlichen 80% der aufgewandten Zeit dann nur noch 20% der Gesamtleistung.

Das nachfolgende Schaubild verdeutlicht diese Faustregel des Zeitmanagement (so auch bei Mackenzie, 1974, S. 53):

Pareto – Zeitprinzip (80:20-Regel)		
Input	**bringen**	**Output**
80% der aufgewandten Zeit („nebensächliche viele" Probleme)	*bringen*	20% der Ergebnisse
20% der aufgewandten Zeit („lebenswichtige wenige" Probleme)		80% der Ergebnisse

Für die tägliche Arbeit bedeutet dies, sich nicht zuerst den leichtesten, interessantesten oder den Arbeiten mit dem geringsten Zeitaufwand zuzuwenden, sondern nach deren Bedeutung und Wichtigkeit vorzugehen:

> *„Lebenswichtige wenige" Probleme* vor den *„nebensächlich vielen" Problemen* in Angriff nehmen!

Die konsequente Anwendung des Pareto-Zeitprinzips läßt sich konkret durchführen, indem man die Gesamtheit der Aufgaben nach ihrem Anteil am Gesamtergebnis nach den Kategorien A, B und C analysiert.

3.3 Prioritätensetzung durch ABC-Analyse

Die Technik der „*ABC-Analyse*" geht von der Erfahrung aus, daß die Prozentanteile der wichtigen und weniger wichtigen Aufgaben an der Menge aller Aufgaben im allgemeinen konstant sind. Die Buchstaben A, B, C teilen die verschiedenen Einzelaufgaben in drei Klassen ein, und zwar nach deren Wichtigkeit für die Erreichung der beruflichen und persönlichen Ziele. Zahlreiche Führungskräfte arbeiten bereits nach diesem Prinzip, die wichtigsten Aufgaben an der gesamten täglich anfallenden Arbeit zuerst in Angriff zu nehmen.

➤ Verwenden Sie die ABC-Analyse, um diese persönliche Erfahrung durch systematische Planung zu ergänzen und Ihre Arbeitstechnik zu verbessern!

➤ Orientieren Sie Ihre planbare Zeit an der Bedeutung und dem Wert der Aufgaben und nicht an ihrem prozentualen Anteil an der Menge aller Aufgaben!

Der ABC-Analyse liegen im einzelnen folgende drei Erfahrungsthemen zugrunde:

❏ *Die wichtigsten Aufgaben (A-Aufgaben)* machen etwa 15 % der *Menge* aller Aufgaben und Tätigkeiten aus, mit denen sich eine Führungskraft befaßt. Der eigentliche *Wert* (im Sinne eines Beitrags zur Zielerreichung) dieser Aufgaben liegt jedoch bei 65 %.

❏ Durchschnittlich *wichtige Aufgaben (B-Aufgaben)* machen etwa 20% an der Menge und auch 20% am Wert der Aufgaben und Tätigkeiten einer Führungskraft aus.

❏ *Weniger wichtige* oder *unwichtige Aufgaben (C-Aufgaben)* machen hingegen 65 % an der Menge aller Aufgaben aus, haben aber nur den geringen Anteil von 15 % am Wert aller Aufgaben, die ein Manager zu erfüllen hat.

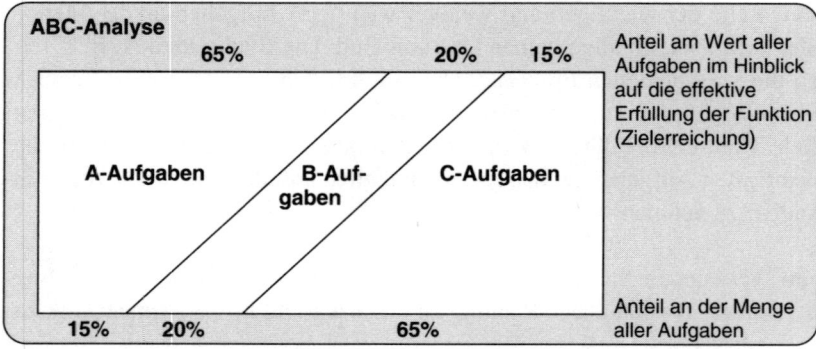

Eine ABC-Analyse empfiehlt sich, wenn man die wichtigsten, d. h. ertragreichsten Aufgaben zuerst in Angriff nehmen will *(A-Aufgaben)*, um mit diesen wenigen Tätigkeiten bereits den größten Anteil am Erfolg zu erzielen. Die nächstwichtigen Vorhaben *(B-Aufgaben)* bringen noch einmal einen gewissen Ertragszuwachs, während mit der Erledigung der relativ vielen, aber weniger wichtigen Arbeiten *(C-Aufgaben)* nur noch ein kleiner Betrag gewonnen wird.

Die nachfolgende Graphik veranschaulicht diese Wertbetrachtung:

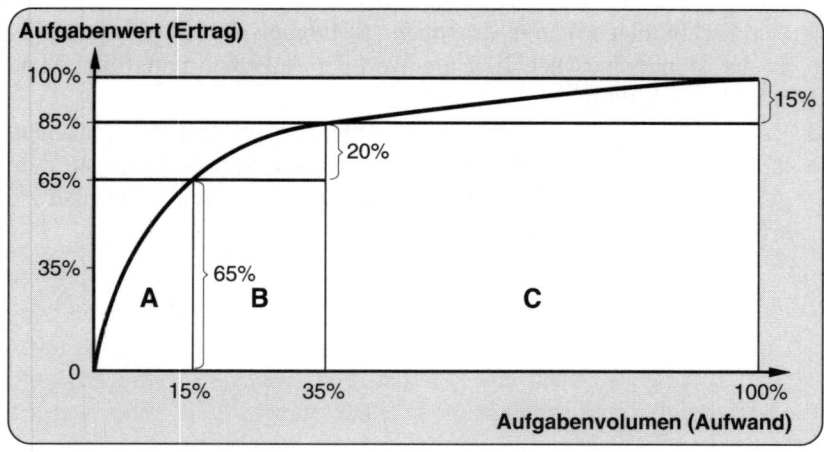

134

Vorgehensweise bei der ABC-Analyse

Bei der *ABC-Analyse* Ihrer Aufgaben können Sie wie folgt vorgehen:

1. Listen Sie alle für den betreffenden Zeitraum (Woche, Tag etc.) anstehenden Aufgaben auf (siehe Rubrik „Aufgaben" im Tagesplan oder das Formular „Aktivitäten-Checkliste/Aufgaben-Kontrolle" auf der nächsten Seite).

2. Ordnen Sie die Aufgaben nach ihrer Wichtigkeit, in der Reihenfolge ihres Wertes für Ihre Tätigkeit.
   (Denken Sie daran, daß *Dringlichkeit* grundsätzlich nichts mit Wert, Wichtigkeit oder Bedeutung der betreffenden Aufgabe zu tun hat.)

3. Numerieren Sie die Aufgaben durch (vgl. die Zeitplanungsformulare in Kap. 2).

4. Bewerten Sie Ihre Aufgaben nach dem ABC-Raster:
   - A Die ersten 15% aller Aufgaben sind A-Aufgaben (sehr wichtig, von größtem Wert für die Erfüllung der Funktion, nicht delegierbar).
   - B Die nächsten 20% aller Aufgaben sind B-Aufgaben (wichtig, bedeutsam, delegierbar).
   - C Die restlichen 65% aller Aufgaben sind C-Aufgaben (weniger wichtig, unbedeutend, auf jeden Fall delegierbar).

5. Überprüfen Sie – ausgehend von den A-Aufgaben – Ihren *Zeitplan* (geschätzter Zeitbedarf) danach, ob die angesetzten Zeitbudgets auch der Bedeutung der Aufgaben entsprechen:
   - ❏ 65 % der verplanbaren Zeit (= ca. 3 Std.) für A-Aufgaben,
   - ❏ 20 % der verplanbaren Zeit (= ca. 1 Std.) für B-Aufgaben,
   - ❏ 15 % der verplanbaren Zeit (= ca. 45 Min.) für C-Aufgaben.

6. Nehmen Sie gegebenenfalls Korrekturen vor.
   Durch die Ausrichtung Ihres Zeitplanes auf die A-Aufgaben gewährleisten Sie automatisch, daß den weniger wichtigen, aber zeit-„fressenden" C-Aufgaben auch nur so viel Zeit eingeräumt werden kann, wie es ihrer Bedeutung zukommt.

7. Überprüfen Sie die B- und C-Aufgaben auf Delegationsmöglichkeiten (→ Kap. 3.5).
   Beachten Sie jedoch auch, daß es sich bei den *C-Aufgaben nicht* um grundsätzlich entbehrliche Aufgaben handelt, sondern neben den A- und B-Aufgaben auch eine Vielzahl von (weniger) wichtigen Vor-, Nach- und Routinearbeiten nötig sind, die ebenfalls getan werden müssen.

Das Ordnen Ihrer Aufgaben mit Hilfe der ABC-Analyse kann z. B. auf folgendem Formblatt vorgenommen und in das Zeitplanbuch eingelegt werden:

**Aktivitäten-Checkliste/
Aufgaben-Kontrolle**

Dezember

Datum	Prio-rität A B C	Aktivität/Aufgabe	Delegiert an	Beginn	Fertig bis	OK
3.12.	X	Mitarbeiter - Besprechung				✓
"		Akte Conradt	F. Kern	3.12.	5.12.	✓
4.12.	X	Kundenliste- Ausarbeitung	R. Hope	4.12.	11.12.	
5.12.	X	Gratulation 6 F Tel.			11.12.	✓
10.12.	X	Budget			10.12.	15.12.
	X	Reiseunterlagen Weihnachten				15.12.

TS-form 15703 / © Copyright Time/system International a/s. 1981. 90. All rights reserved

Die Entscheidung über Prioritäten ist – ebenso wie der Prozeß der Zielsetzung – eine sehr individuelle Angelegenheit, denn alle Beurteilungen einer Situation sind letztlich subjektiv. Über Prioritäten läßt sich streiten: Ein objektives Ergebnis wird es daher selten geben. Wichtig ist jedoch, _daß_ Sie eindeutige Prioritäten festlegen und diese Entscheidung soweit wie möglich auf Fakten stützen können.

Zeitmanagement setzt voraus, daß Sie als Führungskraft (weitgehend) selbst über die zu erledigenden Aufgaben und deren zeitlichen Ablauf bestimmen können.

Entscheidungskriterien für A-Aufgaben (Hilfsfragen)

Bei der Prioritätensetzung im Rahmen der Aufgabenplanung und Festlegung der A-Aufgaben können folgende Fragen den Entscheidungsprozeß erleichtern:

136

➡ Durch die Erfüllung welcher Aufgaben komme ich meinen Hauptzielen (Jahres-, Monats-, Wochen- oder Tagesziel) am meisten näher?

➡ Kann ich durch die Erfüllung einer einzelnen Aufgabe gleich mehrere andere erledigen?

➡ Durch die Erfüllung welcher Aufgabe kann ich einen maximalen Beitrag zur Erreichung der Gesamtziele der Organisation, Abteilung, Arbeitsgruppe etc. leisten?

➡ Durch die Erfüllung welcher Aufgabe habe ich (lang- oder kurzfristig) den größten Nutzen, werde ich am meisten belohnt, erhalte ich die höchste Anerkennung?

➡ Bei welcher Aufgabe habe ich im Falle der Nichterfüllung mit den negativsten Folgen (Ärger, Tadel, Störungen etc.) zu rechnen?

Prioritäten zu setzen ist die Grundregel erfolgreicher Arbeitstechnik.

Machen Sie sich bewußt, daß Sie nicht alles tun können und auch nicht müssen, setzen Sie Prioritäten, und beginnen Sie mit dem Wichtigsten!

3.4 Schnellanalyse nach dem Eisenhower-Prinzip

Anstatt Zeit für die wirklich wichtigen Dinge zu haben, wird unsere Energie häufig durch dringliche, aber weniger wichtige Dinge in Anspruch genommen. Nicht von ungefähr kommt der Satz, „daß die wichtigen Dinge nie eilig sind und die eiligen Dinge selten wichtig sind."

Eine *wichtige* Aufgabe muß selten heute oder in dieser Woche erledigt werden, während *dringende* Aufgaben sofort getan werden wollen.

Fragen Sie sich:

➡ Neige ich dazu, von einer dringenden Aufgabe zur nächsten zu eilen?

➡ Bleiben die wirklich wichtigen Aufgaben dadurch oft liegen?

Die auf den US-General *Dwight Eisenhower* zurückgehende Entscheidungsregel ist ein einfaches, praktisches Hilfsmittel, insbesondere wenn schnell entschieden werden muß, welchen Aufgaben der Vorzug einzuräumen ist. Prioritäten werden nach den Kriterien

❏ Dringlichkeit und
❏ Wichtigkeit

gesetzt.

Je nach hoher und niedriger Dringlichkeit bzw. Wichtigkeit einer Aufgabe lassen sich vier Möglichkeiten der Bewertung und (anschließenden) Erledigung von Aufgaben unterscheiden:

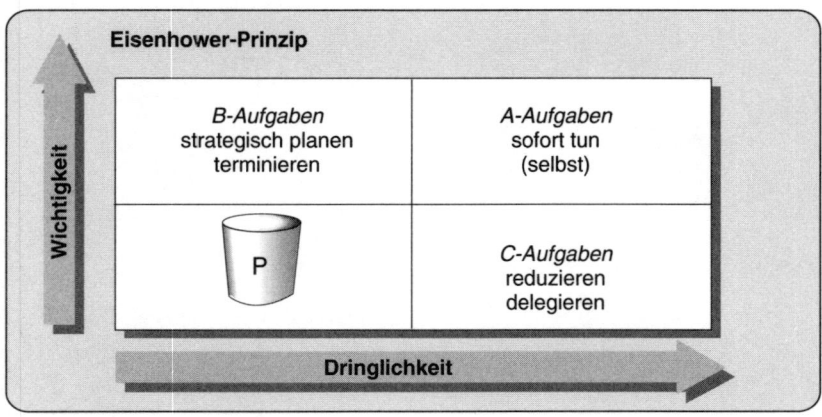

I. Dringliche/Wichtige Aufgaben

Sie müssen *sofort* angegangen und von Ihnen selbst erledigt werden.

II. Dringliche/Weniger wichtige Aufgaben

Hier besteht die Gefahr, sich von der „Tyrannei des Dringenden" verschlingen zu lassen und sich dieser Aufgabe selbst zu widmen – weil sie ja so dringend ist. Wenn sie aber gleichzeitig weniger wichtig ist, sollte sie auf jeden Fall *delegiert* werden, da ihre Bewältigung keine besonderen Ansprüche stellt.

III. Weniger dringliche/Wichtige Aufgaben

Sie müssen nicht gleich erledigt werden, können also *warten*. Dies wird der Regelfall sein. Zum Problem werden diese Aufgaben dann, wenn sie früher oder später dringlich werden und von Ihnen selbst in kürzester Zeit erledigt werden müssen. Sie sollten strategisch eingeplant, d.h. terminiert werden.

Anregung: Überprüfen Sie den Grad der Wichtigkeit, und versuchen Sie, Aufgaben dieser Art ganz oder teilweise an Ihre Mitarbeiter zu *delegieren*. Neben dem Vorteil der persönlichen Arbeitsentlastung können Sie damit Ihre Mitarbeiter durch anspruchsvollere Aufgaben motivieren und weiterqualifizieren (→ mehr zum Thema *„Delegation"* im nächsten Abschnitt).

IV. Weniger dringliche/weniger wichtige Aufgaben

Sehr häufig werden Aufgaben dieser Kategorie auf dem oft ohnehin überhäuften Schreibtisch abgeladen. Wenn Sie erst einmal angefangen haben, sich mit der Erledigung dieser Arbeiten zu befassen, und darüber die Aufgaben der I. Kategorie vernachlässigen, brauchen Sie sich über Arbeitsüberlastung nicht zu wundern. Selbst Ihre Mitarbeiter sollten Sie mit Aufgaben dieser Art nicht in Anspruch nehmen.

> Von Aufgaben, die sowohl von geringer Dringlichkeit als auch geringer Wichtigkeit sind, sollte Abstand genommen werden!

Haben Sie ein wenig mehr Mut zum Risiko, und entscheiden Sie sich öfter für den *Papierkorb* (Ablage „P")!

> Wenn Sie Ihre Arbeit konsequent nach dem Eisenhower-Prinzip kategorisieren, werden Sie Ihre Leistungsfähigkeit erheblich steigern!

Hier nochmals die wichtigsten Gründe, die dafür sprechen:

- ❏ Sie beginnen mit Ihren wichtigsten Aufgaben und konzentrieren sich ausschließlich darauf.
- ❏ Sie entlasten sich für wirkliche Führungsaufgaben, z.B. Mitarbeitermotivation.
- ❏ Sie ziehen Ihre Mitarbeiter in die Verantwortung und delegieren nicht nur weniger wichtige (Routine-)Aufgaben.
- ❏ Sie können Mitarbeiter fordern und fördern, die noch Entwicklungspotential besitzen.

3.5 Grundsätze der Delegation

Delegation wird im allgemeinen verstanden als Übertragung von Aufgaben oder Tätigkeiten aus dem Funktionsbereich einer Führungskraft auf einen Mitarbeiter. Gleichzeitig mit der Arbeitsaufgabe sollten die für die Aufgabenerfüllung notwendigen Kompetenzen und die Verantwortung im fachlichen Bereich *(Handlungsverantwortung)* delegiert werden. Der Vorgesetzte behält und trägt die Verantwortung für sein Führungsverhalten *(Führungsverantwortung);* diese ist nicht delegierbar.

Die Übertragung einer Aufgabe oder Tätigkeit kann

❑ entweder auf Dauer erfolgen (dauerhafte oder generelle Delegation) –
die Führungskraft gibt die Aufgabe an einen Mitarbeiter zur selbständigen Wahrnehmung ab;
❑ oder auf einmalige Fälle beschränkt sein (fallweise Delegation) – die
Aufgabe verbleibt im Funktionsbereich des Vorgesetzten.

> Delegation ist die Schlüsseltätigkeit jedes Arbeitstechnikers und jeder Führungskraft. Ihr direkter und indirekter Nutzen ist beträchtlich.

Vorteile der Delegation

Welchen Argumenten zum Nutzen der Delegation stimmen Sie zu?
Bitte kreuzen Sie an:

❑ Delegation hilft der Führungskraft, sich zu entlasten und Zeit für wichtige Aufgaben (z. B. für die eigentliche Führungsfunktion) zu gewinnen.

141

❏ Delegation hilft, die Fachkenntnisse und Erfahrungen der betreffenden Mitarbeiter zu nutzen.
❏ Delegation hilft, die Fähigkeit, Initiative, Selbständigkeit und Kompetenz der Mitarbeiter zu fördern und zu entwickeln.
❏ Delegation wirkt sich oft positiv auf die Leistungsmotivation und Arbeitszufriedenheit der Mitarbeiter aus.

Haben Sie mehrere oder gar alle Punkte angekreuzt?
Dann werden Sie auch unserer These zustimmen:

> Delegation ist für Führungskraft *und* Mitarbeiter gleichermaßen von Vorteil.

Mitarbeiter reagieren in der Tat überwiegend positiv auf Delegation. Mackenzie (1974, S. 128) berichtet von einer Studie, in der 500 Gruppen von Führungskräften von ihren Mitarbeitern bewertet werden:

„Die Führungskräfte, die sehr viel delegierten, erhielten von ihren Mitarbeitern die Note *sehr gut* oder *gut*. Führungskräfte mit schlechter Bewertung waren als Delegierende ineffektiv."

➡ Warum wird die *Delegation* trotz der genannten Vorteile nach wie vor viel zu wenig eingesetzt?

Die Gründe für eine unbefriedigende Delegation liegen einmal im persönlichen Bereich, z. B. einer bestehenden Abneigung gegen Delegation überhaupt, und zum anderen in einer unzureichenden Handhabung der Technik der Delegation selbst.

> Eine erfolgreiche Delegation setzt also zwei Dinge voraus:
> ❏ Die Bereitschaft zu delegieren (das Wollen).
> ❏ Die Fähigkeit zu delegieren (das Können).

❏ Haben Sie Schwierigkeiten mit dem „Wollen", analysieren Sie die *Widerstände,* die Sie oder Ihre Mitarbeiter haben (→ Seite 143 ff.).
❏ Haben Sie Schwierigkeiten mit dem „Können", beachten Sie die *Grundregeln* des Delegierens (→ Seite 147 ff.).

Nur wenige Manager sind in der Lage, vollendet zu delegieren. Viele praktizieren die Delegation mit Widerwillen oder in unzureichendem Maße.

➤ Es ist nicht notwendig, ein Delegationsperfektionist zu werden, doch prüfen Sie, an welchen Stellen Sie Ihren bisherigen Delegationsstil (noch) verbessern können!

In der folgenden Liste finden Sie *einige* innere und äußere Gründe und Widerstände gegen Delegation. Überlegen Sie und prüfen Sie, welche vielleicht auf *Ihre Situation* zutreffen:

❑ Sie werden von Ihrer Arbeitssituation (Besucher, Telefonate, Besprechungen, Termine etc.) so in Anspruch genommen, daß keine Zeit für die Erklärung und Kontrolle delegierbarer Aufgaben vorhanden ist.

❑ Sie wissen vielleicht selbst nicht genug über die Aufgabe und ihre Probleme, so daß Ihnen auch unklar ist, was genau Sie an Ihre Mitarbeiter delegieren müssen.

❑ Sie verzichten auf eine Delegation, da Sie glauben, die Arbeit selber schneller als Ihre Mitarbeiter zu erledigen, und somit kurzfristig Zeit einsparen.

❑ Sie befürchten Konflikte mit Ihrem Vorgesetzten, weil Sie eine an Sie übertragene Arbeit weiterdelegiert haben.

❑ Sie hängen an einer bestimmten Aufgabe oder Tätigkeit besonders, z.B. weil Sie Ihnen Spaß macht o.ä.

❑ Sie befürchten, die Mitarbeiter könnten eine Aufgabe besser lösen als Sie selbst (Konkurrenz!).

❑ Sie befürchten, daß Sie die Kontrolle über die Arbeit verlieren, sobald Sie sie aus den Händen geben.

❑ Sie mißtrauen dem Können und der Leistungsbereitschaft der Mitarbeiter und wollen kein Risiko eingehen.

❑ Sie befürchten, etwas von Ihrer Autorität und Ihrem Image zu verlieren, wenn bisherige, von Ihnen wahrgenommene Aufgaben jetzt von Ihren Mitarbeitern übernommen werden.

❑ Sie wissen nicht, wie Sie reagieren sollen, wenn ein Mitarbeiter die Delegation ablehnt.

Wie können Sie Ihre *persönlichen* Widerstände überwinden?
Ideen, Maßnahmen, Strategien etc. (Stichworte):

❑ _____

❑ _____

❑ _____

❑ _____

Auch bei *Mitarbeitern* können *Widerstände gegen Delegation* auftreten
(vgl. R. Stroebe, Arbeitsmethodik I, Heidelberg 1978, S. 64):

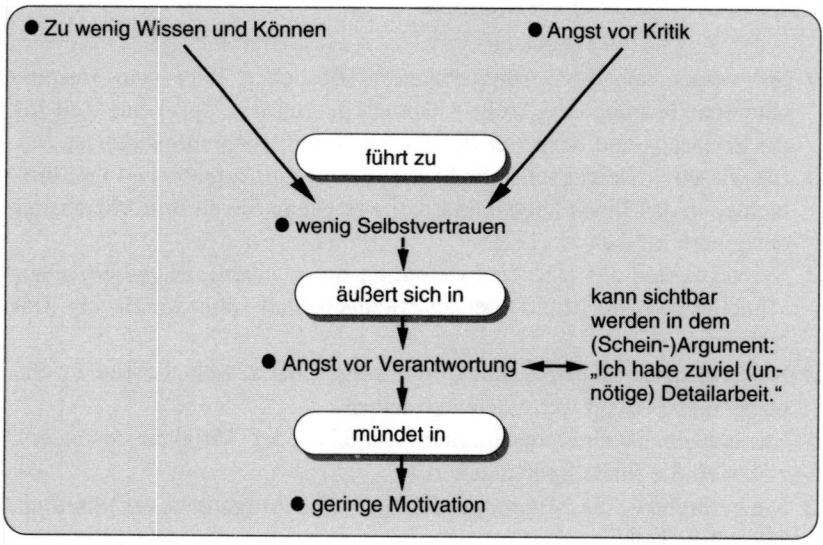

Wenn Sie das Gefühl haben, bei Ihrem Mitarbeiter auf Widerstände gegen
Aufgabendelegation zu stoßen, sprechen Sie dies offen an und führen Sie
ein *Mitarbeitergespräch!*
Versuchen Sie, die Ursachen herauszufinden und gemeinsame Lösungsmöglichkeiten (z.B. Fördermaßnahmen, Unterstützung des Vorgesetzten
etc.) zu entwickeln.

➡ Berücksichtigen Sie dabei, daß die Ursachen auch in *Ihrem* Delegationsstil begründet sein können!

144

Unzureichende Delegationstechniken können bei den betroffenen Mitarbeitern zu Frustrationen und Widerständen führen, die wiederum auf die Führungskraft einwirken und im Laufe der Zeit eine regelrechte Delegationsscheu erzeugen.

> Wer nicht effektiv delegiert, betreibt auch kein effektives (Zeit-) Management!

Wie gut delegieren Sie?

Bei der Auflistung Ihrer Tätigkeiten und Durchführung der ABC-Analyse werden Sie eine Reihe von B- und vor allem von C-Aufgaben entdecken, die Sie delegieren können oder müssen.

> Delegation bedeutet immer *Selbstentlastung und Zeitgewinn* für die eigentlich wichtigen Aufgaben *(A-Aufgaben)*.

➤ Woher wissen Sie, wie gut Sie Ihre Aufgabendelegation bewältigen?
➤ Bedeutet ein Mangel an Delegation ein wichtiges Problem (A-Aufgabe) für Sie?

Der folgende Fragenkatalog kann Ihnen darüber nähere Aufschlüsse vermitteln (vgl. in diesem Zusammenhang auch Mackenzie, 1974, S. 32 f.):

Wie gut delegieren Sie?

	Ja	Nein
[1] Arbeiten Sie noch lange nach Büroschluß weiter? Nehmen Sie regelmäßig Arbeit mit nach Hause?		
[2] Arbeiten Sie länger als Ihre Mitarbeiter?		
[3] Verbringen Sie Zeit damit, Dinge für andere zu erledigen, die diese genausogut selbst erledigen könnten?		
[4] Finden Sie für den Notfall *keinen* Mitarbeiter oder Kollegen, der Sie zu entlasten vermag?		
[5] Kennt einer Ihrer Kollegen, Mitarbeiter (oder Ihr		

	Ja	Nein
Chef) Ihre Aufgaben und Tätigkeiten gut genug, um sie – falls Sie Ihre Arbeit verlassen müssen – übernehmen zu können?		
6 Fehlt Ihnen die Zeit zur Planung Ihrer Aufgaben und Tätigkeiten?		
7 Ist Ihr Schreibtisch überhäuft, wenn Sie von einer Geschäftsreise zurückkommen?		
8 Befassen Sie sich immer noch mit Tätigkeiten und Problemen aus dem vor Ihrer letzten Beförderung liegenden Verantwortungsbereich?		
9 Müssen Sie oft eine wichtige Aufgabe aufschieben, um andere durchführen zu können?		
10 Müssen Sie sich häufig und dauernd beeilen, um wichtige Termine einhalten zu können?		
11 Wenden Sie Zeit für Routinearbeiten auf, die durch andere erledigt werden könnten?		
12 Diktieren Sie selbst den größten Teil der Korrespondenz, Memos und Berichte, die man Ihnen zur Aktenzeichnung vorlegt?		
13 Werden Sie oft mit unbeantworteten Fragen und Anfragen zu Besprechungen, laufenden Projekten oder Aufgaben von Ihren Mitarbeitern angesprochen?		
14 Haben Sie kaum Zeit für gesellschaftliche oder repräsentative Verpflichtungen?		
15 Wollen Sie überall Ihre Hand im Spiel haben und über alles informiert sein?		
16 Haben Sie Mühe, sich an Ihre Prioritätenliste zu halten?		

➡ Zählen Sie Ihre *Ja-Antworten* zusammen:

! 0 – 3 Ja-Antworten: Sie delegieren ausgezeichnet! Die restlichen Ausführungen zum Thema „Delegation" können Sie überblättern.

? 4 – 7 Ja-Antworten: Sie können Ihre Delegation noch an wichtigen Punkten verbessern!

⚡ 8 und mehr Ja-Antworten: Die Delegation scheint für Sie ein ernsthaftes Problem darzustellen. Sie sollten der Lösung dieses Problems absoluten Vorrang einräumen!

Für Sie als *Vorgesetzten* ergeben sich aus der Delegation eine Reihe von *Führungspflichten:*

- ❏ Die geeigneten Mitarbeiter auswählen (richtige Stellenbesetzung),
- ❏ die Verantwortungsbereiche abgrenzen und überwachen,
- ❏ die delegierten Aufgaben koordinieren,
- ❏ die Mitarbeiter fördern und beraten,
- ❏ die Mitarbeiter ausreichend und rechtzeitig informieren,
- ❏ die Ablauf- und Erfolgskontrolle durchführen,
- ❏ die Mitarbeiter beurteilen (vor allem Lob, aber auch konstruktive Kritik),
- ❏ Versuche der Rück- und Weiterdelegation abwehren.

Für den *Mitarbeiter* ergeben sich ebenso spezifische *Ausführungspflichten* aus der Delegation:

- ❏ Im Rahmen des Delegationsbereiches selbständig handeln und eigenverantwortlich entscheiden,
- ❏ für falsche Arbeitsausführungen und Fehlentscheidungen eintreten,
- ❏ den Vorgesetzten rechtzeitig und ausreichend informieren,
- ❏ außergewöhnliche Fälle dem Vorgesetzten vorlegen (Management by Exception),
- ❏ seine Tätigkeit mit seinen Kollegen koordinieren und für Information sorgen,
- ❏ sich ggf. zur Bewältigung der gestellten Anforderungen weiterbilden.

Für den Manager liegt das Problem bei der Delegation sicherlich nicht darin, wieviel er delegieren *sollte,* um sich selbst zu entlasten und Zeit zu gewinnen, sondern darin, wieviel er delegieren *kann,* ohne seine Mitarbeiter zu überfordern. Je höher eine Führungskraft in der Hierarchie angesiedelt ist, desto mehr Zeit sollte sie für echte Managementtätigkeiten und um so weniger für ausführende Arbeiten verwenden.

Delegierbar sind *auf jeden Fall*

❏ Routinearbeiten,
❏ Spezialistentätigkeiten,
❏ echte Detailfragen,
❏ vorbereitende Arbeiten (Entwürfe etc).

Im *Einzelfall* prüfen Sie *jede* Ihrer anstehenden Arbeiten auf Delegationsmöglichkeiten, z. B.

❏ (Vor-)Formulierung, aber nicht endgültige Festsetzung von Zielen, Plänen, Programmen und Projekten, über die Sie selbst entscheiden müssen;
❏ stellvertretende Teilnahme an Besprechungen, bei denen Ihre Probleme und Lösungsvorschläge auch durch einen Mitarbeiter eingebracht werden können.

> Delegieren Sie auch wichtige mittel- und langfristige Aufgaben Ihres Arbeitsgebietes, die den Mitarbeiter motivieren und fachlich fördern können.

Nicht delegierbar sind

❏ echte Führungsfunktionen wie Ziele setzen, unternehmenspolitische Entscheidungen treffen, Ergebnisse kontrollieren etc.,
❏ Führung und Motivation der Mitarbeiter,
❏ Aufgaben von großer Tragweite,
❏ Aufgaben mit hohem Risikoanteil,
❏ außergewöhnliche Sonderfälle,
❏ akute, eilige Aufgaben, die keine Zeit für Erklärungen und Überprüfungen lassen,
❏ streng vertrauliche Angelegenheiten.

➤ Überlegen Sie: Welche Aufgaben delegiere ich bereits an meine Mitarbeiter?

1	_____	6	_____
2	_____	7	_____
3	_____	8	_____
4	_____	9	_____
5	_____	10	_____

➤ Überlegen Sie: Welche Aufgaben führe ich noch selbst aus, welche kann und will ich in Zukunft delegieren?

1 _____

2 _____

3 _____

Wann delegieren Sie?

Zum einen in Ihrer *täglichen Arbeitssituation:*

➤ So oft und viel wie möglich – und wie es die Arbeitsumgebung zuläßt!

Zum anderen bei *grundlegenden Änderungen* Ihrer Arbeitssituation, um Arbeitsaufgaben und Vollmachten neu zu verteilen:

❑ Wechsel in der Mitarbeiterstruktur (Neueinstellung, Beförderung, Kündigung),
❑ Reorganisation und Umstrukturierung der Abteilung,
❑ besondere Ereignisse und Krisen,
❑ Einrichtung neuer Arbeitsgebiete oder Zuweisung neuer Kompetenzen.

An *wen* delegieren Sie?

➤ Grundsätzlich nur an die *direkt* unterstellten Mitarbeiter

Delegieren Sie hier nicht nur

❏ an die fähigsten (und beschäftigtsten) Mitarbeiter, die zusätzliche Arbeiten übernehmen können,
und
❏ an Mitarbeiter, die über freie Arbeitszeit verfügen,
sondern
❏ berücksichtigen Sie bei der Anwendung des Führungsinstruments „Delegation" auch die Mitarbeiter,
– die schwierige Aufgaben übernehmen wollen,
– die mehr Erfahrung brauchen,
– deren Fähigkeiten geprüft und entwickelt werden sollen.

➤ Denken Sie aber auch an *andere Abteilungen* sowie interne und externe *Servicestellen und Dienstleister*, wenn es gilt, sich von eigener unnötiger Arbeit zu entlasten!

Ihre Möglichkeiten:

Arbeiten, Aufgaben, Tätigkeiten	Abteilung, Servicestelle

20 Kriterien für eine positive Delegation:

1. Delegieren Sie *so frühzeitig* wie möglich!
   Entscheiden Sie bereits nach der Aufstellung Ihres Arbeitsplanes, was Sie delegieren wollen bzw. müssen.

2. Delegieren Sie entsprechend den *Fähigkeiten und Kapazitäten* Ihrer Mitarbeiter.

3. Delegieren Sie auch im Hinblick auf die *Motivation und Förderung* Ihrer Mitarbeiter.

4. Delegieren Sie möglichst *vollständige* Arbeiten oder Aufgaben und nicht nur isolierte Teilaufgaben.

5. Legen Sie dar, ob es sich um eine fallweise oder dauerhafte Delegation handelt.

6. Delegieren Sie *gleichartige Aufgaben* möglichst dauerhaft an bestimmte Mitarbeiter.

7. Vergewissern Sie sich, ob der betreffende Mitarbeiter auch die Arbeitsaufgabe übernehmen kann und will.

8. Hüten Sie sich davor, dieselbe Aufgabe oder Tätigkeit aus Sicherheitsgründen zwei Mitarbeitern – unabhängig voneinander – zu übertragen.

9. Übertragen Sie dem Mitarbeiter zusammen mit der Arbeitsaufgabe auch die zu ihrer Ausführung notwendigen Befugnisse und Kompetenzen.

10. Geben Sie dem Mitarbeiter eine möglichst präzise und vollständige Instruktion und Information über seine Aufgabe, und stellen Sie fest, ob der Delegationsauftrag genau verstanden wurde (der Mitarbeiter kann nur das tun, was Sie ihm gesagt haben, nicht aber, was Sie sich bei der Ausführung vorgestellt haben!).

11. Erklären Sie den Sinn und Zweck der Aufgabe (Motivation und Zielsetzung).

12. Bei umfangreichen und wichtigen Aufgaben erteilen Sie den Delegationsauftrag ggf. schriftlich.

13. Bei neuen und komplizierten Aufgaben unterweisen Sie den Mitarbeiter nach der 5-Stufen-Methode:

- ❏ den Mitarbeiter vorbereiten,
- ❏ die Arbeitsaufgabe erklären,
- ❏ die Arbeit vormachen,
- ❏ den Mitarbeiter die Arbeit nachmachen lassen und ihn korrigieren,
- ❏ dem Mitarbeiter die Arbeit überlassen und ihn kontrollieren.

14. Geben Sie dem Mitarbeiter ggf. die Möglichkeit, sich für die übertragene, anspruchsvolle Aufgabe weiterzubilden.

15. Geben und verschaffen Sie dem Mitarbeiter Zugang zu allen notwendigen Informationen.

16. Vermeiden Sie es strikt, sich ohne wichtigen oder dringenden Grund in den Arbeitsvorgang einzuschalten und so die Delegation zu durchkreuzen.

17. Vermitteln Sie dem Mitarbeiter jedoch das Gefühl, Sie bei Schwierigkeiten und Problemen immer um Rat und Unterstützung fragen zu können.

18. Lassen Sie sich in festgelegten Abständen (Zwischentermine) über den Fortschritt der Arbeit berichten.

19. Kontrollieren Sie das Endergebnis der übertragenen Arbeit, und informieren Sie den Mitarbeiter sofort über Ihr Kontrollergebnis.

20. Loben Sie die erfolgreichen Teile der Arbeit, und kritisieren Sie Mängel und Mißerfolge konstruktiv. Lassen Sie den Mitarbeiter die Aufgabe ggf. bei höheren Stellen präsentieren oder als *seine* Arbeit kennzeichnen (Namenszeichen) bzw. in den entsprechenden Gremien mitpräsentieren.

6 W-Regeln für den Delegationsauftrag

Diese 6 W-Regeln können Sie als *Checkliste* für die konkrete Auftragserteilung verwenden (vgl. auch Steinherr, 1979, S. 63):

WAS?	Was überhaupt ist alles zu tun?	
	Welche Teilaufgaben sind im einzelnen zu erledigen?	
	Welches Ergebnis wird angestrebt (Soll)?	
	Welche Abweichungen vom Soll können in Kauf genommen werden?	
	Welche Schwierigkeiten sind zu erwarten?	

WER?	Wer ist am ehesten geeignet, diese Aufgabe oder Tätigkeit auszuführen? Wer soll bei der Ausführung mitwirken?	_____ _____
WARUM?	Welchem Zweck dient die Aufgabe oder Tätigkeit (Motivation, Zielsetzung)? Was passiert, wenn die Arbeit nicht oder unvollständig ausgeführt wird?	_____ _____
WIE?	Wie soll bei der Ausführung vorgegangen werden? Welche Verfahren sollen angewendet werden? Welche Vorschriften und Richtlinien sind zu beachten? Welche Stellen/Abteilungen sind zu informieren? Welche Kosten dürfen entstehen?	_____ _____ _____
WOMIT?	Welche Hilfsmittel sollen eingesetzt werden? Womit muß der Mitarbeiter ausgerüstet sein? Welche Unterlagen werden benötigt?	_____ _____
WANN?	Wann soll/muß mit der Arbeit begonnen werden? Wann soll/muß die Arbeit abgeschlossen sein? Welche Zwischentermine sind einzuhalten? Wann will ich über den Fortschritt der Aufgabe vom Mitarbeiter informiert werden? Wann muß ich was kontrollieren, um ggf. eingreifen zu können?	_____ _____ _____

Kontrolle der delegierten Aufgaben

➡ Legen Sie sich eine *Delegationsliste* an, um die von Ihnen delegierten Aufgaben im Griff zu behalten und terminlich zu kontrollieren.

➡ Ein *Muster* finden Sie nachfolgend:

Titel:	*Produkt 'D'*						
Heutiges Datum:			**Vorgesehener Endtermin:** *31.12.*				

Beschreibung des Projektes: *Neues Werbekonzept*
Neue Verpackung

Ziel und beabsichtigte Resultate: *Produkt-Image verbessern, platzsparende Verpackung, Beibehaltung des Produkt-Namens*

Prio-rität A|B|C	Beschreibung der Teilaufgabe	Zeit-aufw.	Delegiert an	Beginn	Kontroll Termin	Fertig bis	OK
X	*Budget*	*14 T.*	*Külu*	*1.12.*	*12.12.*	*15.12.*	✓
X	*- Anzeigen*						
X	*- Direkt-Mail*						
X	*- TV-Spots*						
X	*- Außen-Werbung*						
X	*Agentur*	*16 T.*	*W. + P.*	*8.12.*		*29.12.*	✓
						20.12.	✓
						29.12.	✓
X	*Druck Broschüren*						
	- Angebote		*W. + P.*			*29.12.*	✓
	- Ablauf		*- " -*				
	- Ausführung	*14 T.*	*Hop*		*20.12.*	*23.12.*	✓
	- Versand					*31.12.*	
	Verpackung						
	- Layout		*W. + P.*	*20.12.*			
	- Angebote			*20.12.*		*25.12.*	✓
	- Ausführung		*Hop*			*31.12.*	
	Lieferung						

1108

154

3.6 Zusammenfassung und Auswertung

❑ Erfolgreich arbeiten heißt, die *richtigen* Aufgaben treffsicher und gut zu erledigen.

❑ Entscheidung im Sinne des Zeitmanagement heißt, zielorientierte und eindeutige *Prioritäten zu* setzen.

❑ Eine *persönliche Rangordnung* für die sinnvolle und effektive Erledigung Ihrer Aufgaben ist unbedingt notwendig.

❑ Das *Erarbeiten und Setzen von Prioritäten* hilft Ihnen:
  – Arbeiten werden planvoll erledigt.
  – Dringende Arbeiten werden termingerecht durchgeführt.
  – Unterbrechungen werden gesteuert.
  – Dringlichkeiten werden geprüft.
  – Alternativen werden ermittelt, z. B. durch Hilfsfragen.
  – Delegationsmöglichkeiten werden berücksichtigt.

❑ Ihre *persönlichen Vorteile:*
  – Sie steuern aktiv Ihren Arbeitsablauf (Selbstmanagement).
  – Sie vermeiden unnötige Zielkonflikte.
  – Sie vermeiden Konflikte mit Mitarbeitern, Kollegen und Vorgesetzten.
  – Sie vermeiden Doppelarbeit.
  – Sie vermeiden unnötigen Streß.

❑ Das *Pareto-Zeitprinzip (80:20-Regel)* besagt:
  Betrachtet man alle Aufgaben unter dem Kriterium ihrer Effektivität, werden 80% der Arbeitsergebnisse bereits in nur 20 % der aufgewandten Zeit erzielt, während die restlichen 20% der Ergebnisse aus 80% der zeitlichen Aktivitäten resultieren.

❑ *„Lebenswichtige wenige"* Probleme sollten daher immer vor den „nebensächlichen vielen" Problemen in Angriff genommen werden.

❑ Mit der *ABC-Analyse* stellen Sie sicher, daß die Aufgaben ihrer Bedeutung nach geordnet und die Arbeitsergebnisse erfolgsorientiert gesteuert werden:

A-Aufgaben	B-Aufgaben	C-Aufgaben
äußerst wichtig	durchschnittlich wichtig	weniger wichtig, unwichtig
15% aller Aufgaben 65% Anteil am Wert	20% aller Aufgaben 20% Anteil am Wert	65% aller Aufgaben 15% Anteil am Wert
selbst tun, nicht delegierbar	strategisch planen, terminieren	delegieren, verkürzen, streichen

❑ Machen Sie sich bewußt, daß Sie *nicht* alles tun können, setzen Sie Prioritäten, und beginnen Sie mit dem Wichtigsten! *(Grundregel erfolgreicher Arbeitstechnik)*

❑ Eine *wichtige* Aufgabe muß selten heute oder in dieser Woche erledigt werden, während dringende Aufgaben sofort getan werden wollen.

❑ Befreien Sie sich von der *„Tyrannei des Dringenden“:*
 – Lassen Sie wichtige Aufgaben nie dringend werden!
 – Versuchen Sie, dringende, aber weniger wichtige Aufgaben nicht selbst zu tun, sondern zu delegieren!

❑ Arbeiten Sie konsequent nach dem *Eisenhower-Prinzip,* und scheuen Sie sich nicht, „weniger dringliche/weniger wichtige Aufgaben" in die Ablage oder den Papierkorb zu befördern.

❑ *Delegation* heißt Übertragung von Arbeitsaufgaben *und* Kompetenzen plus Verantwortung.

❑ *Delegation* bedeutet Selbstentlastung und schafft *Zeit für* Führungsaufgaben *(A-Aufgaben)* und Chancen für *Mitarbeiter,* sich zu entwickeln *(Motivation).*

❑ Delegation ist für Führungskraft *und* Mitarbeiter gleichermaßen von Vorteil.

❑ *Erfolgreiche Delegation* setzt zwei Dinge voraus:
 – die Bereitschaft zu delegieren (das Wollen) und
 – die Fähigkeit zu delegieren (das Können).

❑ Wer nicht *effektiv delegiert,* betreibt auch kein *effektives Management.*

❑ *Delegieren* Sie auch kontrolliert *mittel- und langfristige Aufgaben* Ihres Arbeitsgebietes, die den Mitarbeiter motivieren und fachlich fördern können.

❑ *Delegieren* Sie täglich *sooft und soviel wie möglich* – soweit es die Arbeitssituation und Kapazität der Mitarbeiter zuläßt!

❑ *Delegieren Sie* nicht nur an Ihre *Mitarbeiter,* sondern auch an andere *Abteilungen, Servicestellen und Dienstleister.*

❑ Die 6 *W-Regeln* (Schnellanalyse) der Delegation lauten:

- *Was* soll getan werden?
- *Wer* soll es tun?
- *Warum* soll er es tun ?
- *Wie* soll er es tun?
- *Womit* soll er es tun?
- W*ann* soll es erledigt sein?

❑ Eine wirksame Delegation erfordert eine *gute Arbeitsorganisation:* Planen Sie auch Ihre Aufgabendelegation, und überwachen Sie die delegierten Aufgaben und Termine mit einer *Kontrolliste!*

❑ Der Mitwirkungsgrad der Mitarbeiter am Delegationsprozeß ist auch Ausdruck des *Führungsverhaltens* des Vorgesetzten (Führung durch Delegation).

❑ Denken Sie immer daran, daß *Mitarbeiter* Sie *positiv* bewerten, wenn Sie *viel delegieren!*

Praktizieren Sie „*Management by Delegation*"!

➡ Werten Sie auch das Kapitel „*Entscheidung*" für Ihre persönlichen Zwecke aus!

➡ Was erschien Ihnen beim Durcharbeiten dieses Kapitels (besonders) wichtig?

➡ Was haben Sie an neuen Erkenntnissen gewonnen?

➡ Was haben Sie bestätigt gefunden?

➡ Was wollen Sie eingehender bearbeiten?

➡ Was wollen Sie umsetzen?

Auswertung Kapitel „Entscheidung"				
Ergebnis Nr.	Seite(n)	Was (Gedanke, Anregung, Thema etc.)?	Bis wann bearbeiten, umsetzen?	Kontrolle

Stellen Sie sich immer wieder und ständig Alan Lakeins Frage

„Wie nutze ich in diesem Augenblick meine Zeit am besten?",

und setzen Sie Ihre Priorität, auch wenn Sie nur 10 Minuten zur Verfügung haben!

4. Realisation und Organisation:

So bekommen Sie Ihre Arbeitsabläufe und Aktivitäten in den Griff

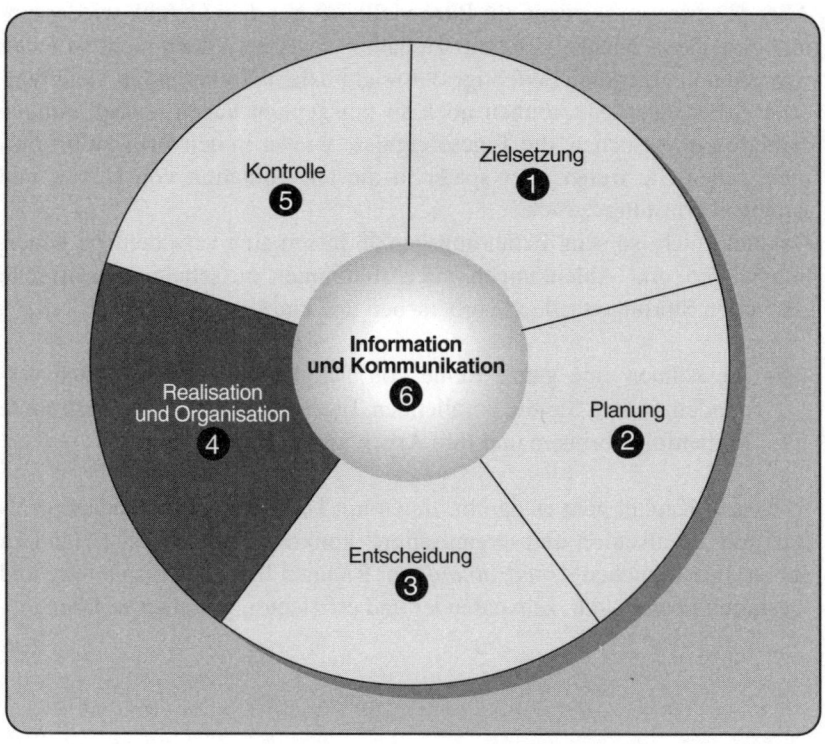

„Man soll nie so viel zu tun haben, daß man keine Zeit mehr zum Nachdenken hat."

(William M. Jeffers)

Es ist fast jeden Tag das gleiche Problem:

Sie haben sich morgens zu Beginn des Arbeitstages eine ganze Menge, vielleicht sogar in Form einer konkreten Aktivitätenliste vorgenommen. Doch dann kommt schon die erste Post, und bald darauf sind Sie mit zahlreichen Problemen, sei es persönlich, telefonisch oder schriftlich, konfrontiert, die es zu bearbeiten gilt. Und so geht es den ganzen Tag über weiter. Abends verlassen Sie dann Ihr Büro vielleicht mit dem Gefühl, wieder einmal eine ganze Menge geschafft zu haben – wissen jedoch nicht so recht, was Sie nun eigentlich (Wichtiges) erreicht haben. So verlaufen viele typische Arbeitstage. Sie können noch so gut geplant haben – nach einigen erfolglosen Versuchen, die Tagesereignisse wieder in den Griff zu bekommen, fallen Sie früher oder später in die alte Situation von Hektik und Arbeitsüberlastung zurück.

Das muß nicht so sein. Erfahrungsgemäß lassen sich verschiedene Unterbrechungen und Ablenkungen nie vollkommen ausschalten, bestimmte Arten von Störungen jedoch vorhersehen und einplanen.

➡ Sie können eine ganze Reihe von Tätigkeiten und Leerläufen vermeiden, indem Sie die anfallenden Tagesaufgaben in eine bestimmte Reihenfolge bringen und Ihre Arbeit anders organisieren.

In diesem Kapitel geht es darum, Ihnen mit Hilfe der (Zeit-)Managementfunktion „Realisation und Organisation" konkrete Hilfen an die Hand zu geben, Ihre täglichen *Arbeitsabläufe* im Rahmen Ihrer Lebensplanung und -gestaltung besser, d.h. zeitsparender und effizienter, gestalten zu können.

4.1 Organisationsprinzipien zur Tagesgestaltung

Die Organisation Ihres Arbeitstages sollte von dem Grundsatz geprägt sein:

> Ich will über meine Arbeit verfügen können und nicht umgekehrt!

Die folgenden Regeln und Prinzipien sollen Ihnen als Anregungen für Ihre Tagesgestaltung dienen, wollen (und können) aber keine verbindlichen Empfehlungen sein. *Manche werden Sie vielleicht belächeln!* Sie haben sich aber in verschiedenen Arbeitssituationen bewährt.

➡ Bewerten Sie die einzelnen Prinzipien danach, inwieweit

❑ Sie diese bereits praktizieren und jetzt intensivieren wollen,
❑ Sie diese einmal ausprobieren wollen,
❑ diese für Sie nicht in Frage kommen.

> Wichtig für Sie ist, Ihren *persönlichen Stil* zu finden. Es gibt – für Sie – keinen besseren!

Die 25 Organisationsprinzipien lassen sich unter zeitlichem Aspekt in drei Gruppen unterteilen:

Tagesbeginn	Tagesverlauf	Tagesschluß
(1) – (8)	(9) – (20)	(21) – (25)

Regeln zum Tagesbeginn

> (1) Mit positiver Einstimmung in den Tag

Versuchen Sie, jedem neuen Tag etwas Positives abzugewinnen, denn Ihre Grundeinstellung zu den Dingen, also auch die Einstellung, wie Sie an die anstehenden Aufgaben herangehen wollen, hat einen nicht unmaßgeblichen Anteil an Ihrem Erfolg oder Mißerfolg.

Stellen Sie sich jeden Morgen drei Fragen:

➡ Was kann ich heute tun, um diesem Tag möglichst viel *Freude* abzugewinnen?

➤ Wie kann mich heute dieser Tag meinen *Zielen* näher bringen?

➤ Was kann ich heute als Ausgleich zur Arbeit für meine *Gesundheit* tun, z. B. Waldlauf, Entspannung etc.

Und denken Sie auch an die folgenden Punkte:

➤ Mit wem werde ich heute zusammenkommen?

➤ Wem könnte ich Freude bereiten, Nutzen bieten?

➤ Welche Schwierigkeiten und Probleme könnte mir dieser Tag bescheren? Wie kann ich diese auf positive Weise lösen?

Nehmen Sie sich morgens ein paar wenige Minuten Zeit für sich, bevor Sie mit Ihrem „Standard-Morgenprogramm" beginnen.

---

(2) Gutes Frühstück und ohne Hast ins Büro

Unausgeschlafen, lustlos, vielleicht ohne vernünftiges Frühstück schnell in die Firma – mit einem solchen Start kann der Tag sehr leicht mißlingen!

➤ Gönnen Sie sich ein ausgiebiges Frühstück (Energie für den ganzen Tag!), und fahren Sie dann möglichst ohne Hast und gelassen zur Arbeit. Lassen Sie sich gar nicht erst von anderen (Autofahrern) ärgern.

➤ Sagen Sie nicht: „Dazu habe ich keine Zeit!" Dies ist einzig und allein eine Frage der *Prioritätensetzung* (früheres Aufstehen = früheres Zubettgehen)!

---

(3) Arbeitsbeginn möglichst zu konstanten Zeiten

➤ Beginnen Sie mit Ihrer Tagesarbeit regelmäßig – etwa um die gleiche Zeit.

Der Mensch ist ein Gewohnheitstier. Von daher ist es für viele hilfreich, zu einer bestimmten Zeit im Büro zu sein. Sie können sich auf diese Weise auch selbst „konditionieren", zu bestimmten Tageszeiten arbeitsbereit zu sein.

(4) Überprüfung des Tagesplanes

Gehen Sie Ihren (am Abend des Vortages erstellten) Zeitplan anhand der fixierten Aufgaben und Tagesziele nach Wichtigkeit und Dringlichkeit noch einmal durch, und nehmen Sie ggf. Korrekturen vor.

➡ Formulieren Sie einen *realistischen* Plan für den gesamten Tag!

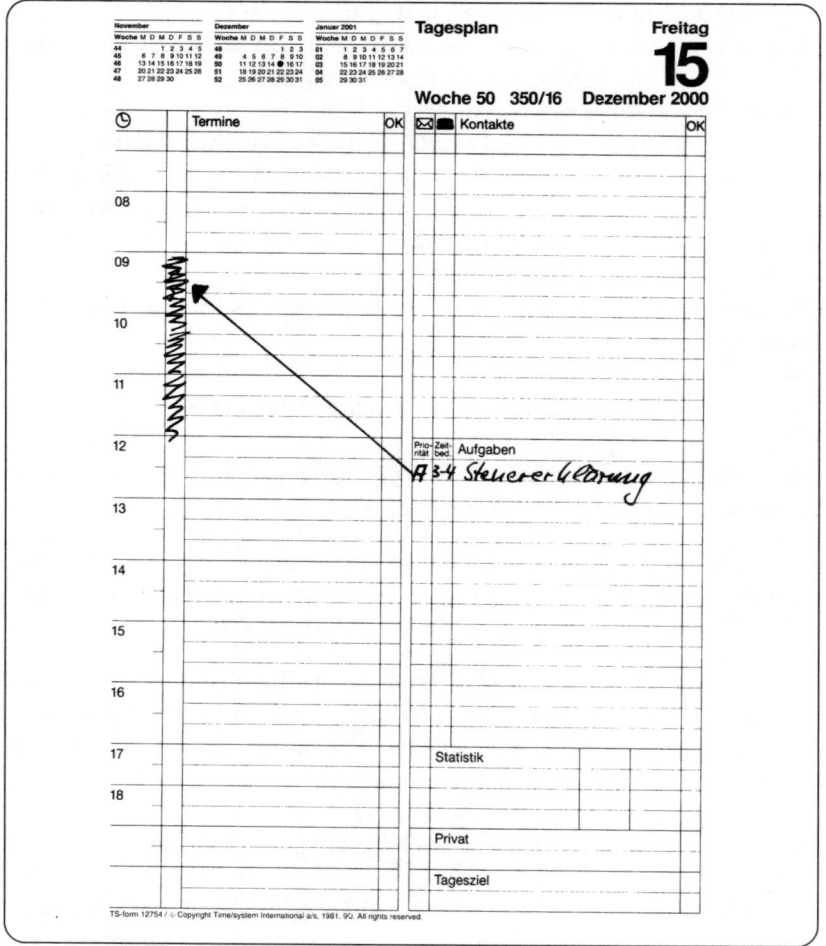

(5) Schwerpunktaufgabe des Tages an den Anfang!

Erfolgreiche Manager lesen ihre Post nicht als erstes, sondern dann, wenn sie eine Reihe von wichtigen Dingen (A-Aufgaben) erledigt haben – selten nämlich enthält die eingehende Tagespost Dinge, die von höchster Priorität sind und sofort erledigt werden müssen.

➤ Fangen Sie daher mit der wichtigsten Tagesaufgabe (höchste Priorität) *vor* der Zeitungslektüre, *vor* der Post und möglichst auch *vor* Arbeitsbeginn Ihrer Kollegen und Mitarbeiter an!

(6) Kürzere Anlaufzeit im Büro

Verzichten Sie auf das *morgendliche* Büroritual, wie *umfangreiche* Begrüßungen, *ausgedehnte* Unterhaltungen über die letzten Neuigkeiten und Ereignisse oder das gestrige Fernsehprogramm. Verlegen Sie diese sozialen Kontakte auf die leistungsschwächeren Zeiten, z. B. den Nachmittag.
Gewinnen Sie dadurch Zeit für spätere Störungen und unvorhergesehene Tätigkeiten.

(7) Zeitplan mit Ihrer Sekretärin abstimmen

„Eine gute Sekretärin verdoppelt die Effektivität ihres Chefs. Eine schlechte Sekretärin halbiert sie." *(Thomas Conellan)*

Ihre Sekretärin ist Ihre wichtigste Partnerin, wenn es um die Schaffung optimaler Arbeitsbedingungen für Sie geht. Sie sollten ihr die erste Zeit jedes Arbeitstages widmen, auch wenn es nur ein paar Minuten sind.

➤ Stimmen Sie alle Termine, Prioritäten und Tagesziele mit ihr ab! Sie sollte diese Zeit bekommen! Nachher, wenn Sie sich mit anderen Dingen beschäftigen, wird sie um so effektiver arbeiten und Sie von allen unnötigen Störungen abschirmen!

(8) Komplizierte und wichtige Dinge am Morgen

Wenn Sie die *Schwerpunktaufgabe des Tages* (→ Ziff. 5) erledigt haben, wenden Sie sich der zweitwichtigsten Aufgabe zu usw. Bald werden Sie ohnehin vom laufenden Tagesgeschäft und verschiedenen Störungen so in Anspruch genommen werden, daß Sie sich kaum noch ausschließlich Ihren wichtigsten Aufgaben widmen können. Wenn Sie jedoch mit den komplizierten und wichtigsten Tagesaufgaben am Morgen beginnen und daran konsequent festhalten, stellen Sie sicher, daß Sie am Ende des Tages zumindest die allerwichtigsten Dinge erledigt oder in Angriff genommen haben.

Regeln zum Tagesverlauf

(9) Gute Arbeitsvorbereitung

Im technischen Bereich sind Notwendigkeit und Vorteile einer ausreichenden Arbeitsvorbereitung unbestritten, gibt es gar eigene Abteilungen „AV". Im kaufmännischen Sektor lassen sich durch gute AV noch beträchtliche Rationalisierungsreserven erschließen und insgesamt Zeit sparen, indem sich die eigentliche Durchführung verkürzt (vgl. auch Kap. 2, S. 87).

➡ Verkürzen Sie die eigentliche Arbeitszeit durch AV und Planung!

(10) Fixtermine beeinflussen

Sehr oft nimmt man festgesetzte Termine unwidersprochen hin. Versuchen Sie bei Terminabsprachen, die schlecht in Ihre Zeitpläne passen, diese in Ihrem Sinne zu beeinflussen und einen Alternativtermin auszuhandeln. Dies geht oft leichter, als Sie denken!

Achten Sie vor allem bei regelmäßigen Treffen (z. B. täglich oder wöchentlich) darauf, daß der Zeitpunkt sinnvoll (für Sie) gewählt ist.

(11) Handlungen mit Rückwirkungen vermeiden

Aktive und kontaktfreudige Führungskräfte neigen dazu, sich immer wieder mit neuen Angelegenheiten, Problemen und Ideen zu beschäftigen, und rufen dadurch entsprechende Reaktionen auf ihre Handlungen und somit negative Auswirkungen auf ihre Zeitgestaltung hervor.

Wie schnell ist aus der einmaligen, aus reinem Interesse erfolgten Teilnahme an einer Besprechung die Verpflichtung zu einem neuen Termin, einem Protokoll, einem Situationsbericht oder gar einer Projektgruppe entstanden?

➡ Überprüfen Sie alle Aktivitäten (Terminzusagen, Besuche, Reisen, Telefonate, Korrespondenzen etc.) auf ihre Notwendigkeit und mögliche Delegierbarkeit. Vermeiden Sie die Gefahr von Folgeaktivitäten!

---

(12) Zusätzliche Dringlichkeitsfälle ablehnen

In jedem Unternehmen und jeder Abteilung gibt es irgendwelche Dringlichkeitsfälle oder unerwartete Entwicklungen:

„Wenn man die großen Probleme bewältigt hat, scheinen sich die kleinen verstärkt in den Vordergrund zu schieben."

(J. D. Cooper)

➡ Denken Sie immer daran, daß die Bearbeitung sogenannter Dringlichkeitsfälle die dauernde oder vorübergehende Vernachlässigung Ihrer geplanten anderen, wichtigen Aufgaben verlangt und Sie zusätzliche Zeit und Energie kostet. Versuchen Sie, zusätzliche Dringlichkeitsfälle möglichst abzulehnen.

➡ Prüfen Sie:
- ❏ mit welchen Verlusten Sie rechnen müssen, wenn Sie nichts unternehmen oder diese Angelegenheit aufschieben,
- ❏ ob Ihr persönliches Mitwirken unvermeidbar ist,
- ❏ ob das Problem nicht auch anderweitig, z.B. durch andere Personen, gelöst werden kann.

---

(13) Ungeplante impulsive Aktivitäten vermeiden

Wenn Sie während der Arbeit plötzlich etwas anderes tun wollen, z. B. jemanden anrufen, überlegen Sie, ob diese Unterbrechung für Ihre derzeitige Aufgabe notwendig und sinnvoll ist. In der Regel ist das impulsive Abweichen vom festgelegten Plan leistungsmindernd, weil dann die gesetzten Prioritäten nicht eingehalten werden.

Oft stößt man jedoch bei der Erledigung einer Aufgabe unvermittelt auf interessante Ideen oder wichtige Informationen, die man sonst wieder vergessen würde.

➤ Schreiben Sie eine kurze Notiz, und bearbeiten Sie diese zu einem späteren, geeigneteren Zeitpunkt!

Mit dieser Empfehlung ist natürlich nicht gemeint, daß Sie auf jede Spontaneität verzichten sollen. Manchmal kann auch die spontan eingelegte Kurzpause oder das Gespräch mit einem Kollegen hilfreich und anregend sein.

```
(14) Rechtzeitig Pausen machen – angemessenes Arbeitstempo
```

➤ Wie oft und wann machen Sie eigentlich Pausen?

Zu langes, intensives Arbeiten macht sich nicht bezahlt, da die Konzentration und Leistungsfähigkeit nachlassen und sich Fehler einschleichen. Betrachten Sie Pausen nicht als Zeitverschwendung, sondern als erholsames Energietanken!

❑ Legen Sie *regelmäßige*, aber kurze Pausen ein!
❑ Entspannen Sie sich, indem Sie sich *kurz* bewegen, möglichst unter Sauerstoffzufuhr!
❑ Verbessern Sie in längeren Pausen Ihre persönliche Leistungsfähigkeit, z.B. im Rahmen Ihres *Tagesfitneßprogramms!*
❑ Machen Sie auch in *Besprechungen* einmal Pause. Sehr häufig entstehen die kreativsten Ideen in einer solchen entspannten Atmosphäre!

Für den *Erholungseffekt* einer Pause ist es wichtig, daß sie noch im Leistungshoch eingelegt wird, bevor die *Konzentrationsfähigkeit* restlos abgenommen hat:

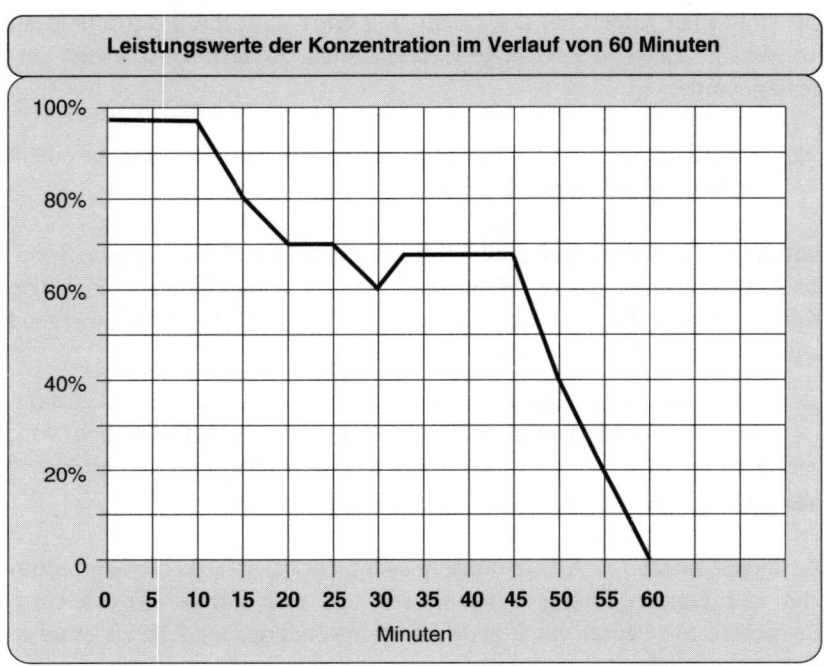

Leistungswerte der Konzentration im Verlauf von 60 Minuten

Beobachten Sie das einmal bei Besprechungen oder bei *Ihrer* täglichen Arbeit. Einschlägige medizinische Untersuchungen haben ergeben, daß der beste Erholungswert nach etwa 1 Stunde Arbeitszeit erzielt wird. Die Pause sollte nur bis zu 10 Minuten dauern, weil der optimale Effekt in den ersten 10 Minuten eintritt, danach jedoch eine sinkende Tendenz hat.

Daher:

> Legen Sie nach jeder Arbeitsstunde eine Pause von 5 bis max. 10 Minuten ein!

Denken Sie z. B. an japanische Großbetriebe, wo das Kurzpausensystem mit Fitneßaktivitäten als Gruppenübung erfolgreich praktiziert wird.

Angemessenes Arbeitstempo

Mittel- und langfristig gesehen, kosten Sie Hektik und Eile mehr Arbeit und Zeit als ein durchschnittlich zügiges Tempo – von den Folgewirkungen des Stresses auf Ihre Gesundheit einmal abgesehen!

168

Durch die *Soforterledigung* bzw. *Einzelfertigung* von kurzen Telefonaten, Kurzmitteilungen, Briefen und Besprechungen geht eine Menge Zeit verloren:

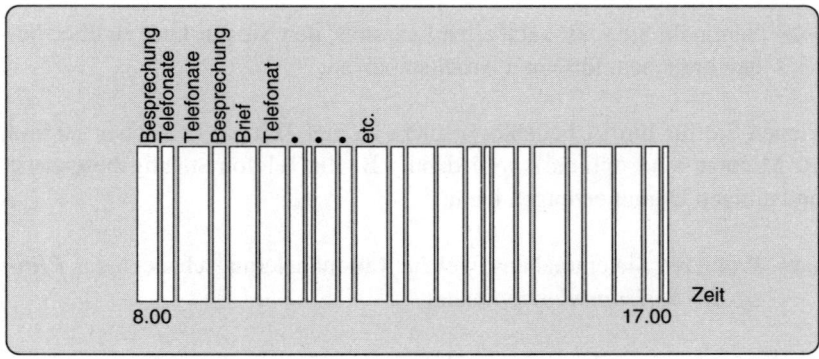

➡ Erledigen Sie Routinetätigkeiten und sogenannten Kleinkram in *Serienfertigung,* indem Sie gleichartige *Aufgaben zu Arbeitsblöcken zusammenfassen:*

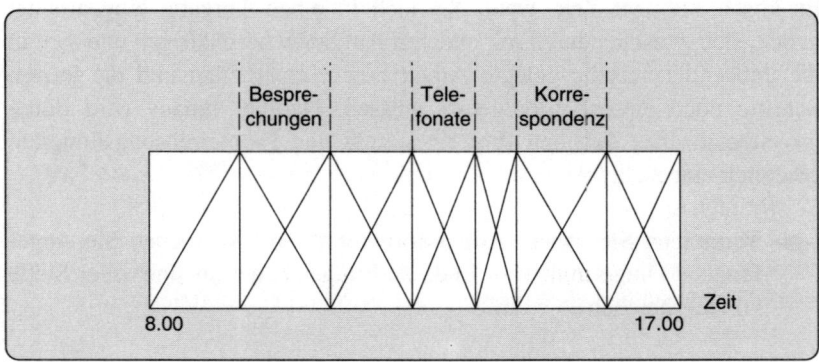

Dies hat den entscheidenden Vorteil, daß Sie Ihre Arbeitsgänge nur einmal vorzubereiten brauchen und bei Tätigkeiten gleicher Art bleiben. So spa-

169

ren Sie durch einen konzentrierten, kontinuierlichen Ablauf Zeit. 6 mal 10 Minuten Briefe diktieren, Telefonate erledigen, Einzelfragen in Kurzbesprechungen klären etc., über den ganzen Tag verteilt, nehmen mehr Zeit in Anspruch als ein Zeitblock von 1 mal 60 Minuten:

6 x 10 Minuten > 1 x 60 Minuten

➡ Sammeln Sie z. B. auch allen Lesestoff, den Sie nur kurz zu überfliegen brauchen, für einen Arbeitsblock an.

Planen Sie für Ihre Arbeitsblöcke nicht zu viel Zeit ein (zwischen 30 und 60 Minuten sind optimal), weil dann z.b. Ihr Telefon ständig besetzt ist und einigen Unmut erzeugen kann.

➡ Probieren Sie einmal aus, welche Rationalisierungschancen das *Prinzip der Serienproduktion* bietet.

Auch wenn es jeweils nur einige Minuten sind, summieren diese sich täglich zu einer halben oder ganzen Stunde!

(16) Angefangene Arbeiten sinnvoll abschließen

Es kostet Sie viel Zeit, wenn Sie sich in einen Vorgang eingearbeitet haben, sich zwischendurch mit anderen Aufgaben beschäftigen und sich in die unbeendet beiseite gelegte Arbeit erneut einarbeiten und die letzten Schritte noch einmal durchgehen müssen. Darüber hinaus wird durch unsystematisches Arbeiten Ihre Kreativität und Problemlösungsfähigkeit erheblich eingeschränkt.

➡ Vermeiden Sie daher „Arbeitsspringerei", und versuchen Sie, angefangene Dinge immer zu Ende zu bringen (oder an sinnvoller Stelle zu unterbrechen).

➡ Geben Sie sich für eine Arbeit ausreichende Zeit vor, und nehmen Sie sich bei Lücken im Zeitplan oder in den letzten Minuten vor Verlassen des Schreibtisches eine Aufgabe vor, die Sie in der vorhandenen Zeit noch abschließen können.

➤ Wenn ein Arbeitsabbruch unumgänglich ist, notieren Sie kurz Ihre
bis dahin noch nicht ausgearbeiteten Ideen, Lösungsvorschläge und
alles Weitere, was Ihnen zu einem zeitsparenden Wiederbeginn verhilft.

Denken Sie daran, daß es keine bessere Möglichkeit gibt, eine A-
Aufgabe zu erledigen, als sich selbst hinzusetzen und so lange
daran zu arbeiten, bis sie beendet ist!

(17) Zeitüberhänge nutzen

➤ Lassen Sie ungeplante Leerlauf- oder Wartezeiten nicht ungenutzt
verstreichen!

Nutzen Sie auch die letzten Minuten vor der Mittagspause oder vor
Büroschluß für vorbereitende, planerische oder Routinetätigkeiten (Aktivitäten). Stellen Sie „*Lakeins Zeitfrage*":

➤ Wie kann ich in diesen Minuten meine Zeit am besten nutzen?

Wenn Sie auch auftretende Zeitüberhänge produktiv verwerten, gewinnen
Sie im Laufe der Woche zusätzlich verfügbare Zeit.

(18) Antizyklisch arbeiten (Tages-Störkurve)

Erledigen Sie Ihre wichtigsten Tagesaufgaben möglichst schon am Vormittag. Es ist vorteilhaft, diese bereits geschafft zu haben, bevor die Hauptak-
tivität der anderen, der Hochbetrieb im Unternehmen beginnt. Sie können
dann viel störfreier und dadurch auch rationeller arbeiten.
Berücksichtigen Sie daher bei Ihrer Tagesgestaltung die störarmen und
störanfälligen Zeiten. Die nachfolgende *Tages-Störkurve* zeigt einen solchen Verlauf für einen typischen Bürotag:

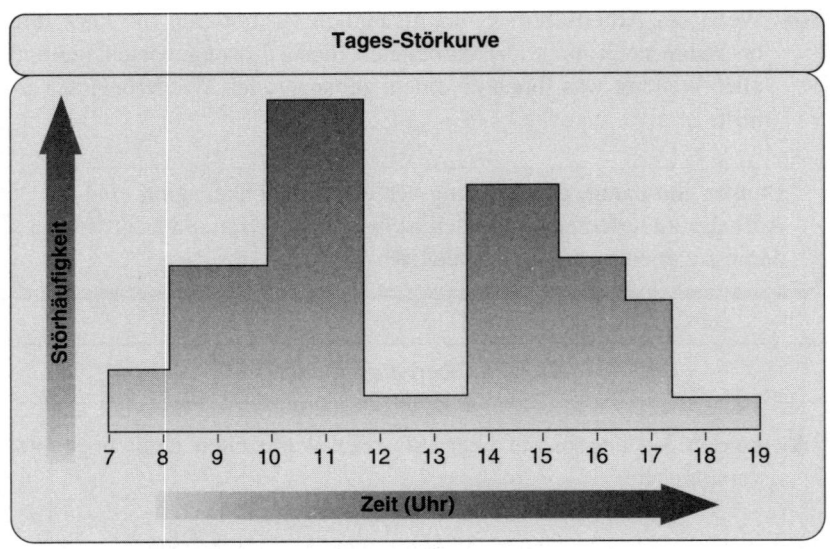

Tages-Störkurve

(Störhäufigkeit / Zeit (Uhr): 7 8 9 10 11 12 13 14 15 16 17 18 19)

➡ Versuchen Sie, auf der Basis Ihres Tages-Störblattes (→ Kap. 0) Ihre eigene Störkurve aufzustellen, und vergleichen Sie!

Je mehr Sie auf die Arbeitsgewohnheiten Ihrer Kollegen, Mitarbeiter und Geschäftspartner achten, um so weniger unterliegen Sie der Gefahr, Dinge spontan einschieben zu müssen und immer wieder unterbrochen zu werden.

Arbeiten Sie daher *antizyklisch,* indem Sie z. B.

❏ während der störarmen Zeit am Vormittag Ihre wichtigsten, geplanten Aufgaben erledigen,
❏ während der störanfälligen Zeiten versuchen, Ihre einkalkulierte Pufferzeit (40%) für C-Aufgaben zu nutzen und gelassener mit Unterbrechungen umzugehen,
❏ Ihre Post nicht morgens durchgehen, sondern erst einmal zurückstellen,
❏ morgens früher kommen und abends eher gehen.

... spricht der automatische Anrufbeantworter. Wir sind z. Zt.. leider alle in dringenden Angelegenheiten außer Haus. Sie können aber gerne... blah ... blah ...

Echt praktisch, wie viele produktiven Arbeitsreserven so ein Gerät erschließt.

(19) Stille Stunde (störarme Zeiten) einrichten

Für die Erledigung wichtigster Aufgaben ist es sinnvoll, möglichst störungsfrei arbeiten zu können – dies ist eine Binsenweisheit, aber wie realisieren?

In diesem Zusammenhang hat es sich bewährt, täglich eine *Stille Stunde* oder *Sperrstunde* einzurichten, in der man von *niemandem* gestört werden will: Sie haben ja einen sehr wichtigen Termin, den vielleicht wichtigsten überhaupt:

Einen Termin mit sich selbst! (1 Stunde)

➡ Tragen Sie diesen Termin daher auch wie eine Besprechung oder einen Kundenbesuch in Ihren Tagesplan (→ Zeitplanbuch) ein!

Ein solcher Zeitraum der ununterbrochenen Konzentration wird Ihre Leistungsfähigkeit erheblich verbessern.

Verwenden Sie diese Zeit auch für wichtige, aber nie dringende Aufgaben mit längerfristigen Aspekten, wie Weiterbildung und andere, die im Tagesgeschäft häufig untergehen.

173

➤ Schirmen Sie sich für Ihre *Stille Stunde* ab (am besten mit Hilfe Ihrer Sekretärin), schließen Sie die Tür zu Ihrem Büro zu mit der Ansage, daß Sie „nicht da" sind!

Dies mag unfreundlich oder unaufrichtig erscheinen, aber Ihre wichtigen Aufgaben sollen wenigstens einmal am Tag den absoluten Vorrang haben! Wenn Sie einen „wichtigen Termin" mit anderen wahrnehmen, sind Sie ja auch nicht mehr da oder ansprechbar.

---

(20) Zeit und Pläne kontrollieren

Bei Besprechungen, aber auch bei anderen Tätigkeiten, neigt man anfangs zur Zeitverschwendung und erledigt dann in den letzten 20% der vorhandenen Zeit die restlichen 80% der zu behandelnden Themen.

➤ Stellen Sie z.B. Ihre Armbanduhr auf Halbzeit!

Kaufen Sie – nicht nur unter diesem Gesichtspunkt – Ihre nächste Schreibtisch- oder Armbanduhr mit „Stundensignal (chime)"!

➤ Überprüfen Sie neben Ihrer Zeit auch mehrmals täglich Ihre Planung im Hinblick auf erledigte Aufgaben, neue Prioritäten etc.!

Die Überprüfung ist notwendig, um Ihre Planung an neue Bedingungen anzupassen, die sich oft erst im Tagesablauf ergeben. Die Planung muß realistisch sein (→ Ziff. 4, S. 163), sonst sind Frustrationen am Abend unvermeidlich.

Regeln zum Tagesschluß

---

(21) Unerledigtes (Kleinkram) abschließen

Versuchen Sie, alle kleineren Arbeiten, wie das Durchsehen der Post, das Diktieren und Beantworten der Briefe oder Memos etc., die sich im Laufe des Tages ergeben haben und liegengeblieben sind, noch am gleichen Tage zu beenden. Jeder Aufschub um einen oder mehrere Tage kann zu einem zusätzlichen Arbeitsaufwand führen, wenn Sie sich mit den Vorgängen erneut beschäftigen und einen größeren Posten Unerledigtes aufarbeiten müssen.

> ## (22) Ergebnis- und Selbstkontrolle

Ein Soll-Ist-Vergleich Ihrer arbeitsmäßigen und persönlichen Tagesgestaltung im Hinblick auf Ihre Zielerreichung und evtl. Abweichungen ist ein wichtiger Bestandteil der gesamten Arbeitstechnik und umfaßt die nächste Zeitmanagement-Funktion (→ Kap. 5).

> ## (23) Zeitplan für den nächsten Tag

➡ Planen Sie den nächsten Tag bereits am Abend vorher!
Prüfen Sie, welche Aufgaben unzureichend oder gar nicht erledigt werden konnten und auf den nächsten Tag übertragen werden müssen.

➡ Arbeiten Sie mit dem Zeitplanbuch Ihren nächsten Tagesplan aus (Ziele, Prioritäten, Delegation etc.)!
→ Abschnitt 2.4 (*ALPEN*-Methode)

> ## (24) Mit positiver Stimmung nach Hause

Freuen Sie sich über den wohlverdienten Feierabend!
Genießen Sie die Heimfahrt, und stimmen Sie sich auf den zweiten Teil des Tages ein.
Treiben Sie nach Möglichkeit regelmäßig ein wenig Sport, z. B. Jogging:

➡ 10 Minuten tägliche Bewegung (in frischer Luft) reichen nach einhelliger Meinung der Mediziner aus, um etwas für Ihre Fitneß zu tun!

> ## (25) Jedem Tag seinen Höhepunkt geben

Im Sinne einer positiven Lebensführung ist es wichtig, sich bewußtzumachen, welche Qualität und welchen Wert *jeder Tag* für das eigene Leben hat(te). In diesem Zusammenhang genügt es nicht, erledigte Aufgaben und erfolgreiche Teilschritte von Karrierezielen abzuhaken, sondern jeden Tag möglichst zu einem gelungenen Tag werden zu lassen.

➤ Welche Möglichkeiten sehen Sie für sich (Familie, Kinder, Theater, Konzert, gutes Buch, Freunde, Ausgehen, Meditation etc.), dem Tag (s)einen Höhepunkt zu geben?

Welche weiteren Möglichkeiten zur besseren Tagesorganisation kennen oder praktizieren Sie?

1 _____

2 _____

3 _____

4 _____

5 _____

Welche *Organisationsprinzipien zur Tagesgestaltung* wollen Sie nach der Lektüre dieses Abschnittes praktizieren, verbessern oder ausprobieren?

Ziffer	Organisationsprinzip	durchgeführt

4.2 Natürlicher Tagesrhythmus (Leistungskurve)

Jeder Mensch ist in seiner *Leistungsfähigkeit* bestimmten Schwankungen unterworfen, die sich in einem natürlichen Rhythmus vollziehen. Man spricht gemeinhin von „Morgenmenschen" bzw. „Morgenmuffeln" oder „Abendmenschen" bzw. „Nachteulen".

Die einen – von der Arbeitswissenschaft als *„Frührhythmiker"* bezeichnet – können besonders gut am Morgen arbeiten, sind dafür aber am Nachmittag um so eher müde und brauchen entsprechend früher ihren Feierabend.

Die anderen *(Spätrhythmiker)* kommen erst am späten Vormittag so richtig in Schwung, arbeiten dann aber am liebsten bis in den Abend und gar bis tief in die Nacht hinein.

Keiner dieser beiden Grundtypen arbeitet besser oder schlechter als der andere – nur unterschiedlich. Die tägliche Leistungsbereitschaft hat ihre Hochs und Tiefs zu unterschiedlichen Zeitpunkten!

Die statistische, *durchschnittliche* tägliche Leistungsbereitschaft und ihre Schwankungsbreite lassen sich durch folgende Kurve beschreiben (REFA-Normkurve):

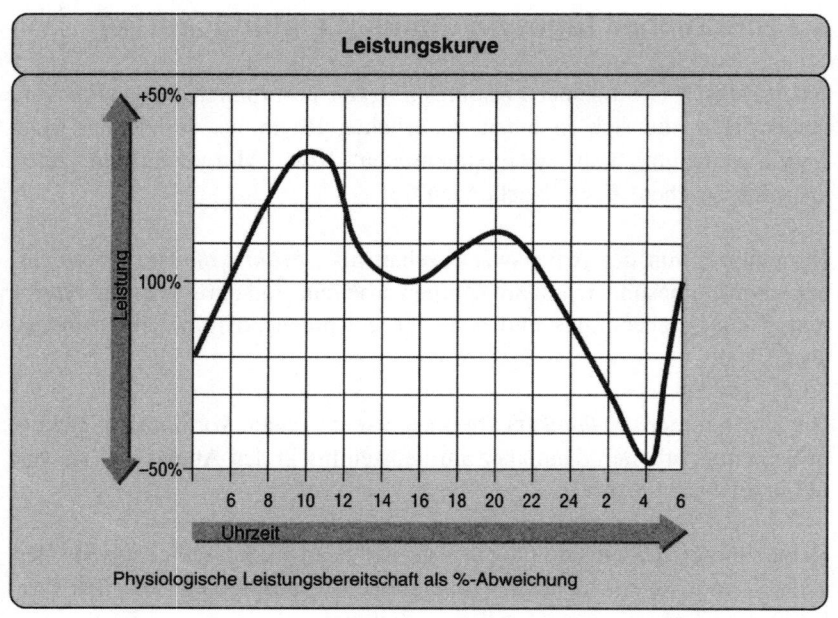

Leistungskurve

Physiologische Leistungsbereitschaft als %-Abweichung

Der Wert von 100% gibt die durchschnittliche tägliche physiologische Leistungsbereitschaft an. Die Kurve zeigt die Schwankungen nach oben und unten, wobei die schraffierten Flächen oberhalb und unterhalb der 100%-Linie gleich groß sind.

➡ Die *absolute* Leistungshöhe und -tiefe ist individuell verschieden, allen Menschen gemeinsam jedoch sind die relativen rhythmischen Schwankungen!

An die Phasen höchster Aktivität schließen sich entsprechend jeweils zweistündige Erholungspausen an, in denen die Körperorgane auf „Sparflamme" arbeiten und nicht übermäßig belastet werden sollten.

➡ Was bedeutet das für Ihren durchschnittlichen Tagesablauf?

❑ Der *Leistungshöhepunkt* liegt am Vormittag, wenn Magen, Bauchspeicheldrüse, Milz und Herz hintereinander aktiv arbeiten. Dieses Niveau wird während des gesamten Tages nicht mehr erreicht. Auch darum müssen die *A-Aufgaben an den Anfang!*

❑ Nach dem Mittagessen, wenn der Dünndarm ohnehin aktiv ist, tritt das berühmte *Leistungstief* ein, das viele durch starken Kaffeegenuß zu bekämpfen suchen. Arbeiten Sie hier nicht gegen Ihren biologischen Rhythmus, sondern entspannen Sie sich statt dessen bei einer Tasse Tee, und nutzen Sie diese Phase für *soziale Kontakte und Routinetätigkeiten (C-Aufgaben)*.

Jeder von uns muß mit diesen Schwankungen der persönlichen Leistungsfähigkeit leben.

> Versuchen Sie nicht, gegen Ihren natürlichen Tagesrhythmus zu arbeiten (den Sie ohnehin nur geringfügig ändern können), sondern nutzen Sie diese Gesetzmäßigkeiten für Ihre Tagesgestaltung!

Die REFA-Normkurve der durchschnittlichen, täglichen *körperlichen* Leistungsbereitschaft wurde in allen Industriestaaten an Hunderttausenden von Menschen gemessen. Ausschuß, Fehlerquoten, Unfallgefahren verlaufen entgegengesetzt zur Tagesrhythmik; Fließbänder, z.B. in der Autoproduktion, werden im Laufe des Tages entsprechend der Leistungsbereitschaftskurve beschleunigt oder verlangsamt, in der Nachtschicht anders eingestellt als in der Abendschicht etc. Ein weiteres Beispiel aus einem anderen Bereich: Die nächtliche Unfallrate auf Autobahnen ist in der Zeit zwischen 2 und 4 Uhr am höchsten!

> Die Werte der Normkurve müssen jedoch nicht Ihrer individuellen Leistungsbereitschaft entsprechen!

Jeder von uns wird entsprechend kleinere oder größere, u. U. auch extreme Abweichungen von der Norm in seiner Leistungsbereitschaftskurve verzeichnen. Anregungsmittel wie Kaffee, Tee, Nikotin oder Tabletten können den morgendlichen Aufschwung beschleunigen, bewirken aber auch einen tieferen Fall ins Leistungstief.

> Finden Sie nun Ihren *persönlichen Tagesrhythmus* heraus, indem Sie Ihre Leistungskurve durch systematische Beobachtungen erstellen:

➡ Erleben und beobachten Sie sich selbst ein Stück bewußter, und fragen Sie sich:

1 Zu welchen Tageszeiten fühle ich mich am leistungsfähigsten, voller Energie und voller Schaffenskraft?

2 Zu welchen Zeiten bin ich geistig besonders fit?

3 Zu welchen Zeiten beginne ich zu ermüden oder fallen mir bestimmte Tätigkeiten besonders schwer?

4 Zu welchen Zeiten fühle ich mich abgeschlafft und müde?

5 Wann treibe ich Ausgleichssport, gehe meinem Hobby nach, entspanne ich mich?

6 Zu welchen Zeiten möchte ich meinen Nachtschlaf halten oder liege ich tatsächlich im Bett?

➡ Halten Sie in diesem Zusammenhang auch fest,

8 wann Ihre tatsächliche Arbeitszeit liegt,

9 wann Sie die eigentlich wichtigen Aufgaben und Termine erledigen und

10 wann Sie weniger wichtige Tätigkeiten und Arbeiten verrichten.

➡ Dokumentieren Sie die Ergebnisse auf nachstehendem *Formblatt* in Ihrem Zeitplanbuch (Zeitraum etwa 10 Tage):

Tageszeit	Meine persönliche Leistungsbereitschaft						Vergleich ↔	Meine tatsächliche Arbeitsdisposition		
	1 Schaf- fens- kraft	2 Krea- tivi- tät	3 Schwie- rigkei- ten	4 Abge- schla- gen heit	5 Aus- gleich	6 Schlaf- wunsch	7 Abweichun- gen?	8 Arbeits- zeit	9 eigene wichtige Aufga- ben und Ziele	10 weniger wichtige Tätigkei- ten
0 Uhr										
1 Uhr										
2 Uhr										
3 Uhr										
4 Uhr										
5 Uhr										
6 Uhr										
7 Uhr										
8 Uhr										
9 Uhr										
10 Uhr										
11 Uhr										
12 Uhr										
13 Uhr										
14 Uhr										
15 Uhr										
16 Uhr										
17 Uhr										
18 Uhr										
19 Uhr										
20 Uhr										
21 Uhr										
22 Uhr										
23 Uhr										
24 Uhr										

➤ Zeichnen Sie nun Ihre *persönliche Leistungskurve:*

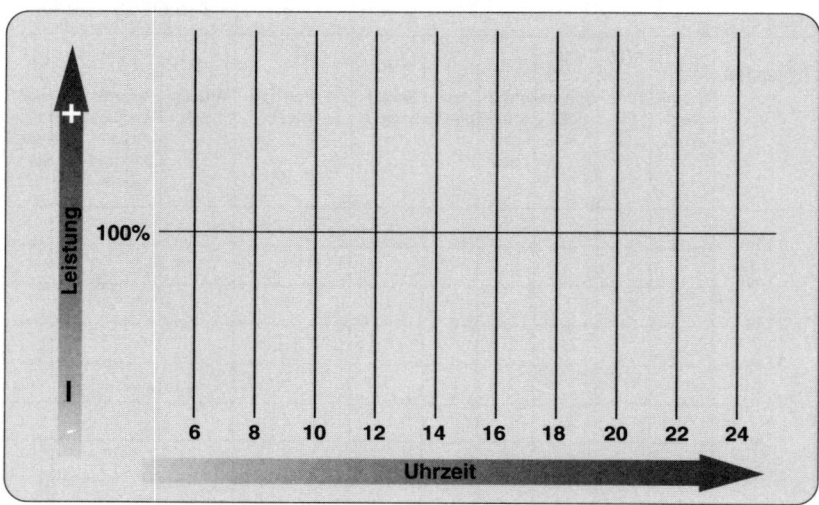

7 Vergleichen Sie diese Daten mit den Ergebnissen der Spalten 8 bis 10 !

> Überlegen Sie anhand dieser Aufzeichnungen, ob sich Ihre wichti-
> gen Aufgaben und Termine und Ihr Tagesablauf besser auf Ihre
> inneren Bedürfnisse abstimmen lassen!

❏ Bejahen Sie die Aktivitäts- und die Ruhephasen Ihrer physiologischen
Leistungsschwankungen.

❏ Wechseln Sie, entsprechend Ihrer inneren Periodik, zwischen anstren-
genden (= wichtigen) Tätigkeiten und entspannenden (= weniger an-
spruchsvollen) Aktivitäten ab.

❏ Tun Sie täglich etwas für Ihr *Leistungsvermögen* (Bewegung, Sport,
Kondition).

Denken Sie immer daran, daß sich mit der Leistungsbereitschaft auch die
Qualität der von Ihnen erledigten Arbeit und die Fehlerrate verändern:

➤ Die wichtigsten Arbeiten (A-Aufgaben), die Arbeiten mit dem höchsten Anspruch an Konzentrationsfähigkeit, Qualität und Leistung, gehören in das Hoch Ihrer Leistungskurve, in die besten Stunden.

Integrieren Sie Ihre Leistungskurve in Ihre gesamte Tagesgestaltung. Nicht *gegen* – sondern *mit* den biologischen Rhythmen arbeiten und leben!

4.3 Management by Biorhythmus

Neben den regelmäßigen Schwankungen in der *täglichen* Leistungsbereitschaft lassen sich andere biologische Gesetzmäßigkeiten über längere Zeiträume hinweg beobachten: die *Biorhythmen.*

Die Lehre vom Biorhythmus geht davon aus, daß jeder Mensch in seiner körperlichen, seelischen und geistigen Leistungsfähigkeit rhythmischen Schwankungen unterliegt, die sich im voraus berechnen lassen.

Ziel der Biorhythmik ist es, die biologischen Gesetzmäßigkeiten vom Auf und Ab unserer Lebenskräfte transparent und dadurch unsere Aktivitäten für *starke und schwache Tage planbar* zu machen. So verstanden, kann „Management by Biorhythmus" ein wirksames Instrument für ein erfolgreiches Zeitmanagement sein.

Um es vorweg zu sagen:

❑ Die Biorhythmus-Theorie hat *nichts* zu tun mit Astrologie, Horoskopen oder Wahrsagerei, sondern handelt von der „periodischen Wiederkehr von bestimmten Funktionsabläufen im Organismus des Menschen" (Appel).
❑ Ihre Anwendung bedeutet *nicht,* sein Leben ausschließlich nach dem biorhythmischen Kurvenstand auszurichten oder Angst vor sogenannten kritischen Tagen zu haben.

Vielmehr geht es darum zu akzeptieren, daß es regelmäßige Aktivitäts- und Regenerationsphasen in unserer Leistungsfähigkeit gibt und wir auf Dauer nicht gegen die Zeigerläufe dieser „inneren Uhr" leben sollten. Grundlage der Lehre vom Biorhythmus ist die biologische Erkenntnis, daß die Mikrozellen des menschlichen Organismus in einem ständigen Auf- und Abbau begriffen sind und das körperliche Wohlbefinden, seine Widerstandskraft und Spannkraft maßgeblich beeinflussen. Solche Auf- und Abbaubewegungen unserer Körperzellen bedeuten eine vermehrte oder verminderte Anreicherung unseres Blutes mit Energiestoffen – und damit Einflüsse auf unser Kräftepotential.

Die drei Lebenskurven (Biorhythmen)

Konkret besagt die Theorie vom Biorhythmus, daß jeder Mensch von Geburt an durch drei unterschiedliche, ständig wechselnde Energieströme beeinflußt wird.

> Energieabgabe bedeutet Aktivität (Hoch), Energieaufnahme entsprechend Erholung (Tief).

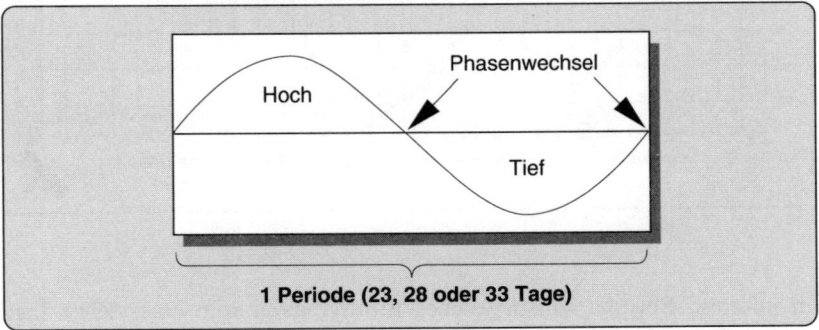

1 Periode (23, 28 oder 33 Tage)

Im einzelnen lassen sich drei Rhythmen unterscheiden:

K = *Körperrhythmus*
(Dauer 23 Tage, wechselt alle 11 1/2 Tage)
Er beeinflußt alle körperlichen und vom eigenen Willen angetriebenen Kräfte.
S = *Seelischer Rhythmus*
(Dauer 28 Tage, wechselt alle 14 Tage)
Er beeinflußt die Gefühle, Stimmungen und schöpferischen Kräfte.
G = *Geistesrhythmus*
(Dauer 33 Tage, wechselt alle 16 1/2 Tage)
Er beeinflußt alle geistigen Fähigkeiten, zum Beispiel Konzentration und Geistesgegenwart.

Weil aber die drei Phasen unterschiedlich lang sind, kommt es bei jedem Menschen ständig zu unterschiedlichen, immer wechselnden Kombinationen des körperlichen, seelischen und geistigen Wohl- bzw. Unwohlbefindens.

185

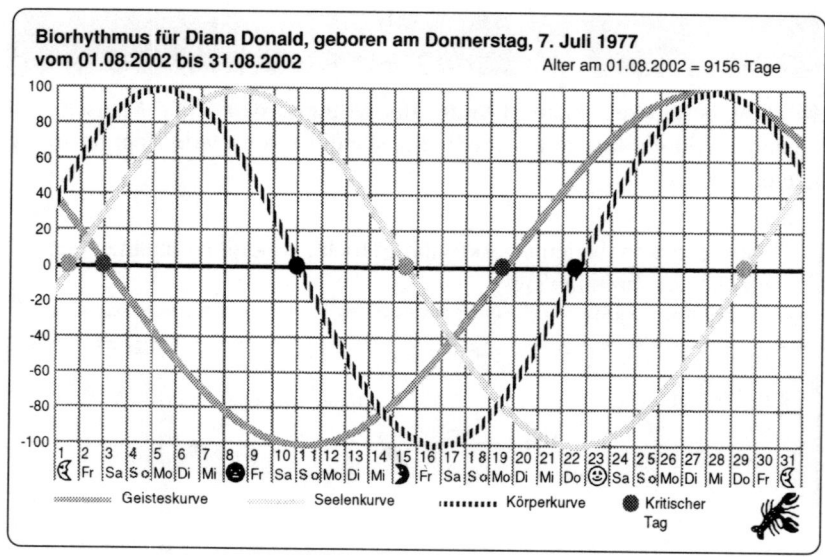

Biorhythmus für Diana Donald, geboren am Donnerstag, 7. Juli 1977
vom 01.08.2002 bis 31.08.2002   Alter am 01.08.2002 = 9156 Tage

Geisteskurve   Seelenkurve   Körperkurve   Kritischer Tag

In unserem Beispiel ist ein solches Biorhythmogramm einer 9999 Tage jungen Person wiedergegeben. Man kann deutlich den ständigen Wechsel zwischen Phasen des Kräfteaufbaus (-) und des Kräfteverbrauchs (+) in den drei Lebensbereichen erkennen. Diese Rhythmenschwingungen können noch komplexerer Natur sein, wenn sich durch gravierende Ereignisse, wie schweren Schock, Operation etc., Rhythmenverschiebungen ergeben, die sich erst nach gewisser Zeit auf den eigentlichen Grundrhythmus wieder einpendeln.

Kritische Tage

Besonderer Beachtung bedürfen die Übergangstage, an denen eine Rhythmenkurve vom Plus ins Minus wechselt oder umgekehrt *(Phasenwechsel)*. Sie werden kritische Tage (im Amerikanischen treffender: caution days) genannt, weil es hier zu spontanen Störungen der normalen Körperfunktion, der Leistungsfähigkeit, der Willens- oder Verstandeskontrolle kommen kann. Ein solcher Phasenwechsel dauert 24 Stunden und ist von der Geburtsstunde abhängig, kann also in den vorhergehenden oder nachfolgenden Tag hineinreichen.

Wichtig ist: Nicht jeder kritische Zeitraum muß auch zu einem kritischen Ereignis (Unfall, Fehler, Kurzschlüssen, Disharmonien etc.) führen. Doch ist Vorsicht geboten!

Da unser Organismus sich an einem solchen Tag von der Aktivitätsphase (Energieabgabe) auf Erholung (Energieaufnahme) umstellt, ist es sinnvoll, das Kräftekonto nicht zu überziehen und mit den vorhandenen Kräften hauszuhalten, z.B. zusätzliche Streßsituationen wie Operationen, Impfungen, seelische Erregungen, übermäßigen Alkoholkonsum etc. zu vermeiden. Der Biorhythmus ist ein natürliches Phänomen, mit dessen Schwankungen der gesunde Organismus ohne weiteres fertig wird. Es besteht daher keine Veranlassung, kritische Umschalttage oder Tiefs zu befürchten. Andererseits sollte man die Schwächung unseres Organismus in der Umschaltphase auch nicht unterschätzen. Im Durchschnitt sind wir etwa alle 6 Tage mit einem solchen zusätzlichen Risikofaktor belastet.

Eine zusammenfassende Übersicht über die Geltungsbereiche und Auswirkungen der drei Biorhythmen in ihren verschiedenen Phasen gibt die nachstehende Tabelle:

Rhythmus	Geltungs-bereich/Meßgrößen	Hoch Energie-abgabe	Tief Energie-aufnahme	Kritisch unstabiler Zustand
Körperrhythmus 23 Tage lang; Wechsel zwischen Hoch und Tief alle 11,5 Tage	Körperliche Leistungsfähigkeit, Belastbarkeit, Wohlbefinden, Stärke, Ausdauer, Widerstandskraft, Selbstbewußtsein, Tatendrang.	Stärke und Ausdauer für körperliche Betätigungen (Sport, Arbeit). Günstig für Reisen, Operationen, Zahnextraktionen, Impfungen, Widerstand gegen Krankheit.	Ruhephase, Ermüdung, Arbeitsunlust, Anfälligkeit für Krankheiten. Gute Wirkung von Medikamenten, Schmerzempfindlichkeit.	Arbeitsunlust, Mißmut, Aggressivität, Beginn oder Verschlechterung von Krankheiten, bes. ausgeprägte Alkoholfolgen, körperliche Schäden, Unfallgefahr.
Seelenrhythmus 28 Tage lang; Wechsel zwischen Hoch und Tief alle 14 Tage	Seelischer Bereich, Gemüt, seelische Gefühlswelt, Unbewußtes, Empfindungsfähigkeit, Einfühlungskraft, Kontaktfähigkeit, Harmonie, Zusammenarbeit, moralische Kraft, Intuition, Kreativität, Stimmungen, Selbstbeherrschung.	Positive Lebenseinstellung, gute Harmonie, Zusammenarbeit. Günstig für Prüfungen, Wettbewerbe, öffentliche Auftritte, Bekanntschaften, Freude an Geselligkeit.	Negative Gefühle belasten Teamwork und Zusammenarbeit. Zwischenmenschliche Beziehungen beachten. Neigung zu Kontaktarmut, Eintönigkeit, evtl. Depressionen.	Spitze Bemerkungen, Streit, sinnlose Frustration. Verschlechterung eines Krankheitszustandes. Verlangsamte Reaktionsfähigkeit.
Geistesrhythmus 33 Tage lang; Wechsel zwischen Hoch und Tief alle 16,5 Tage	Geistiger, intellektueller Bereich, Bewußtes, Denkfähigkeit, Begreifen, Anpassungsfähigkeit, Logik, Urteilskraft, Aufmerksamkeit, Reaktionsvermögen, Beweglichkeit, Gedächtnis (Lebenskraft, Lebensbejahung).	Geistige Aufgeschlossenheit, Aufnahmefähigkeit für Neues. Gutes Gedächtnis, Anpassungsfähigkeit. Günstig für neue Aufgaben, Auslandsreisen, Studium schwacher Sachgebiete, Planen, Entscheidungen, Prüfungen.	Mangelnde Denkfähigkeit, Konzentrationsfähigkeit. Nachlassendes Gedächtnis, mangelnde Ausdrucksfähigkeit. Günstig für Routinearbeiten, Sammeln und Einordnen, Repetieren.	Gedächtnisschwäche, Neigung zu Fehlern und Irrtümern. Geistige Kurzschlüsse, Nachlassen der Aufmerksamkeit und der Geistesgegenwart und der Reaktionsfähigkeit, Unfallgefahr.

(Quelle: H. Schmid, Die neue Lebenshilfe: Biorhythmik, Köln 1980, S. 66 f.)

Bedeutung und Anwendung der Biorhythmik

Die Anwendungsmöglichkeiten der Biorhythmik sind nahezu unbegrenzt, da sie sich praktisch über alle Lebensbereiche erstrecken: Gesundheit, Arbeitswelt, Familien- und Gesellschaftsleben, Freizeit, Sport etc. So konnten z. B. verschiedene japanische und amerikanische Unternehmen ihre Unfälle innerhalb kürzester Zeit um 30, 50 oder fast 60 Prozent reduzieren!

Daneben kann der Biorhythmus auch als *Planungshilfe für Führungskräfte* eingesetzt werden:

Mit Hilfe des Biorhythmus ist es möglich, je nach Art und Bedeutung der betreffenden Aktivität, bei ihrer zeitlichen Planung auch die verschiedenen Schwankungen der persönlichen Leistungsfähigkeit über einen längeren Zeitraum hinweg im voraus zu berücksichtigen und dadurch insgesamt eine bessere Zielerreichung, sprich höhere Effektivität, sicherzustellen.

Durch *„Management by Biorhythmus"* können wir unsere innere Uhr ablesen, unsere Schlüsse daraus ziehen und uns durch eine positive Einstellung an die natürlichen Schwankungen unserer Leistungsfähigkeit anpassen:
In *Tiefperioden* und kritischen Tagen neue Energie schaffen, entspannen, erholen, die Zeit mit reproduktiven Arbeiten verbringen und unangenehmen Menschen und Problemen aus dem Weg gehen. In *Hochperioden* hingegen mit voller Kraft voraus! Entscheidungen treffen, Veränderungen und Umstellungen vornehmen, seine Absichten durchsetzen, kurz: das Schicksal aktiv gestalten.
Da jeder Mensch ein Individuum ist, sind auch die Reaktionen auf die inneren *Langzeit-Rhythmen* und seine Anpassungsfähigkeit individuell verschieden. Hinzu kommt, daß diese Rhythmenempfindlichkeit von einer Reihe weiterer Faktoren beeinflußt wird. Unsere industrielle Hochleistungsgesellschaft bringt es mit sich, daß der Selbstschutzautomatismus unseres Organismus nicht immer funktioniert. Natürliche Körpersignale, wie Unlust, Angst, zunehmende Müdigkeit etc., die eine reduzierte Leistungsfähigkeit, beispielsweise an kritischen Tagen, anzeigen und vor

Überlastung schützen sollen, werden oft durch wichtige Aktionen, Termindruck, Streß etc. zugedeckt oder – in hartnäckigen Fällen – durch Aufputsch- oder Beruhigungsmittel ausgeschaltet. Kann der Organismus auf Dauer seinen natürlichen Rhythmus von Aktivität und Erholung nicht wieder finden, treten Störungen und Schädigungen, Zusammenbrüche oder völliger Stillstand (Tod) auf.

Daher:

> Berücksichtigen Sie bei Ihrer Tagesorganisation und Aufgabenplanung neben der Tagesleistungskurve auch Ihre biorhythmische Verfassung – aber überbewerten Sie sie nicht!

Wie erhalte ich mein Biorhythmogramm?

➤ Durch eigene Berechnungen:
Tabellen, Hinweise und Rechenhilfen finden sich beispielsweise in Appel, 1980, und anderen einschlägigen Büchern über „Biorhythmus".

➤ Durch elektronische Taschenrechner:
Mittlerweile gibt es eine Reihe von Taschenrechnern und Digitaluhren, die auch eine Biorhythmus-Funktion einprogrammiert haben. Bei einigen Geräten können Sie Ihre Daten fest einspeichern und jeden Tag die aktuellen Kennzahlen abrufen (Informationen über den Fachhandel).

➤ Durch Ausdrucke von Computerprogrammen:
Dies ist noch immer der bequemste Weg, seine Kennzahlen in Kurven- oder Tabellenform zu ermitteln, zu speichern und sich einen Überblick über vergangene und zukünftige Daten zu verschaffen. Biorhythmen- Kalender werden von verschiedenen Anbietern regelmäßig in der Presse offeriert, z. B. vom Gesundheits-Magazin „Vital".

Nach der ersten Euphorie und dem Vorliegen der persönlichen Biorhythmusdaten mit Argusaugen die Tageswerte beobachten und wie eine Wettervorhersage verinnerlichen – dies ist grundlegend falsch! Denn: Auch wenn Regen angekündigt ist, kann es Sonnenschein geben – und umgekehrt. Bedenken Sie: Die Biorhythmuskurven zeigen nur Tendenzen auf, die aufgrund der Vorgänge im Organismus eintreten *können*. Die Gefahr am Anfang besteht oft darin, daß man diese Zahlen überbewertet nach dem Motto: „Heute ist ein kritischer Tag, heute geht's mir schlecht!" Bei dieser Einstellung wird es Ihnen dann wahrscheinlich auch schlechtgehen, denn solche Einstellungen vermögen unser Unterbewußtsein zu programmieren und unsere Gefühle und Handlungen zu beeinflussen (self-fulfilling prophecy)!

Seien Sie daher am Anfang vorsichtig, wenn Sie Ihre Daten auswerten. Als gute Hilfe hat sich bewährt, zunächst ein „blindes Tagebuch" zu führen, in dem Sie Ihre Beobachtungen über Ihre körperliche, seelische und geistige Verfassung notieren und zum Beispiel am Ende der Woche mit den Biodaten vergleichen.

Haben Sie dann nach einiger Zeit ein Gefühl für Ihre Rhythmenempfindlichkeit und die Übereinstimmung mit den Kurven bekommen, können Sie dieses Instrument entsprechend einsetzen – mit der nötigen Vorsicht und Skepsis!

Denn:

Der Biorhythmus hat zwar Auswirkungen auf unsere persönliche Leistungsfähigkeit – ist jedoch nur *ein* Einflußfaktor von vielen.

4.4 Persönlicher Arbeitsstil – Selbstentlastung

Ein wichtiger Faktor für Ihre tägliche Arbeitsbelastung und den Arbeitserfolg stellt Ihr persönlicher Arbeitsstil dar. Die Art und Weise, wie jemand zu arbeiten pflegt, wird in erster Linie von seinen Charaktereigenschaften, Neigungen und Gewohnheiten bestimmt. Veränderungen des persönlichen Arbeitsstils setzen voraus, daß man

❑ sich seiner individuellen Stärken und Schwächen in der Arbeitsweise bewußt wird,
❑ motiviert ist, die Stärken zu erhalten bzw. auszubauen, und
❑ bereit ist, an den eigenen Schwachstellen zu arbeiten.

Die nachfolgenden Fragen sollen Ihnen helfen, Ihren persönlichen Arbeitsstil ein wenig näher zu überprüfen.
Kreuzen Sie bei jeder Frage bitte die Aussage an, die Ihren Neigungen am ehesten entspricht!
Verwenden Sie hierzu auch Ihre Erfahrungen aus der „Tätigkeits- und Zeitanalyse" (→ Kap. 0).

Irgendwas an dem Seminar „Persönlicher
Arbeitsstil – Selbstentlastung" haben Sie wohl
mißverstanden, Herr Schulze.

Selbsteinschätzung Mein persönlicher Arbeitsstil	fast nie (0)	manch- mal (1)	häu- fig (2)	fast immer (3)
Neigen Sie dazu,				
1 unangenehme Arbeiten und Aufgaben vor sich herzuschieben?				
2 fällige, aber unangenehme Entscheidungen zunächst einmal zu vertagen?				
3 sich bei unangenehmen oder schwierigen Entscheidungen bei anderen rückzuversichern?				
4 alles selbst zu tun?				
5 mehrere Probleme gleichzeitig zu bearbeiten?				
6 hastig und eilig zu arbeiten?				
7 Arbeiten in Angriff zu nehmen, ohne sich vorher Gedanken über die beste Vorgehensweise zu machen?				
8 Arbeiten zu unterbrechen, um sich anderen Dingen zuzuwenden?				
9 schwierige Aufgaben nach anfänglicher Bearbeitung erst einmal zurückzustellen?				
10 unkonzentriert zu arbeiten?				
11 über 2 oder mehr Stunden ohne Pause zu arbeiten?				
12 Arbeiten häufiger nicht zu Ende zu bringen, weil Sie immer wieder gestört werden?				
13 wertvolle Zeit für einzelne Spezialaufgaben oder Nebensächlichkeiten zu verwenden?				
14 sich mit Fremdaufgaben zu beschäftigen, nur weil diese Sie interessieren?				
15 sich jeder Aufgabe zu jeder Zeit anzunehmen, weil Sie nicht „nein" sagen können?				
16 sich mit beinahe aussichtslosen Dingen, wie Suche nach Schuldigen für Fehler oder Kampf gegen den Verwaltungsapparat im Betrieb, auseinanderzusetzen?				
17 auch in solchen Bereichen nach perfekter Aufgabenerfüllung zu streben, wo sie nicht nötig ist?				
18 alle Fakten kennen zu wollen?				
19 Initiative erst auf Anstoß hin zu entfalten?				
20 anderen bei ihren Arbeitsproblemen immer helfen zu wollen?				
Summe Zählen Sie die Kreuzchen spaltenweise zusammen und ermitteln Sie die Gesamtpunktzahl.				
	x 0	x 1	x 2	x 3
	= 0	+	+	+
			= ☐	

Je höher die Punktzahl, um so mehr stehen Sie sich für ein produktives Arbeiten „selbst im Wege"!

Auf den nachfolgenden Seiten finden Sie eine Reihe von Anregungen und Lösungsvorschlägen zur Überwindung hinderlicher Gewohnheiten im persönlichen Arbeiten, die Sie auch sehr viel Zeit kosten können („Zeitfresser").

Zeitfresser

➡ Übertragen Sie die Maßnahmen, die Sie in der nächsten Zeit in Angriff nehmen wollen, in den Auswertungsbogen am Ende dieses vierten Kapitels.

Ausgehend von Ihrer spezifischen Arbeitssituation und Ihrer Persönlichkeit, sollten Sie die Verbesserung Ihrer Arbeitstechniken als kontinuierlichen Prozeß verstehen und bereit sein, immer wieder neue Anregungen aufzugreifen und in Ihren *persönlichen Arbeitsstil* zu integrieren.

Zeitfresser: Ursachen und Maßnahmen

Die nachfolgende Übersicht verdeutlicht die wichtigsten Zeitfresser in Verbindung zu ihren möglichen Ursachen und Gründen und zeigt gleichzeitig die nach der Erfahrung möglichen Maßnahmen zu Problemlösungen.

Zeitfresser, hinderliche Gewohnheiten	Mögliche Ursachen, Gründe	Maßnahmen / Lösungen
❏ Keine Ziele, Prioritäten oder Tagespläne	❏ Kein Planungssystem ❏ Erfolgreich ohne Planung ❏ Meinung, daß jeder Tag doch anders verläuft und Unvorhergesehenes ohnehin nicht planbar ist. ❏ Aktionsorientiertheit (Handeln vor Denken)	❏ Legen Sie sich ein Zeitplanbuch zu. ❏ Berücksichtigen Sie, daß geplante Aktivitäten sehr viel häufiger zu guten Ergebnissen führen als ungeplante. ❏ Bedenken Sie, daß viele Manager immer wieder auf die gleiche Weise Zeit verschwenden. Planung schafft Freiräume für Unvorhergesehenes und die wirklich wichtigen Aktivitäten (Führungsaufgaben). ❏ Erkennen Sie, daß derjenige noch erfolgreicher ist, der weiß, warum er etwas tut (oder nicht tut).
❏ Versuch, zuviel auf einmal zu tun	❏ Keine Zeitplanung ❏ Konzentration auf das Dringliche ❏ Zu weit gespannte Interessen	❏ Formulieren Sie Ziele, setzen Sie Prioritäten, planen Sie Ihre Zeit (Zeitplanbuch). ❏ Berücksichtigen Sie neben der Dringlichkeit auch die Wichtigkeit: delegieren Sie! ❏ Beschränken Sie sich auf das Wesentliche (weniger ist mehr!).
❏ Unentschlossenheit (in Anlehnung an Mackenzie, 1974, S. 164)	❏ Angst, Fehler zu machen ❏ Entscheidungsprozeß verläuft nicht rational ❏ Drang, alle Fakten zu kennen (Perfektionismus) ❏ Fehlende Initiative, fehlende Motivation	❏ Erkennen Sie, daß jeder Fehler die Möglichkeit neuer Erfahrungen bietet (Lernprozeß). ❏ Sammeln Sie die Tatsachen, setzen Sie Ziele und untersuchen Sie die Alternativen. Verwenden Sie bewährte Entscheidungstechniken, und führen Sie die getroffene Entscheidung durch. ❏ Akzeptieren Sie Risiken als unvermeidbar. Entscheiden Sie auch, ohne alle Tatsachen zu kennen. Oft ist eine mittelmäßige Entscheidung besser als gar keine Entscheidung. ❏ Finden Sie die Gründe für evtl. Unzufriedenheit (Arbeitseinstellung, Ambitionen).

Zeitfresser, hinderliche Gewohnheiten	Mögliche Ursachen, Gründe	Maßnahmen / Lösungen
❑ Hast, Ungeduld (in Anlehnung an Mackenzie, 1974, S. 162)	❑ Keine Planung des Arbeitstages	❑ Planen Sie am Abend des Vortages, welche Aufgaben am nächsten Tag unbedingt erledigt werden müssen (Zeitplanbuch).
	❑ Keine Bewertung der Arbeitsaufgaben	❑ Unterscheiden Sie zwischen Dringlichkeit und Wichtigkeit, und erstellen Sie jeden Tag eine Rangordnung Ihrer Arbeiten.
	❑ Versuch, zuviel innerhalb zu kurzer Zeit zu tun	❑ Tun Sie weniger selbst und delegieren Sie mehr (Eisenhower-Regel).
	❑ Ungeduld, sich auch um Details zu kümmern	❑ Erledigen Sie alle Aufgaben konsequent und richtig. Sparen Sie sich die Zeit, das Ganze später noch einmal anfangen oder überarbeiten zu müssen.
❑ Unfähigkeit, nein zu sagen	❑ Angst, jemanden zu beleidigen	❑ Eine ehrliche Antwort muß nicht beleidigend sein. Beispiel: „Es tut mir leid, ich kann nicht, aber ich mache Ihnen folgenden Vorschlag ..."
	❑ Keine Ausreden parat	❑ Die beste Entschuldigung ist die ehrliche Aussage, daß Sie keine Zeit haben. Voraussetzung ist, daß Sie Ihre Arbeit täglich planen und Ihre Zeitknappheit kennen.
	❑ Wunsch, zu gefallen (als hilfsbereiter Kollege)	❑ Erweist sich als Bumerang, wenn Sie die in Sie gesetzten Erwartungen nicht erfüllen können. Negative Nachwirkungen können dann die Folge sein.
	❑ Bedürfnis, anderen zu helfen	❑ Nicht übertreiben. Wird rasch zur Gewohnheit und baut dann eine Erwartungshaltung auf.
❑ Aufgaben nicht zu Ende geführt	❑ Keine Prioritäten	❑ Legen Sie Prioritäten nach den Kriterien „Dringlichkeit" und „Wichtigkeit" fest, und erledigen Sie zuerst die Aufgabe mit der höchsten Priorität.

Zeitfresser, hinderliche Gewohnheiten	Mögliche Ursachen, Gründe	Maßnahmen / Lösungen
	❏ Keine Endtermine	❏ Setzen Sie bei allen wichtigen Aufgaben einen realistischen Termin (Tagesplan), und halten Sie ihn auch ein.
	❏ Unentschlossenheit	❏ siehe Ursachen und Maßnahmen/Lösungen unter „Unentschlossenheit".
❏ Persönliche Desorganisation, überhäufter Schreibtisch	❏ Kein System	❏ Notieren Sie alles Wichtige im ZPB, und legen Sie danach die Unterlagen ab.
	❏ Aufschieben	❏ Nehmen Sie die wirklich wichtigste Aufgabe zuerst in Angriff. Setzen Sie sich selbst Endtermine.
	❏ Alles kommt auf den Tisch	❏ Weisen Sie Ihre Sekretärin an, unwichtige Post auszusortieren und Anfragen, die auch von Ihren Mitarbeitern beantwortet werden können, an diese weiterzuleiten.
	❏ Angst, den Überblick zu verlieren	❏ Mit dem ZPB und einem Blatt „Vorgangsübersicht" (→ Kap. 6) haben Sie eine bessere Übersicht als mit dem Stapeln aller Unterlagen auf dem Tisch. Nur jeweils die Unterlagen auf den Tisch, die Sie für den Vorgang auch wirklich brauchen.

(vgl. in diesem Zusammenhang auch Mackenzie, 1974, S. 161-165)

Wege zur Selbstentlastung

Eine der wichtigsten Voraussetzungen für eine erfolgreiche Arbeitstechnik ist der Blick für das wirklich Wesentliche und die Konzentration auf das wirklich Wichtige – statt sich in Einzelheiten zu verzetteln.

Sie können Ihren persönlichen Arbeitsstil entscheidend verbessern und sich selbst erheblich entlasten, wenn Sie alle Arbeitsaufgaben zunächst einmal – kurz – grundsätzlich in Frage stellen.

Die vier erfolgreichen Entlastungsfragen lauten:

- ❏ Warum *überhaupt?*
- ❏ Warum gerade *ich?*
- ❏ Warum ausgerechnet *jetzt?*
- ❏ Warum in dieser *Form?*

➤ Kopieren Sie diese Vorlage, und plazieren Sie eine solche Entlastungskarte (nur für Sie sichtbar) auf Ihrem Schreibtisch!

Sie wird Ihnen helfen, unnötige Arbeiten besser aus Ihrer Tagesarbeit fernzuhalten.

Zu den einzelnen Entlastungsfragen:

Warum überhaupt?
→ Eliminieren!

- ❏ Ist es unbedingt notwendig, diese Dienstfahrt zu unternehmen, diesen Bericht zu lesen, diesen Hausbrief zu verfassen etc., etc., etc.?
- ❏ Muß ich über diesen Vorgang eine Aktennotiz machen, diese Statistiken regelmäßig weiterführen, die Eingangspost lückenlos durchsehen?
- ❏ Muß ich diesen Besucher wirklich empfangen, diesen Anruf wirklich entgegennehmen, diese Anfrage wirklich beantworten?
- ❏ Muß diese Besprechung wirklich sein? Muß ich an dieser Besprechung (oder Feier) wirklich teilnehmen?

Diese und ähnliche selbstkritische Fragen können häufig bewußtmachen, daß manche Aktivitäten nicht wirklich nötig sind oder nicht so perfekt entfaltet werden müssen.

➤ Gehen Sie sparsamer mit Ihrem Zeitkapital um, insbesondere bei weniger wichtigen Dingen!

Warum gerade ich?
→ Delegieren!

❏ Kann diese Aufgabe nicht delegiert oder von jemand anderem übernommen werden?
❏ Bin ich wirklich zuständig?
❏ Befasse ich mich da nicht mit Dingen oder Nebensächlichkeiten, die mich eigentlich gar nichts angehen sollten?
❏ Liegt hier nicht evtl. der Versuch der Rückdelegation vor?
❏ Entspricht dies meinen Aufgaben und Stellenzielen?

Diese Selbstentlastungsfragen sollen Sie davon abhalten, solche Tätigkeiten selbst wahrzunehmen, die einer kritischen Beobachtung – ob Sie diese wirklich selbst tun müssen – nicht standhalten würden.

➡ Trauen Sie Ihren Mitarbeitern ruhig noch mehr zu, und schöpfen Sie alle Delegationsmöglichkeiten aus! Überdenken Sie die bisherige Abgrenzung von Zielen, Aufgaben und Kompetenzen zwischen Ihnen und Ihren Mitarbeitern einmal neu.

Warum ausgerechnet jetzt?
→ Terminieren!

❏ Was alles spricht dafür, diese Aufgabe jetzt zu erledigen?
❏ Ist diese Arbeit wirklich so dringend, oder kann sie nicht noch etwas warten?
❏ Läßt sich die Tätigkeit nicht überhaupt sinnvoller auf einen anderen Zeitpunkt verschieben?
❏ Ist jetzt wirklich der beste Zeitpunkt (A-Aufgaben, Leistungskurve etc.)?

Diese Fragen schützen Sie davor, durch verfrühte, falsch gewählte Zeitpunkte in Ihrer Arbeitsorganisation am Ende zuviel Zeit verloren zu haben.

➡ Arbeiten Sie in Ihrem Tagesplan mit Terminen, und versuchen Sie, auch Ihre Umwelt zeitlich zu fixieren und zu konkretisieren. Lassen

Sie sich nicht auf ein „morgen vormittag", „im Laufe des Freitags" o.ä. festlegen. Auch müssen alle Dinge nicht unbedingt „jetzt" oder „sofort" erledigt, entschieden oder besprochen werden.

> **Warum in dieser Form?**
> → **Rationalisieren!**

❏ Muß ein Brief immer mit einem ebenso zeitaufwendigen Brief beantwortet werden? (Telefonieren statt Diktieren!)
❏ Kann ich bei dieser Aufgabe neue Organisationsformen, neue Arbeitsverfahren oder neue Arbeitsmittel anwenden? (Fax statt Telefon!)
❏ Wie kann ich diesen Vorgang noch weiter vereinfachen und rationalisieren?

Lassen Sie sich von derartigen Fragen zu neuen Ideen bei Ihrer Arbeitsorganisation anregen.

Denken Sie an den bekannten karikierenden, aber wahren Satz: „Warum einfach, wenn es auch umständlich geht!"

➡ Stellen Sie Ihre gewohnte eingeschliffene Arbeitsweise immer wieder in Frage, und suchen Sie bei jeder Ausführung nach neuen, kreativen und rationellen Gestaltungsmöglichkeiten.

Durch konsequentes und systematisches, planvolles Arbeiten lassen sich oft erhebliche Einsparungen der Gesamtarbeitszeit erzielen.

4.5 Tagesrahmenplan (Übung)

In der abschließenden Übung sollen Sie mit den in diesem Kapitel erarbeiteten Organisationsprinzipien und Methoden einen Muster-Arbeitstag konzipieren. Auch wenn es einen solchen „idealen Tag" kaum geben wird, können Sie diesen als Zielvorgabe und Orientierung für die persönliche Tagesplanung und -organisation benutzen.

> Schaffen Sie sich Ihren Tagesrahmenplan als Instrument der Tagesgestaltung!

Denken Sie dabei z.B. auch an:

- ❏ Arbeitsbeginn
- ❏ Stille Stunde
- ❏ Tagesleistungskurve
- ❏ Pausenregelung
- ❏ Tagesstörkurve
- ❏ Tageskontrolle
- ❏ Vorplanung für den nächsten Tag

➡ Benutzen Sie das nachfolgende Formblatt, und übertragen Sie Ihren *Tagesrahmenplan* in Ihr Zeitplanbuch!

> Entsprechend dieser Übung ist es auch nützlich, einen *Wochenrahmenplan* zu konzipieren, womit Sie Übung in der Verteilung der verschiedenen Aktivitäten auf die einzelnen Wochenabschnitte bekommen.

➡ Integrieren Sie in Ihren „*idealen Tag*" und Ihre „*ideale Woche*" auch private und persönliche Aktivitäten und Ziele, z. B. Familie, Sport, Erholung, Kultur, Hobby, Freunde etc.!

Tagesrahmenplan		
Zeit	**Aufgaben, Aktivitäten (Ziele)**	**Bemerkungen**
5		
6		
7		
8		
9		
10		
11		
12		
13		
14		
15		
16		
17		
18		
19		
20		
21		
22		
23		
24		

4.6 Zusammenfassung und Auswertung

❏ *Organisation und Durchführung* als Zeitmanagement-Funktion umfaßt die methodische und systematische Zusammenfassung Ihrer Aktivitäten und Energien in Richtung auf die gesetzten Ziele.

❏ Organisation des Arbeitstages heißt, weitestgehend selbst über die eigene Arbeit und Zeit zu verfügen – und nicht über sich verfügen zu lassen.

❏ Die nachfolgende *Checkliste* faßt die wichtigsten Regeln und Prinzipien zur Tagesgestaltung zusammen.

❏ Berücksichtigen Sie bei Ihrer *Tagesgestaltung* die Schwankungen Ihrer täglichen physiologischen *Leistungsbereitschaft* (Normkurve), indem Sie Aufgaben auch nach Ihren individuellen Leistungshochs und -tiefs disponieren.

❏ Finden Sie Ihren *persönlichen Tagesrhythmus* heraus, indem Sie Ihre Leistungskurve durch systematische Beobachtungen ermitteln.

❏ Der *Biorhythmus* macht das Auf und Ab unserer Lebenskräfte auch für längere Perioden transparent (Aktiv-, Ruhe- und kritische Phasen): Er weist nach, *daß* es periodische Schwankungen im körperlichen, seelischen und geistigen Bereich gibt, kann aber noch nicht klären, *warum* das so ist.

❏ Der *Biorhythmus* zeigt Tendenzen auf, schafft aber keine Ereignisse; er kann für die Aufgabenplanung auch über längere Zeiträume hinweg im voraus berücksichtigt werden und ermöglicht dadurch eine bessere Zielerreichung.

❏ Überprüfen Sie Ihren *persönlichen Arbeitsstil*, und entwickeln Sie diesen weiter, indem Sie immer wieder neue Anregungen, z. B. zum Abbau von Zeitfressern oder hinderlichen Gewohnheiten, aufgreifen und in Ihren Stil integrieren.

❏ Halten Sie ständig Ausschau nach neuen, besseren Möglichkeiten: *Es gibt immer einen einfacheren Weg, Dinge zu erledigen.*

Organisationsprinzipien zur Tagesgestaltung

Tagesbeginn

1   Mit positiver Einstimmung in den Tag ❏

2   Gutes Frühstück und ohne Hast ins Büro ❏

3   Arbeitsbeginn möglichst zu konstanten Zeiten ❏

4   Überprüfung des Tagesplanes ❏

5   Schwerpunktaufgabe des Tages an den Anfang ❏

6   Kürzere Anlaufzeit im Büro ❏

7   Zeitplan mit Ihrer Sekretärin abstimmen ❏

8   Komplizierte und wichtige Dinge am Morgen ❏

Tagesverlauf

9   Gute Arbeitsvorbereitung ❏

10   Fixtermine beeinflussen ❏

11   Handlungen mit Rückwirkungen vermeiden ❏

12   Zusätzliche Dringlichkeitsfälle ablehnen ❏

13   Ungeplante, impulsive Tätigkeiten vermeiden ❏

14   Rechtzeitig Pausen machen / angemessenes Arbeitstempo ❏

15   Kleinere, ähnliche Aufgaben als Serienproduktion ❏

16   Angefangene Arbeiten sinnvoll abschließen ❏

17   Zeitüberhänge nutzen ❏

18   Antizyklisch arbeiten (Tages-Störkurve) ❏

19   Stille Stunde (störarme Zeiten) einrichten ❏

20   Zeit und Pläne regelmäßig kontrollieren ❏

Tagesschluß

21   Unerledigtes abschließen ❏

22   Ergebnis- und Selbstkontrolle ❏

23   Zeitplan für den nächsten Tag ❏

24   Mit positiver Stimmung nach Hause ❏

25   Jedem Tag seinen Höhepunkt geben ❏

❏ Stellen Sie Ihre Arbeitsaufgaben zunächst einmal grundsätzlich in Frage, und suchen Sie nach Maßnahmen, mit denen Sie sich selbst (noch weiter) entlasten können:

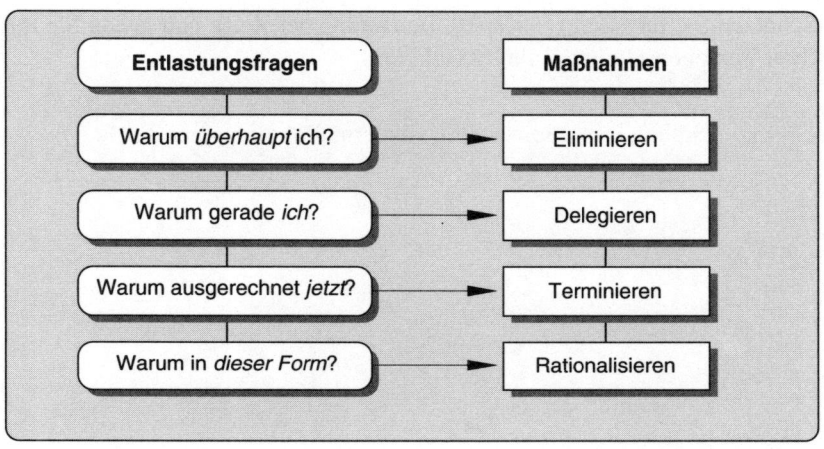

Entlastungsfragen	Maßnahmen
Warum *überhaupt* ich?	Eliminieren
Warum gerade *ich*?	Delegieren
Warum ausgerechnet *jetzt*?	Terminieren
Warum in *dieser Form*?	Rationalisieren

➡ Werten Sie auch das Kapitel *„Organisation und Durchführung"* für Ihre persönlichen Zwecke aus!

➡ Was erschien Ihnen beim Durcharbeiten dieses Kapitels besonders wichtig?

➡ Was haben Sie an neuen Erkenntnissen gewonnen?

➡ Was haben Sie bestätigt gefunden?

➡ Was wollen Sie eingehender bearbeiten?

➡ Was wollen Sie umsetzen?

Auswertung Kapitel „Organisation und Durchführung"				
Ergebnis Nr.	Seite(n)	Was (Gedanke, Thema, Anregung etc.)?	Bis wann bearbeiten, umsetzen?	Kontrolle

Schützen Sie Ihre Zeit (→ Kap. 0, Bedeutung der Zeit), und gehen Sie mit Ihrer Zeit ebenso wie mit Ihrem Geld um!

Nicht alles zu seiner Zeit, sondern alles zu meiner Zeit!

5. Kontrolle:

So stellen Sie Ihren Erfolg und die geplante Leistung sicher

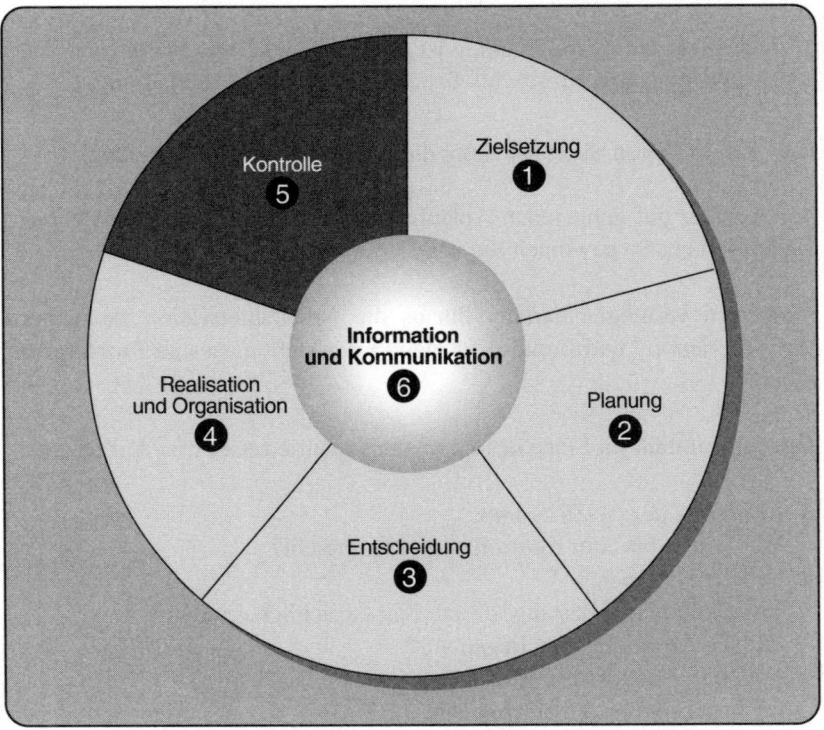

„…Kontrolle ist besser." (Lenin)

5.1 Funktionen der Kontrolle

Die letzte Funktion im äußeren Ring des (Zeit-)Management-Kreises ist die *Kontrolle*. Viele Fachleute sehen darin die Haupttätigkeit eines Managers. Ergebniskontrollen dienen der Verbesserung, im Idealfall der Optimierung des Arbeits- bzw. Zeitmanagement-Prozesses *(Soll-Ist-Vergleich)*. Sie machen deutlich, ob die angestrebten Ziele (vgl. Kap. 1) erreicht wurden, und leiten ggf. entsprechende Korrekturen ein.

> Jede Zielsetzung und Planung ist nur so gut wie ihre anschließende Realisierung und die abschließende *Kontrolle* ihrer Einhaltung.

➡ Kontrollieren Sie regelmäßig die Realisierung Ihrer Zeitpläne!

Aus weniger gut gelungenen Abläufen und aufgetretenen Fehlern können Sie nur lernen: So gewinnen Sie neue *Erfahrungen*.

Kontrollen vermögen darüber hinaus die Arbeitsmotivation zu steigern *(Erfolgserlebnis)* und Impulse für neue Fragestellungen und Probleme zu geben.

Kontrolle umfaßt im Sinne des Zeitmanagement-Kreises drei Aufgaben:

❏ *Erfassung des Ist-Zustandes:*
   Was wurde bis zum Kontrollzeitpunkt erreicht?
❏ *Soll-Ist-Vergleich:*
   Inwieweit wurde das angestrebte Ziel tatsächlich erreicht?
   Welche Abweichungen liegen vor?
❏ *Einleitung korrektiver Maßnahmen*
   bei festgestellten Abweichungen.

Zeitpunkt, Dauer und Häufigkeit der Kontrollen hängen maßgeblich von der Art der durchzuführenden Aufgaben und dem gesetzten Ziel ab.

In diesem Zusammenhang kann zwischen

❏ Ablaufkontrollen und Tätigkeitskontrollen sowie
❏ Ergebniskontrollen (Zielkontrolle)

unterschieden werden:

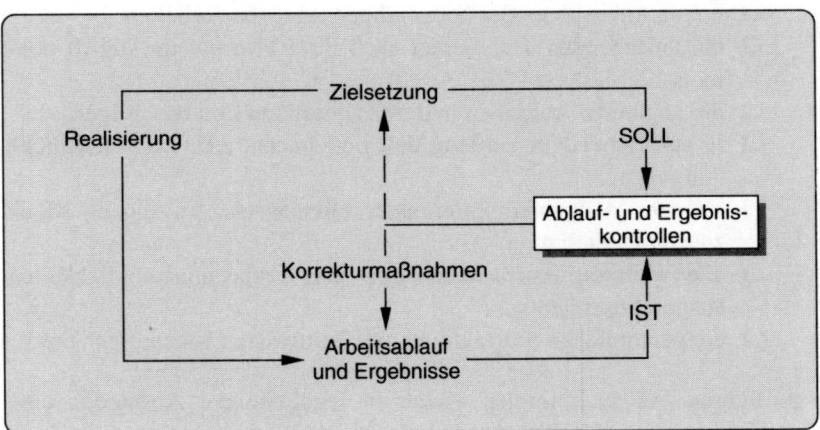

5.2 Ablaufkontrollen

Überprüfen Sie Ihre Pläne und Arbeitsorganisation in regelmäßigen Abständen.

➡ Fragen Sie sich z.b. während eines Tages immer wieder, ob Sie

❏ nur an lohnenden oder notwendigen Aufgaben arbeiten,
❏ die anstehenden Tätigkeiten nach ihrer Priorität in Angriff nehmen,
❏ die geplanten Aufgaben in der festgesetzten Zeit bewältigen,
❏ in ausreichendem Umfang delegiert haben, z.b. auch dringliche Aufgaben,
❏ kleinere Aufgaben, Telefonate, Diktate etc. zu einem Block zusammenfassen,
❏ alle weiteren Rationalisierungs- und Entlastungsmöglichkeiten ausgeschöpft haben,
❏ die persönlichen Störfaktoren und Zeitfresser „bekämpfen" etc.

➡ Führen Sie auch immer wieder in regelmäßigen Abständen eine *Tätigkeits- und Zeitanalyse* durch, und legen Sie ein *Tages-Störblatt* an, um Ihre persönliche Arbeitsmethodik zu kontrollieren und zu verbessern (vgl. die Formblätter in Kap. 0).

Die hierbei gewonnenen Erkenntnisse helfen Ihnen, unnötigen Zeitfressern wie lieb gewonnenen Gewohnheiten (langatmigen Telefongesprächen, unnützen Berichten), überflüssigen oder zu langen Besprechungen, unangenehmen Unterbrechungen, zu vielen Prestigetätigkeiten, falschen Prioritäten, mangelnder Delegation etc. auf die Spur zu kommen und Gegenmaßnahmen zu ergreifen.

Für diese schriftlichen Protokolle gibt es keine Alternativen. Sie wirken allein schon durch die Tatsache des bewußten Aufschreibens selbsterzieherisch!

Tätigkeits- und Zeitanalyse als Kontrollvorgang

Tätigkeits- und Zeitanalyse im Rahmen der Zeitmanagement-Funktion „Kontrolle" bedeutet, die Ist-Aufnahme über die Verwendung Ihrer täglichen und wöchentlichen Stunden mit der Soll-Vorgabe zu vergleichen:

Tätigkeits- und Zeitanalyse als Kontrollvorgang

IST	SOLL	
_____		
_____		
_____		
_____		
	_____ Σ Std.	Aufgaben, die Sie
Σ Std.	Std. Zeitgewinn	– eliminieren – delegieren – terminieren – rationalisieren können

Im einzelnen bietet sich für eine *Tätigkeits- und Zeitanalyse* als Kontrollvorgang folgende vierstufige Vorgehensweise an:

[1] *Soll-Vorgabe (Zielsetzung)*

➤ Schreiben Sie auf, was Sie an *wichtigen (A-)Aufgaben* erledigen würden, wenn Sie täglich 1 Stunde mehr an frei verfügbarer Zeit („Goldene Stunde") hätten:

[1] _____

[2] _____

[3] _____

[4] _____

[5] _____

➡ Halten Sie in der Spalte „Ist-Zustand" alle Ihre periodisch wiederkehrenden Tätigkeiten Ihres Tages- und Wochenablaufes fest:

IST-Zustand	IST-Zeit		SOLL-Zustand	SOLL-Zeit	
Auflistung der täg-lich und wöchent-lich wiederkehren-den Tätigkeiten	(Std., Min.) tägl.	wöchtl.	Auflistung der Ver-besserungsmög-lichkeiten zur Zeit-einsparung	(Std., Min.) tägl.	wöchtl.

Dokumentieren Sie vorerst nur das „Was" (Tätigkeit) und „Wieviel" (Zeitaufwand), und untersuchen Sie erst im nächsten Schritt die Gründe und
Einzelheiten.

3 Soll-Zustand-Erarbeitung

➡ Analysieren Sie nun jede Tätigkeit des Ist-Zustandes auf Verbesserungsmöglichkeiten zur Zeiteinsparung:

❏ Was passiert, wenn diese Tätigkeit ersatzlos gestrichen wird?
❏ Was passiert, wenn diese Tätigkeit ganz oder teilweise delegiert wird?
❏ Was passiert, wenn diese Tätigkeit in kürzerer Zeit (z.B. nur noch in halber Zeit) erledigt wird?

Wenn nichts oder nur wenig passiert, kann diese Tätigkeit entsprechend gestrichen, delegiert oder in kürzerer Zeit erledigt werden.

➡ Notieren Sie diese Rationalisierungsmaßnahmen in der Rubrik „Soll-Zustand", und legen Sie auch die hierfür vorgesehenen neuen Zeiten fest.

4 Soll-Ist-Vergleich (Kontrolle)

➡ Versuchen Sie im letzten Schritt, beide Seiten miteinander zu vergleichen:
❏ Wie hoch ist die momentane Zeitbelastung (Ist)?   ....
❏ Wie hoch ist die geplante Soll-Zeit?   ....
❏ Wieviel Zeit kann eingespart werden?   ....
❏ Wie groß ist der prozentuale Anteil?   ....%
❏ Welche Zeitsparmaßnahmen sollen
eingesetzt werden?   ....
❏ Wie soll die gewonnene Zeit sinnvoll
verwendet werden?   ....

Überprüfen Sie laufend oder zumindest in regelmäßigen Abständen Ihren Tätigkeitsverlauf auf neue Entlastungsmöglichkeiten!

Analyse der Tagesstörungen als Kontrollvorgang

Ebenso wie bei der Tätigkeits- und Zeitanalyse können Sie bei der Kontrolle und Analyse der laufenden Störungen weitere Zeitsparquellen erschließen.

➤ Halten Sie auch hier neben den Einzeltätigkeiten und Störungen die Verbesserungsmöglichkeiten und Korrekturen fest (Ist).

	IST				SOLL
Zeit von - bis	Einzeltätigkeit, bei der Sie gestört wurden	Art der Störung Tel.	Besucher	Dauer der Störung	Korrekturen, Verbesserungsmöglichkeiten

➤ Leiten Sie daraus neue Maßnahmen zur Korrektur und Verbesserung Ihrer Arbeitsabläufe ab (Soll), und vergleichen Sie diese später mit der Realisierung.

214

5.3 Ergebniskontrollen

Grundlage und Ausgangspunkt des Zeitmanagement-Prozesses ist die Absicht, die gesetzten Ziele am Ende der Planperiode auch zu erreichen.

Wir vergegenwärtigen uns:

Ohne Ziel ist jedes Arbeitsergebnis gleich richtig oder gleich falsch!

Die Kontrolle der Arbeitsergebnisse im Hinblick auf ihre Zielerreichung *(Zielkontrollen)* muß auf jeden Fall am Ende der Aufgabenerledigung *(Endkontrolle)* durchgeführt werden und sollte darüber hinaus bei größeren Aufgaben und Projekten auch in verschiedenen Zwischenstufen während der gesamten Zeitdauer des Vorgangs erfolgen *(Zwischenkontrollen)*.

➡ Kontrollieren Sie daher regelmäßig Ihre Jahres-, Monats-, Wochen- und Tagespläne:

❑ Was konnte von den vorgenommenen Aufgaben/Zielen erledigt werden?
❑ Welche Ergebnisse wurden erzielt?
❑ Was blieb unerledigt und warum? (Gründe, z.B. Störungen festhalten)
❑ Wo wurde Zeit verschwendet? (→ Ablaufkontrolle)
❑ Was ergibt sich daraus für die Vorplanung der nächsten Periode (Tag, Woche, Monat)?

➡ Denken Sie daran, daß Kontrollen ebenso wie die Aufgaben selbst frühzeitig genug einzuplanen und durchzuführen sind, um noch Steuerungs- und Korrekturmaßnahmen einleiten zu können!
Wenn Sie hinterher nur ermitteln können, was falsch war, nützt dies für die betreffende Aufgabe gar nichts mehr!

➡ Erstellen Sie bei komplexen Arbeitsaufgaben eine Kontrolliste, und übertragen Sie die Daten (Termine) in Ihr Zeitplanbuch (oder die Wiedervorlage)!

Kontroll-Liste						
Nr.	Aufgabe (Ziel)	Datum Termin	SOLL-Werte	IST-Werte	Gründe für Abweichungen	Erledi-gung

5.4 Tagesrückschau (Selbstkontrolle)

Am Ende des Arbeitstages sollten im Rahmen des *Zeitmanagement* nicht nur die bloße Erfüllung der Arbeitsaufgaben, sondern auch die persönliche Situation kontrolliert und reflektiert werden.

➡ Überprüfen Sie rückschauend, was gut gelaufen ist bzw. was hätte besser gemacht werden können!

Die folgenden *Leitfragen* sollen Ihnen dazu einige Anregungen geben:

Leitfragen zur Tagesrückschau (Kontrolle)

- ❏ Wer oder was hinderte mich heute an meiner Leistung?
- ❏ Habe ich heute meiner Umwelt Nutzen gegeben?
- ❏ Wo bin ich an Kleinigkeiten hängengeblieben?
- ❏ Wo habe ich Imagepflege betrieben?
- ❏ Wo habe ich negativ kritisiert?
- ❏ Wo habe ich faule Kompromisse gemacht?
- ❏ Wo habe ich andere durch falschen Ehrgeiz überfordert?
- ❏ Was konnte die Firma mit Recht von mir verlangen?
- ❏ Wie würde ich mich als mein Mitarbeiter, Kollege oder Chef beurteilen?
- ❏ Hätte ich auf bestimmte Aktivitäten verzichten können?

- ❏ Was habe ich heute gelernt?
- ❏ Habe ich meine Ideen und Einfälle notiert oder bearbeitet?
- ❏ Wer oder was hat mir heute Freude geschenkt?
- ❏ Hat mich der heutige Tag meinen Zielen näher gebracht?
- ❏ Was ist das Schönste, was ich heute noch tun könnte?

Da eine solche umfangreiche Liste erfahrungsgemäß nur unregelmäßig oder gar nicht mehr herangezogen wird, benutzen Sie als abgekürzte, aber mnemotechnisch einfache und hervorragende Nachbereitungsmöglichkeit die *5-Finger-Methode* oder *Handformel*, die sich an den Anfangsbuchstaben Ihrer Finger orientiert:

Handformel (Schnell-Check)

- ❏ *D*(aumen) → *Denkergebnisse:*
  Welche Erkenntnisse, Erfahrungen habe ich heute gemacht?
- ❏ *Z*(eigefinger) → *Zielerreichung:*
  Was habe ich heute geschafft und geleistet?

❑ *M*(ittelfinger) → *M*entalität:
Wie war heute meine vorherrschende Stimmung, Gemütslage?
❑ *R*(ingfinger) → *R*atgeber, Hilfe:
Womit habe ich anderen geholfen, gedient, diese erfreut und gefördert?
❑ *K*(leiner Finger) → *K*örper, Kondition:
In welcher körperlichen Verfassung war ich heute? Was habe ich heute
für meine Kondition und Gesundheit getan?

Sie ist schnell und praktisch zu handhaben!

➡ Suchen Sie nach täglich wiederkehrenden Situationen, wo Sie diese
Formel anwenden können, z.B. auf der Heimfahrt im Auto, beim
Warten auf die S-Bahn etc.!?

Ihre persönliche Umsetzung: _____

Tagesbewertung

Wenn Sie wollen, können Sie abschließend jeden einzelnen Tag – als
Ganzes oder in Teilabschnitten – mit einer Note bewerten und in Ihrem
Zeitplanbuch festhalten (nach Großmann):

```
1 = ein besonderer Glückstag
2 = ein Glückstag
3 = zufriedenstellend (mittel)
4 = ein Pechtag (Verstimmung, Mißerfolg, Ärger, Sorge)
```

So betonen Sie die Qualität und den Wert, den dieser Tag für Ihr Leben
hatte (*positive Lebensführung*). Dies hat positive Wirkungen auf Ihre
Erfolgsfähigkeit:

Bei Ärger und Mißstimmungen werden Sie durch die Benotung am Ende
des Tages dazu angehalten, sich auch die positiven Erfolge zu vergegenwärtigen und gegen die Mißerfolge abzuwägen. Im Ergebnis wird die
Bilanz dann positiver aussehen, und Ihre Stimmung, insbesondere die,
welche Sie über Nacht in den nächsten Tag mitnehmen, wird eine andere
sein!

5.5 Auswertung

Wer sich selbst wirksam entlasten möchte, kann auf eine Selbstkontrolle nicht verzichten!

Auch kleine Erfolgserlebnisse wirken positiv auf die Stimmung und Motivation und verstärken die Entwicklung Ihres persönlichen Arbeitsstils!

➤ Werten Sie abschließend das Kapitel „*Kontrolle*" für Ihre persönlichen Zwecke aus!

➤ Was erschien Ihnen beim Durcharbeiten dieses Kapitels (besonders) wichtig?

➤ Was haben Sie an neuen Erkenntnissen gewonnen?

➤ Was haben Sie bestätigt gefunden?

➤ Was wollen Sie eingehender bearbeiten?

➤ Was wollen Sie umsetzen?

Auswertung Kapitel „Kontrolle"				
Ergebnis Nr.	Seite(n)	Was (Gedanken, Thema, Anregung etc.)?	Bis wann bearbeiten, umsetzen?	Kontrolle

6. Information und Kommunikation:

So erledigen Sie Besprechungen, Telefonate und Korrespondenzen zweckmäßig und rationell

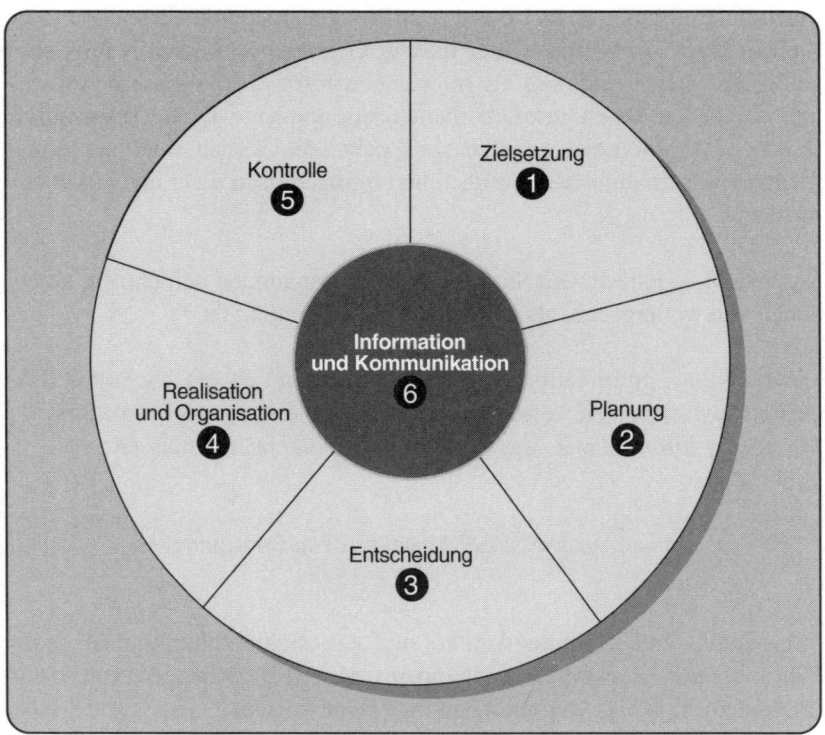

„Mach's gleich - mach's verkehrt - mach's nochmal!"
(Ein Seminarteilnehmer)

6.1 Bedeutung von Information und Kommunikation

Mittelpunkt oder Zentrum des Zeitmanagement-Kreises ist der Bereich der *Information und Kommunikation*, um den sich die anderen Funktionen ständig drehen. Tagtäglich strömt eine wahre *Informationsflut* auf uns ein, die es zu bewältigen gilt.

➡ Ihre Informationsverarbeitung sollte System und Ordnung haben, nämlich in Richtung auf Ihre *Arbeits-* und *Lebensziele*.

Ideal wäre, wenn Sie sich nur mit den Informationen beschäftigten, die Ihnen im Hinblick auf die Lösung von Problemen und das Erreichen Ihrer Ziele wichtig erscheinen. Unter diesem Gesichtspunkt kann bereits eine eindeutige *Zielorientierung* als Informationsfilter für die weitere Aufnahme von neuen Daten insofern dienen, als relevante Dinge automatisch stärker wahrgenommen werden als solche, die keinen oder nur einen geringen Informationswert besitzen und infolgedessen nicht berücksichtigt werden.

Realistisch ist jedoch, daß Sie weit mehr Informationen aufnehmen, verarbeiten und weitergeben, als in Wirklichkeit notwendig ist.

Die Funktion „Information und Kommunikation" ist ein wichtiges Bindeglied zwischen den verschiedenen (Zeit-)Management-Tätigkeiten, da Sie ständig *Informationen austauschen* = kommunizieren müssen.

> *Kommunikation* ist der Austausch von Informationen.

Information und Kommunikation sind die Schlüsselfunktionen jedes Führungs- und (Zeit-)Managementprozesses, von Beziehungen, von sozialen Systemen, ja, des menschlichen Daseins überhaupt.

Manager verbringen im Durchschnitt 80% ihrer Zeit mit Lesen, Korrespondieren, Telefonieren, Besprechungen etc.

➡ Wie groß ist Ihr persönlicher Zeitanteil für „Information und Kommunikation"?

Zeitanteil: %

➡ Analysieren Sie unter diesem Aspekt einmal Ihre Tagesprotokolle (Tätigkeits- und Zeitanalyse).

Trotz allen Aufwandes sind jedoch *rund 50%* der im Unternehmen umlaufenden Informationen überflüssig – doch welche Hälfte?

In diesem Kapitel geht es nicht darum, Strategien für oder gegen die Informationspolitik des gesamten Unternehmens zu entwickeln, sondern im Sinne des Zeitmanagement um die *rationelle* Bewältigung der Informations- und Kommunikationsvorgänge und -aufgaben. Allein dieses Thema ist bereits so vielfältig, daß es eine ganze Fülle an Informationen darüber – sozusagen Metainformationen – gibt, die sich in zahlreichen Management- und Arbeitstechnikbüchern niederschlägt (vgl. Kap. 8).

Der Rahmen dieses Buches läßt es verständlicherweise nicht zu, diese Gebiete ausreichend oder nur annähernd zu behandeln.

Wir begnügen uns daher in diesem Kapitel mit kurzen Überblicken, Zusammenfassungen und Hinweisen auf die Spezialliteratur (zur weiteren Vertiefung).

6.2 Rationelles Lesen

Die Flut an Lesestoff, die tagtäglich in Form von Briefen, Zeitungen, Fachveröffentlichungen, Rundschreiben, Hausbriefen, Aktennotizen etc. auf uns einströmt, wird immer unübersehbarer.

> Etwa 30 % ihrer Zeit wenden Manager nur für Lesen auf!

➤ Eine Verbesserung Ihrer Lesetechnik bedeutet daher auch eine Verbesserung Ihrer Arbeitstechnik!

Rationelles Lesen hilft, diese Informationsflut besser zu bewältigen – denn:

> „Lesen ohne System wäre Zeitverlust und Geldverschwendung." (W. Zielke)

Die verschiedenen Techniken und Formen des rationellen Lesens lassen sich unter zeitlichem Aspekt in Methoden vor dem, während des und nach dem Lesevorgang unterteilen. Die SQ3R-Methode von Robinson bezieht sich auf alle drei Phasen:

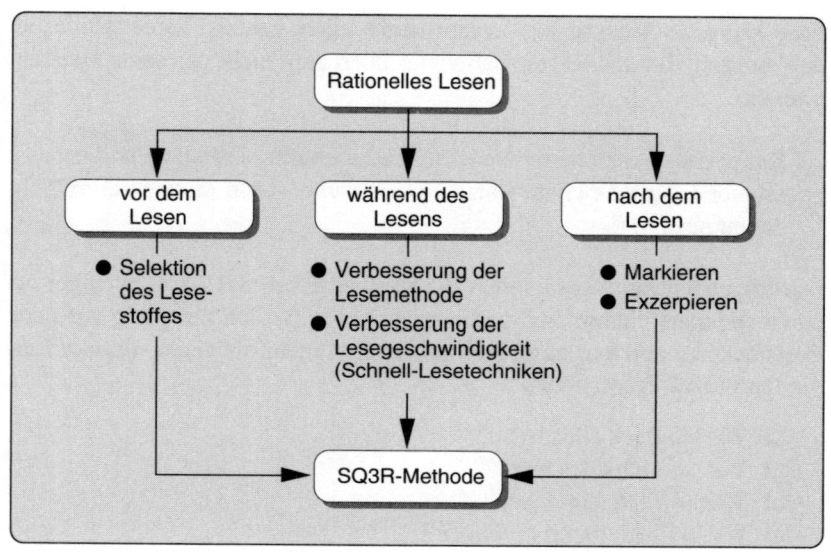

Hier geht es zunächst darum, *vor* dem eigentlichen Lesen zu entscheiden, welche Teile aus dem vorliegenden Text (Buch, Zeitung, Artikel, Rundschreiben) für die persönlichen oder beruflichen Ziele interessant sind – und welche nicht.

Unabhängig von Ihrer Lesegeschwindigkeit können Sie durch *gezieltes, selektives Lesen* ein hohes Maß an Lesezeit einsparen!

Selektieren Sie daher Ihren Lesestoff, und lesen Sie jeweils nur das, was Sie auch unbedingt an Informationen benötigen!

Wie können Sie 200 Seiten in einer Minute lesen?
Ganz einfach: Sie müssen lediglich innerhalb dieser Minute nach Durchsicht des Inhaltsverzeichnisses feststellen, daß ein bestimmtes 200 Seiten starkes Buch für Ihre Lesezwecke ungeeignet ist, und dann entscheiden, *es nicht zu lesen!*

Eine *kritische* Analyse des Lesepensums eines ganzen Tages würde bei den meisten von uns zeigen, daß vieles überhaupt nicht gelesen zu werden braucht.

> Rationelles Lesen heißt zunächst: Zielorientiert auswählen und entscheiden, ob man etwas überhaupt liest und, wenn ja, wieviel man davon liest.

Die folgenden *Leitfragen* sollen Sie dazu anregen, das *Lesen* weniger als einen spontanen, emotional gesteuerten Akt (z.B. sich neugierig auf neue Poststücke zu stürzen) zu begreifen, sondern mehr als einen *rational* fundierten Prozeß zu verstehen:

- ❏ Was *muß* ich alles lesen?
- ❏ Was *soll* ich alles lesen?
- ❏ Was *will* ich alles lesen?
- ❏ Was will ich damit *anfangen*?
- ❏ Was kann ich *später* lesen?
- ❏ Was brauche ich *überhaupt* nicht zu lesen?

➤ Machen Sie sich immer wieder bewußt, daß Sie für *manches* Leseobjekt (Buch, Zeitschrift etc.) einen *Geldpreis* entrichten müssen, aber für *jedes* Leseobjekt einen *Zeitpreis* zahlen müssen!
(→ Kap. 0, Wert der Zeit)
Wieviel Lesezeit haben Sie überhaupt pro Tag oder pro Woche verfügbar, um alles das, was Sie lesen müssen, und das, was Sie gerne lesen möchten, realisieren zu können?

➤ Gehen Sie mit Ihrer Lesezeit wirtschaftlich um, und treffen Sie eine zielbewußte Auswahl unter den vorliegenden Schriftstücken nach folgendem Entscheidungsraster:

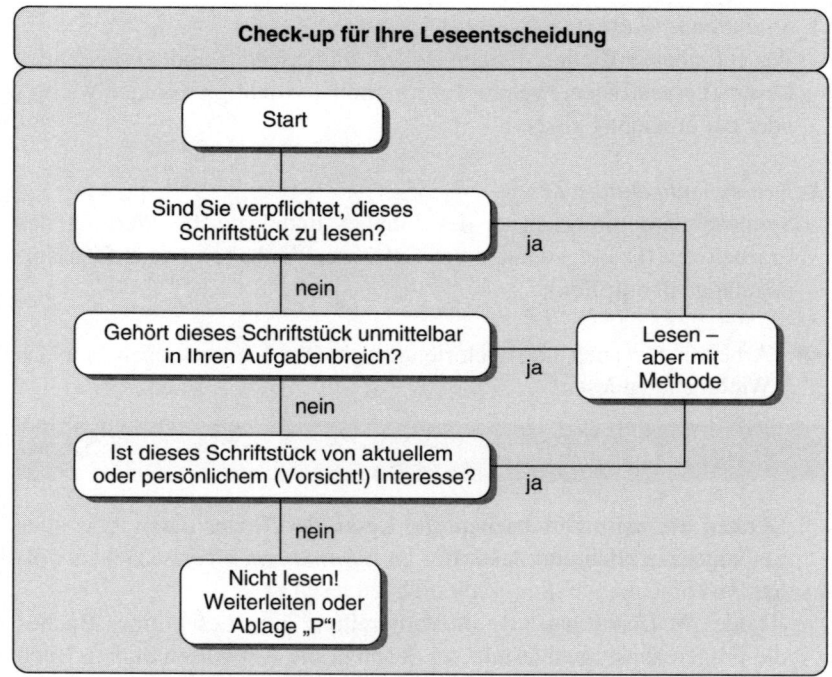

Check-up für Ihre Leseentscheidung

Start

Sind Sie verpflichtet, dieses Schriftstück zu lesen? — ja

nein

Gehört dieses Schriftstück unmittelbar in Ihren Aufgabenbreich? — ja

Lesen – aber mit Methode

nein

Ist dieses Schriftstück von aktuellem oder persönlichem (Vorsicht!) Interesse? — ja

nein

Nicht lesen! Weiterleiten oder Ablage „P"!

Sichten Sie zuerst den vorliegenden Lesestoff, *bevor* Sie ihn weiter – oder dann gar nicht mehr! – bearbeiten!

Sammeln Sie auch bei kleineren Leseeinheiten für Serienproduktion (Aufgabenblöcke), und reservieren Sie sich in Ihrem Wochenplan wenigstens eine Lesestunde!

(2) Methoden *während* des Lesens

Wenn Sie in der Selektionsphase eine erste positive Leseentscheidung getroffen haben, nämlich sich mit dem Text näher zu befassen, können Sie je nach Zielsetzung mit folgenden *Methoden* weiterlesen:

❏ *Orientierendes Lesen*
Erstes Erfassen des Inhaltes, um abzusehen, was einen als Leser erwartet (letzte Prüfung, ob dieser Text erarbeitet werden soll).

227

❏ *Studierendes Lesen*
Wesentliches auffinden, Fragen stellen, umfassendes und auswertendes Lesen (herausfinden, welche Informationen wichtig, weniger wichtig oder gar unwichtig sind).

❏ *Zusammenfassendes Lesen*
Synopse (Zusammenschau) des Inhaltes und kritische Wertung des Erarbeiteten (Hauptgedanken des Gelesenen festhalten und auf Zusammenhänge überprüfen).

➡ Arbeiten Sie auch hier zielorientiert, indem Sie versuchen, nur das Wichtigste zu lesen!

10 Regeln zur Verbesserung der Lesemethode

1. Denken Sie beim Durchsehen und Lesen des Textes daran, was alles Sie augenblicklich und zukünftig an *Informationen* herausziehen wollen.
(Daniel W. Listen hat z.B. als Vorbereitung zum Lesen eines Buches die Fragen zusammengestellt, zu denen er die Antworten in dem Buch finden wollte, vgl. Cooper, 1980, S. 232.)

2. Sehen Sie sich Titel und Untertitel an, und überfliegen Sie *Inhaltsangaben*, Klappentexte oder Kurzfassungen. Lesen Sie auch Vorworte, Vorbemerkungen und Einleitungen, da sie auf den Text hindeuten.

3. Entscheiden Sie darüber, was Sie intensiv lesen wollen. Achten Sie beim Überfliegen der Abschnitte auf *Leit- und Schlußsätze* sowie auf Schlüsselwörter.

4. Übergehen Sie Randbemerkungen, Kleingedrucktes, Beweisführungen, Statistiken, Anhänge, ausgedehnte Beschreibungen und die verschiedenen *Abschweifungen* des Autors (bitte nicht gleich in diesem Buch!).

5. Folgen Sie mehr dem gedanklichen Inhalt und dem *Ideenfluß des Textes*, aber nicht so sehr den Worten. Finden Sie heraus, welche Aussagen im einzelnen und insgesamt vermittelt werden.

228

6 Suchen Sie auch nach den vom Autor verwendeten *gedanklichen Wegweisern* wie leicht erkennbaren Überschriften, Unterstreichungen, eingerückten Sätzen und tabellarischen Aufstellungen.

7 *Wegweiser in Form von Wörtern* signalisieren bestimmte Einleitungen, Verstärkungen oder Betonungen im Text:

❑ *Einleitungssignale* wie *besonders, daher, deshalb, folglich, somit, vorausgesetzt, weil, denn* etc. leiten einen tragenden oder erläuternden Gedanken ein; hier ist es sinnvoll, auch den vorhergehenden und nachfolgenden Satz zu lesen.

❑ *Verstärkungssignale* wie *auch, außerdem, daneben, ebenso, ferner, überdies, zusätzlich* etc. betonen einen Gedanken, der kurz zuvor ausgedrückt wurde.

❑ *Änderungssignale* wie *aber, abgesehen davon, andererseits, doch, entweder – oder, im Gegenteil, jedoch, obwohl, trotzdem, ungeachtet, vielmehr* etc. zeigen, daß die Richtung oder Tendenz der Gedankenfolge wechselt.

8 Überfliegen Sie Passagen mit offenbar geringem Informationsgehalt, und verlangsamen Sie Ihr Lesetempo bei wichtigen Abschnitten.

9 Berücksichtigen Sie bei den verschiedenen Textsorten auch ihren spezifischen Aufbau:

❑ *Nachrichtentexte* in Zeitungen und Zeitschriften enthalten die wichtigste Information am *Anfang* und Nebensächlichkeiten am Schluß.
❑ *Kommentare und Stellungnahmen* bringen die wesentliche Information, nämlich die Schlußfolgerung des Autors, erst im *Schlußabsatz.*
❑ *Fachartikel* beinhalten in der Einleitung eine Problembeschreibung, im Hauptteil eine Erarbeitung des Lösungsweges und im Schlußabschnitt eine Zusammenfassung und/oder einen Ausblick.

10 Verbessern Sie die Verarbeitung des Lesestoffes durch eine gezielte Nachbereitung (Markieren und Exzerpieren, s.u.).

Neben der *Lesemethode* können Sie getrennt oder parallel auch Ihre *Lesegeschwindigkeit* verbessern.
Ohne Training im Schnell-Lesen erreicht ein Erwachsener durchschnittlich 200-250 Wörter pro Minute (WpM) – nach Beherrschung der einschlägigen Techniken etwa 400 bis 500 WpM oder mehr!

Neben einer Steigerung der *Lesegeschwindigkeit* schulen Sie mit einer verbesserten oder perfektionierten Lesetechnik auch Ihre *Konzentrationsfähigkeit* und die *Erfassungskraft* (Inhaltsverständnis und Behalten) von Texten!

➡ Alles in allem drei Argumente, die Sie überzeugen sollten, einmal einen solchen *Schnell-Lesekurs* in Seminarform (z.B. Volkshochschule) oder im Selbststudium (vgl. Literaturhinweise am Ende dieses Kapitels) von einem Monat zu absolvieren! Es bedarf dann nur eines regelmäßigen, täglich etwa halbstündigen Trainings von einem Monat, um Ihre persönliche Lesegeschwindigkeit zu steigern!

Lesen Sie schneller durch
a) Abbau schlechter Gewohnheiten und Störfaktoren
b) bessere Methoden

---

a) Schneller lesen durch Abbau schlechter Gewohnheiten
Ausgangspunkt der Schnell-Lesetechniken ist der Abbau „schlechter", veralteter Lesegewohnheiten, die wir uns als Normalleser im Laufe der Zeit angeeignet haben und die uns daran hindern, schneller und rationeller zu lesen:

10 „Störfaktoren" für schnelleres Lesen

1 *Buchstaben- oder silbenweises Lesen*
Wenn sich das Auge von Buchstabe zu Buchstabe oder von Silbe zu Silbe vortastet, wird jedes dieser Zeichen zum Haltepunkt *(Fixation)*, und Ihr Lesen wird stockend, das Tempo niedrig. Ziel ist es, mehr Wörter pro Fixation zu erfassen. Meist können Sie aus wenigen Buchstaben bereits das ganze Wort erkennen.

2 *Inneres Mitsprechen (Vokalisieren):*
Die Angewohnheit, den Text mehr oder weniger deutlich mit den Sprechwerkzeugen (Lippen, Zunge, Stimmbänder) oder innerlich, d.h. lautlos, mitzusprechen (Vokalisation bzw. Subvokalisation), reduziert Ihren Lesefluß erheblich: Das Lesetempo bleibt auf das langsamere Sprechtempo begrenzt. Halten Sie daher z.B. Ihre Lippen geschlossen. Ziel ist es, die Augen kurz aufzublenden und mehrere Wortfelder und deren Bedeutung auf einmal zu erfassen.

3 *Zurückspringen auf vorhergehende Textstellen (Regressionen):*
Wenn die Augen beim Weiterlesen immer wieder auf bereits gelesene Textstellen zurückwandern („3 vor, 1 zurück"), vergrößern Sie künstlich den Textumfang und drosseln Ihre Lesegeschwindigkeit.

4 *Oberflächliches Lesen:*
Mangelnde Konzentration und/oder mangelndes Interesse führen dazu, daß man über einen Text „hinwegliest", ohne den Inhalt zu erfassen und die darin enthaltenen Informationen aufzunehmen.

5 Nachfahren mit Finger oder Bleistift („*Lesekrücken"*).

6 *Wort-für Wort-Lesen:*
Die Augensprünge werden am größten, wenn Sie jeweils sinnvolle Wortgruppen erfassen.

7 *Buchstabierendes Lesen:*
Ganz abgesehen davon, daß diese Methode als solche schon äußerst zeitraubend ist, reichen meist nur einige Buchstaben aus, um das ganze Wort zu erkennen, d.h. vor seinem geistigen Auge wiederzuerkennen, z.B. Arb..t.m.t..d.k, S.lb.tm.n.g.m..t.

8 *Kopfbewegungen* (statt Augenbewegungen):
Die Augen können die notwendigen Bewegungen viel schneller vollziehen als der Kopf!

9 *Unbequeme Leseposition:*
Lesen Sie z.B. nicht im Liegen, da Sie rasch ermüden und die Konzentration nachläßt.

10 *Umwelteinflüsse* wie unzureichende Beleuchtung, Ablenkung, Lärm etc. :

> Wer seine Lesegeschwindigkeit steigern will, muß sich von „seinen" Störfaktoren und schlechten Gewohnheiten freimachen!

b) *Schneller lesen durch bessere Methoden: Mehr lesen in kürzerer Zeit.*

In diesem Zusammenhang wird oft – fälschlich – von *diagonalem Lesen* gesprochen. Vor diesem Verfahren muß jedoch eindringlich gewarnt werden:

Bei *diagonalem Lesen* wird nur ein geringer Teil des Textes erfaßt, so daß gerade Wichtiges außerhalb der Blickspanne dem Leser völlig entgeht.

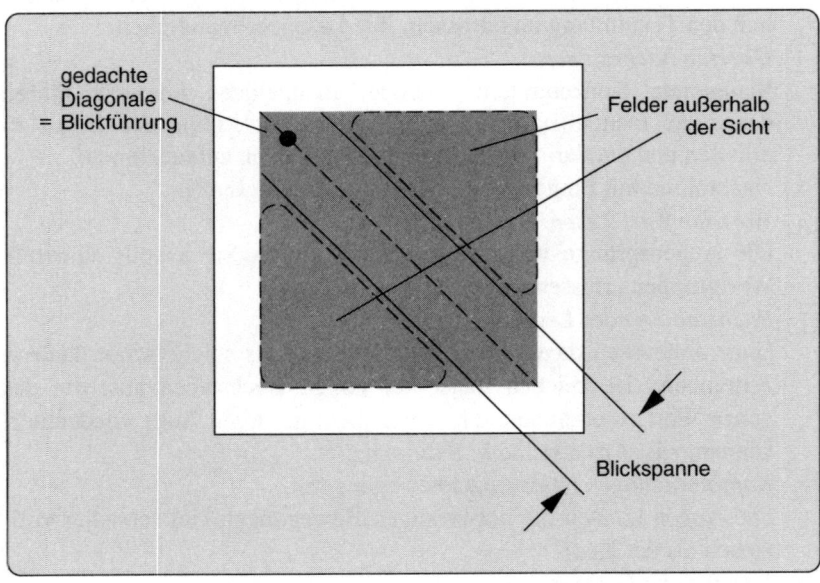

(Quelle: W. Zielke, Handbuch Lern-, Denk- und Arbeitstechniken, München 1980, S. 92)

Sinnvoller ist dagegen bereits die *Slalomtechnik:*

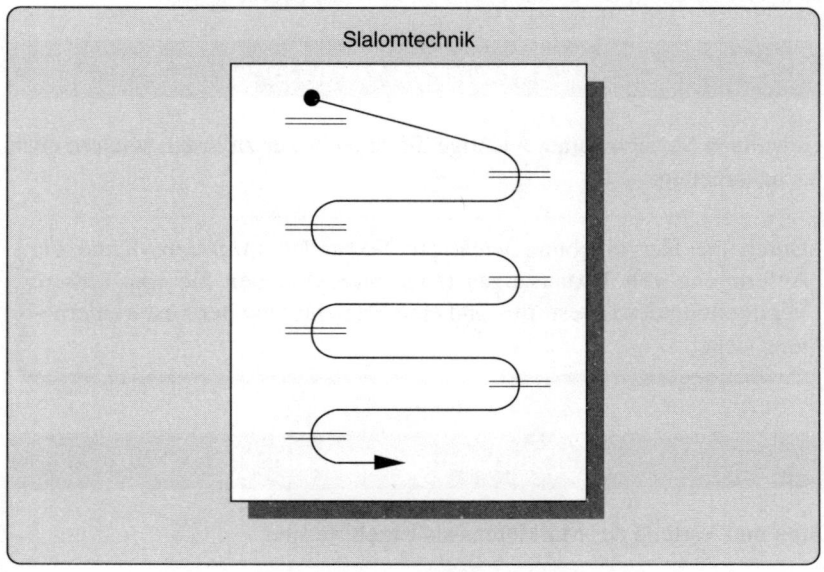

Haltepunkte sind hier die Wortgruppen („Schlüsselwörter").

➤ Ein Schnell-Lesekurs führt Sie darüber hinaus mit zahlreichen Übungen wie
- ❏ Abbau schlechter Lesegewohnheiten,
- ❏ Antiregressions-Training,
- ❏ Augengymnastik,
- ❏ Konzentrationsübung,
- ❏ Blickspannen-Normalisierung,
- ❏ Sprung-Lese-Übung,
- ❏ etc.

zu einer Verdoppelung bis Verdreifachung Ihrer Leseleistung!

➤ Sie trainieren insbesondere das *peripherische Lesen*: Das Lesen mit einer breiteren Blickspanne führt nicht nur zu einem *schnelleren* Lesen, sondern auch zu einem besseren Verständnis des Textes. Mit einer breiteren Blickspanne lassen sich sinnvolle Wortgruppen zusammenfassen, und das Gelesene wird leichter verstanden!

Als Paradebeispiel wird immer wieder der frühere US-Präsident *John F. Kennedy* genannt, der es auf bis zu 1200 WpM gebracht hat!

(3) Methoden *nach* dem Lesen

Gewöhnen Sie sich daran, wichtige Texte nicht nur zu lesen, sondern auch nachzuarbeiten:

> Durch die Hervorhebung wichtiger Textstellen (*Markieren*) und die Anfertigung von Textauszügen (*Exzerpieren*) stellen Sie eine bessere Verarbeitung des Lesestoffes und eine Erleichterung der Lesewiederholung sicher.

Markierungstechniken

Sinn und Vorteile des Markierens als Lesehilfe sind:

❑ Markierungen setzen Prioritäten, indem wichtige Stellen hervorgehoben und unwichtige in den Hintergrund geschoben werden.
❑ Markierungen helfen, einen Text zusätzlich zu strukturieren (Kurzzeichen).
❑ Markierungen erleichtern das Wiederfinden und Wiederholen wichtiger Textstellen.
❑ Markierungen fördern das sorgfältige Mitdenken und bessere Aufnehmen und Behalten (nicht zuletzt durch die visuellen Hervorhebungen).

Als Techniken oder Methoden des Markierens kommen z.B. in Betracht: Unterstreichen, Randmarken (z.B. Striche), Überstreichungen, Randnotizen etc.

Die größte Bedeutung haben mittlerweile wohl die *fluoreszierenden Farbstifte* erlangt. Sie haben gegenüber dem herkömmlichen Unterstreichen den Vorteil, daß sie jeweils das ganze Wort(feld) abdecken bzw. visualisieren und beim nochmaligen Durchsehen oder Suchen schneller und deutlicher erfaßt werden. Außerdem bleiben sie auf Fotokopien unsichtbar. *Verbindungslinien* zwischen den Wörtern zeigen *Assoziationen* auf.

Als zweckmäßigste Markierungstechnik haben sich neben den transparenten Filzschreibern („Marker") *Kurzzeichen* (Arbeitsmarken) erwiesen, die oft schon während des Lesens angebracht werden. Vielleicht erinnert Sie dies an Ihre Schulzeit, als z.B.

R für Rechtschreibe-,
Z für Zeichen-,
A für Ausdrucksfehler etc.

verwendet wurden.

Nichtsdestoweniger sollten Sie die Rationalisierungsmöglichkeiten solcher Arbeitszeichen nutzen!

➤ Entwickeln Sie Ihre eigenen „*Markoglyphen*"!

Hier eine kleine Auswahl:

!	=	wichtig	⤬	=	überholte Ansicht
!!	=	sehr wichtig	B	=	Beispiel
?	=	fraglich	Σ	=	Zusammenfassung
Ø	=	Durchschnitt	N	=	Name
→	=	nachprüfen	✕	=	Widerspruch
∇	=	besonders beachten	Ⓔ	=	Exzerpieren
⊗	=	fotokopieren	K	=	Karteikarte
⤬	=	neue Theorie			

Scheuen Sie sich nicht, Ihre eigenen Bücher und Unterlagen entsprechend durchzuarbeiten! Bücher – von bibliophilen Kostbarkeiten einmal abgesehen – sind Gebrauchsgegenstände des täglichen Lebens. Auch von einer Kombizange bröckelt nach mehrmaligem Gebrauch der schöne rote Anstrich ab!

> Erst wenn ein Buch oder eine Unterlage intensiv durchgearbeitet, d.h. bunt überstrichen und mit Notizen versehen ist, erweist sich dieses Schriftgut als richtig wertvoll!

➤ Wenn Sie sich einmal ein bestimmtes Markierungssystem angeeignet haben (z.B. jede Farbe hat eine bestimmte Bedeutung), versuchen Sie, dieses auch beizubehalten und permanent zu üben!

Und:

➤ Markieren Sie sparsam und *gezielt* !

Während Markieren das Hervorheben von Textstellen umfaßt, zielt *Exzerpieren* auf das Herausziehen wichtiger Gedankengänge ab. Es bietet sich vor allem dort an, wo mit den Textauszügen besser gearbeitet werden kann (Vorträge, Artikel, größere Arbeiten etc.).

Das *Grundprinzip* beim Exzerpieren ist das gleiche wie beim Markieren:

➡ Nur das Wesentliche wird in kürzester Form herausgearbeitet!

Bei Exzerpten lassen sich drei Hauptformen unterscheiden:

❏ Das *wörtliche Exzerpt:*
Hier sind die einschlägigen Zitierregeln wie genaue Quellenangabe und korrekte Wiedergabe von Hervorhebungen zu beachten – unabdingbar für Vorträge, Manuskripte und wissenschaftliche Abhandlungen!

Beispiel:

Rationelles Lesen	Schlagwort
Exzerpieren auf Lesezeichen	Überschrift (2. Schlagwort)
„In der Praxis wohlbewährt hat sich das Exzerpieren auf Lesezeichen, d.h. Kartonstreifen von etwa halber Buchseitenbreite und etwas länger als die Buchseite, damit es aus dem zugeklappten Buch herausragt. Der Streifen wird unten an der Buchseite angelegt und daneben, also in Höhe der zu exzerpierenden Textstelle, der Auszug auf ihm gefertigt. Da hier der Platz beschränkt ist, verlangt diese Arbeit besondere Kürze, d.h. strengste Selektion. Auch auf diesen Streifen, die überdies auch Karteikartenformat haben können und dann später zu Exzerptkarteien zusammengestellt werden, arbeitet man am vorteilhaftesten mit Strukturformen von Exzerpten. Bei Einsatz verschiedener Farben können diese wieder bestimmte Themata oder Arbeitsprojekte symbolisieren."	Wörtliches Zitat
Zielke, Wolfgang: Handbuch Lern-, Denk- und Arbeitstechniken, München 1980, S. 223	Quellenangabe

Denken Sie jedoch daran:

➡ Fotokopieren ersetzt zeitraubendes, handschriftliches Exzerpieren von wörtlichen Zitaten!

❏ Das *sinngemäße Exzerpt*
Hier werden mit eigenen Worten die Gedankengänge des Autors wiedergegeben. Wissenschaftlich einwandfreies Arbeiten verlangt, solche sinngemäßen Übernahmen entsprechend zu kennzeichnen. Das Erstellen eines solchen Exzerpts erfolgt nach den gleichen Richtlinien wie beim wörtlichen Zitieren.

❏ Das *Übersichts-* oder *Auswertungsexzerpt*
Hier werden die wichtigsten Gliederungspunkte, Thesen, Gedankengänge und Anregungen eines längeren Textes auf einigen wenigen Blättern zusammengefaßt. Eine solche Inhaltsübersicht kann eine wertvolle Erinnerungsstütze und ein Hilfsmittel beim späteren Wiederauffinden von Textstellen sein.
Sie können die Aussagen des Textes mit eigenen Gedanken und Hinweisen auf dem Exzerptblatt anreichern.

➡ Im folgenden finden Sie ein Formulierungsbeispiel für einen Buchauszug.

Rationelle Buchauswertung			
Buch (bibliograph. Angaben):		Standort:	
Seite(n)	Gedanke, Thema, Anregung etc.	Bis wann?	Kontrolle

Eine Übersicht über ein Schriftgut können Sie – statt in der Reihenfolge des Textes – auch anhand seiner logischen Struktur erstellen.
Die Vorteile eines solchen Leseschemas sind:

❏ Der Textinhalt wird verarbeitet, damit die Zusammenhänge richtig dargestellt werden.
❏ Redundanzen werden vermieden, da Verbindungswörter, Artikel oder Details weggelassen werden.
❏ Die Informationen sind visuell abrufbar und können besser behalten werden.
❏ Die Reiz- und Schlüsselworte des Schemas dienen beim späteren Durchsehen als Assoziationshilfen für Details.

Strukturexzerpt: Mind Map

Eine kreative Exzerpiermöglichkeit besteht darin, einen Überblicksauszug mit Hilfe einer *Mind Map* oder Gehirnkarte zu erstellen. Mind Maps sind bildhaft organisierte und methodisch strukturierte Schlüsselworte. Diese Visualisierungsmethode basiert auf den Erkenntnissen der modernen *Hirnforschung*, hier der Aufgabenteilung zwischen linker und rechter Hirnhälfte. *Mind Mapping* koordiniert die vielfältigen Möglichkeiten sprachlichen und bildhaften Denkens und fördert das ganzhirnig kreative Arbeiten (vgl. ausführlich Birkenbihl 1989, Buzan 1984, Kirckhoff 1988).

Ein *Beispiel*, das zugleich wesentliche Informationen über diese Aufzeichnungsmethode enthält – quasi eine *Meta-Mind-Map* –, ist auf der nächsten Seite wiedergegeben.

Ebenso wie die Markierungstechniken bietet das *Exzerpieren* viele und kreative Variationsmöglichkeiten, z.B.:

❏ Standpunkt-Exzerpte,
❏ Stichwort- oder Schlagwort-Exzerpte,
❏ gesprochene Exzerpte auf Tonträgern
❏ und diverse Kombinationsformen.

➡ Entwickeln und erweitern Sie Ihr eigenes Exzerpiersystem!

Auch beim Exzerpieren bietet es sich an, das System, das man sich einmal angeeignet hat, auch konsequent beizubehalten. Sie können sich auf diese Weise im Laufe der Zeit ein Archiv bzw. eine *Exzerptkartei* wichtiger Fachveröffentlichungen, Schriftstücke und Publikationen zulegen!

Als *manuelle* Datenträger bieten sich neben

❏ Karteikarten (DIN A6, DIN A5)
❏ DIN A4-Bögen bzw. Fotokopien

an, die sich in Karteikästen bzw. Hängeordnern archivieren lassen. Daneben gibt es immer bessere Möglichkeiten der *elektronischen* Informationsverarbeitung.

> Exzerpieren und archivieren Sie die wichtigsten Informationen für die spätere Verwertung und Verwendung! Versuchen Sie auch hier, *Prioritäten* zu setzen!

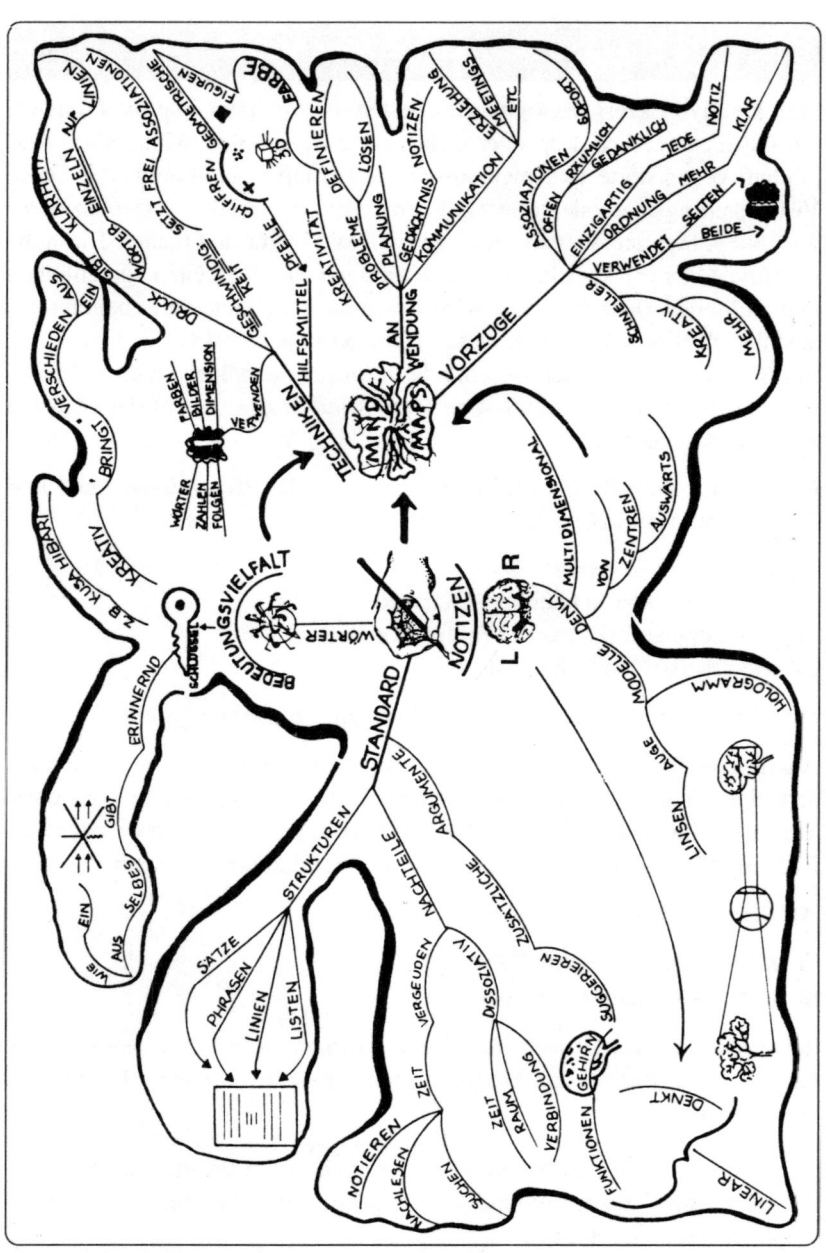

(Quelle: Tony Buzan, Kopftraining, München: Goldmann 1984, S. 116)

(4) Die SQ 3R-Methode

Als zusammenfassenden Überblick über das *rationelle Lesen* können die Prinzipien der nachfolgenden „Drei-Schritt-" oder „Fünf-Schritt-Methode" gelten, mit deren Hilfe sich ein Fachbuch oder Artikel gezielt erarbeiten läßt. Dieses von *F. Robinson* entwickelte Verfahren wird auch als *SQ 3R-Methode* bezeichnet:

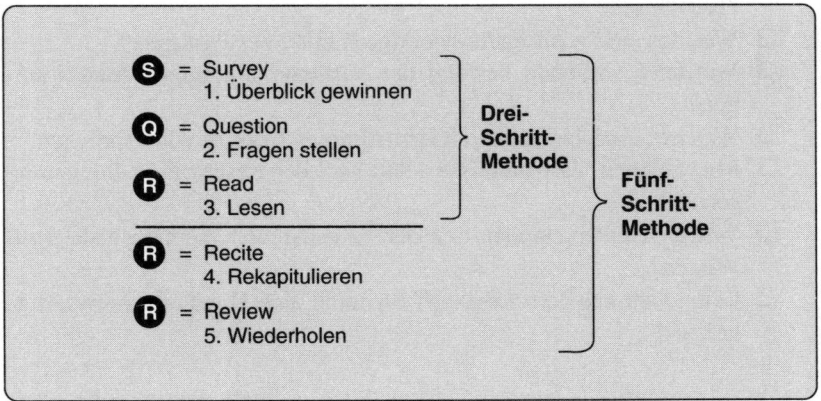

Die 5 Leseschritte sehen im einzelnen vor:

1. *Survey = Überblick gewinnen*
   Zunächst gilt es, sich mit den Informationen des Buches insgesamt vertraut zu machen.
   Nach dem Studium vorhandener Orientierungshilfen, wie
   ❏ Vorwort und Einleitung,
   ❏ Inhaltsverzeichnis und Umschlagtext,
   ❏ Kapitel- und Unterüberschriften,
   ❏ Zusammenfassungen und Gedankenflußpläne,
   ❏ Personen-, Sachverzeichnis, Glossar,
   kann oft bereits der Lesestoff beurteilt und entschieden werden, ob und welche Teile des Buches überhaupt gelesen werden müssen. Analog können Sie viel Zeit für das seitenweise Lesen sparen, wenn ein einzelnes Kapitel oder ein Zeitschriftenaufsatz gelesen werden soll.

2 *Question = Fragen stellen*

Eine passive oder rezeptive Lesehaltung, d.h., die Informationen nur aufzunehmen, reicht nicht aus, den Lesestoff beurteilend und kritisch zu verarbeiten. Eine fragende Haltung zum Text als aktives Leseverhalten fördert das bewußtere Lesen und Behalten sowie die Aufmerksamkeit (Lesemotivation):

❏ Handelt es sich um neue oder bereits bekannte Informationen?
❏ Handelt es sich bei diesen Informationen um Fakten, Meinungen, Hypothesen?
❏ Welches sind wichtige/unwichtige Kapitel der Passagen?
❏ Welche Intentionen verfolgt der Verfasser mit seinen Ausführungen?
❏ Welchen Anschauungen ist zuzustimmen bzw. zu widersprechen?
❏ Mit welchen Vorkenntnissen läßt sich der Lesestoff in Beziehung setzen?
❏ Wodurch unterscheidet sich der Lesetext von meinem bisherigen Wissen?
❏ Leitet sich aus dem Lesestoff für mich eine Handlungsnotwendigkeit ab?

Der Leseschritt „Question" führt dazu, schnell Wesentliches von Unwesentlichem zu trennen sowie kritisch und konzentriert zu lesen; ein wiederholendes Lesen entfällt.

3 *Read = Lesen*

Der nächste Schritt umfaßt das gezielte und konzentrierte Aufnehmen des Lesestoffes. Hier kann man sich bewußt der Hilfen bedienen, die der Autor bereits gegeben hat: Unterstreichungen, Hervorhebungen, Untergliederungen, Graphiken, Hinweiswörter etc.

➤ Im übrigen (kann und) sollte man sich hier der bereits beschriebenen *Schnell-Lesetechniken* bedienen!

Für die Verarbeitung wichtiger Literatur wie Sachbücher oder spezieller Fachaufsätze empfehlen sich darüber hinaus die nächsten beiden Schritte der *Fünf-Schritt-Methode*:

$\boxed{4}$ *Recite = Rekapitulieren*
Der gelesene Text sollte nochmals vergegenwärtigt werden, um sicherzustellen, daß der Lesestoff auch verstanden wurde. Besonders hilfreich sind hier die Fragen, die man zu Beginn des Lesens an den Text gestellt haben sollte.
Der ständige Wechsel zwischen *Fragen – Lesen – Rekapitulieren* hält die Lesemotivation aufrecht und verzögert eintretende Ermüdungserscheinungen.

$\boxed{5}$ *Review – Wiederholen*
Die abschließende Wiederholung dient dazu, die erarbeiteten Einzelergebnisse zu einem Ganzen zusammenzufassen, die Markierungsnotizen zu ergänzen und die Ergebnisse z.B. durch Exzerpieren zu sichern. Sinnvoll ist es, sich noch einmal anhand der Fragen der wichtigsten Antworten und des Gesamtzusammenhangs zu versichern.

Auch wenn das methodische Vorgehen nach der *SQ 3R-Technik* noch ungewohnt erscheint, stellt sich bei geübtem Lesen die Fragehaltung später oft von selbst ein, sich – ausgehend von den Interessenschwerpunkten und einem bestimmten Wissensstand – fragend und kritisch Texten gegenüber zu verhalten.

➤ Es wird deutlich, daß *Rationelles Lesen* auch ein wiederholtes Durchgehen desselben Lesestoffes bedingen kann (*Multiples Lesen*), wobei jeder einzelne Durchgang einem bestimmten Ziel dient, z.B.:

1. Durchgang:	Selektion des Lesestoffes – Festlegung der weiteren Schritte
2. Durchgang:	Orientierendes, studierendes oder zusammenfassendes Lesen
3. Durchgang:	Vertiefendes (Schnell-)Lesen mit Markierungsarbeiten
4. Durchgang:	Rekapitulierendes Lesen, um Leseziele (Fragen) zu überprüfen
5. Durchgang:	Wiederholendes Lesen mit Exzerpieren

6.3 Rationelle Besprechungen

Unter den Tätigkeits- und Zeitprofilen von Führungskräften ist der Anteil für Besprechungen mit Abstand der aufwendigste. Befragungen haben ergeben, daß Manager je nach Führungsebene 50, 60, 70 oder gar 80 Prozent ihrer Zeit in Konferenzen und Sitzungen verbringen.

Es gibt kaum eine andere Tätigkeit, bei der so viel Zeit von so vielen Leuten gleichzeitig verschwendet wird wie bei Besprechungen!

➡ Schätzen Sie einmal die Kosten für eine zweistündige Managerkonferenz mit 8 Teilnehmern der oberen Führungsebene:

Euro

Unsere Rechnung:

	Euro	125.000,–	1 Brutto-Jahresgehalt
+	Euro	125.000,–	Personalnebenkosten (rund 100%)
=	Euro	250.000,–	x 8 Teilnehmer
=	Euro	2.000.000,–	: 200 (effektive Arbeitstage im Unternehmen)
=		10.000,–	Kosten eines Arbeitstages (8 Teilnehmer)
=		2.500,–	: 4 (Kosten für 2 Stunden)

➡ Führen Sie doch einmal eine genaue *Kosten-Nutzen-Analyse* für Ihre nächste Besprechung durch:
- ❏ Arbeitskosten für die Vorbereitung,
- ❏ Gehälter der Teilnehmer,
- ❏ Personalzusatzkosten (für 2002 ca. 100%),
- ❏ Gemeinkosten,
- ❏ Spesen/Reisekosten,
- ❏ *und die verlorene Zeit!*

Je nach Größe und Hierarchieebene des Teilnehmerkreises können sich die Kosten auf bis zu

50 Euro pro Minute

belaufen!

244

Die Gründe, warum in Meetings so viel Zeit und Geld unnütz vertan werden, liegen ganz einfach darin, daß „viele Besprechungen unzureichend vorbereitet, mangelhaft organisiert, stümperhaft geleitet oder unzulänglich ausgewertet werden" (L. Steinherr). Meist dauern Konferenzen viel zu lange, oft sind sie – im Grunde genommen – sogar völlig überflüssig!

Die folgenden *25 Hinweise und Regeln* sollen Ihnen in Checklistenform die notwendigen Anregungen vermitteln, Besprechungen rationell vorzubereiten, durchzuführen und auszuwerten.

Fahren Sie ruhig fort, Herr Wuttig.
Es gibt nichts, was uns von Ihren Ausführungen
ablenken könnte.

(1) Vor der Besprechung

„Die besten Besprechungen sind diejenigen, welche erst gar nicht stattfinden müssen!"

[1] Diesen Erfahrungssatz sollten Sie immer vor Augen haben, wenn Sie zunächst prüfen, ob die Einberufung einer Sitzung *überhaupt* nötig ist. Persönliche Zusammentreffen (Meetings) erweisen sich unter folgenden Aspekten als sinnvoll:

❑ Austausch von Informationen,
❑ Sammlung von Ideen und Meinungen,
❑ Analyse von schwierigen Situationen und Problemen,
❑ Entscheidung bei komplexen Sachverhalten.

Die Effektivität der Gruppenarbeit kann, der Zeitaufwand wird jedoch um ein Vielfaches größer sein als bei Einzelarbeit!

[2] Überlegen Sie, welche *Alternativen* es zum Abhalten einer Besprechung gibt:

❑ Entscheidung des verantwortlichen Managers,
❑ mehrere Einzeltelefonate oder Telefonkonferenz,
❑ Zusammenlegung mit einer anderen Besprechung.

[3] Prüfen Sie, ob Sie *persönlich* daran teilnehmen müssen:

❑ Können Sie einfach absagen, ohne etwas zu versäumen?
❑ Können Sie einen Vertreter schicken, der außerdem noch neue Erfahrungen sammeln kann?

[4] Begrenzen Sie die *Dauer Ihrer Teilnahme* – möglichst auf die Zeit, in der Ihr Beitrag gebraucht wird.

[5] Halten Sie die *Teilnehmerzahl* so gering wie möglich. Nur wer unbedingt gebraucht wird, sollte eingeladen werden:

❑ er ist von den Entscheidungen der Sitzung direkt betroffen,
❑ er verfügt über das entsprechende Fachwissen,
❑ er führt die Entscheidungen aus,
❑ er hat Erfahrungen bei ähnlichen Problemen gesammelt,
❑ er trägt eine verwaltungsmäßige oder rechtliche Verantwortung bei der Entscheidung (z.B. Controller),
❑ er wird als erfahrener Berater und Problemlöser (oder Konferenzleiter) geschätzt.

[6] Wählen Sie einen geeigneten *Zeitpunkt* für die Besprechung (Verfügbarkeit und Vorbereitungmöglichkeit der Teilnehmer).

7 Wählen Sie einen geeigneten, möglichst störungsfreien *Raum*, und sorgen Sie für die notwendigen *Visualisierungsmedien* (Overhead, Flipchart, Metaplan-Wand etc.).

8 Klären Sie vorher, was durch die Besprechung der einzelnen Themen erreicht werden soll (*Zielsetzungen* der Tagesordnungspunkte):
❑ Entscheidung (E),
❑ Entscheidungsvorbereitung (EV),
❑ Problemlösung (PL),
❑ Information (I),
❑ etc.

9 Erstellen Sie eine *Tagesordnung mit den Vorgabezeiten* für die einzelnen Besprechungsthemen. Teilen Sie jedem Punkt die seiner Bedeutung entsprechende Zeit zu (Prioritäten!).
Verwenden Sie hierzu ein Formblatt „Besprechungsplan/Checkliste" mit handschriftlichen Notizen (vgl. Muster S. 251).

10 Versenden Sie *Einladungen* mindestens eine Woche vorher, und informieren Sie die Teilnehmer über *Themen und Zielsetzungen* so konkret wie möglich (möglichst mit Uhrzeit, wenn einzelne Teilnehmer zu bestimmten TOP erscheinen).

(2) *Während* der Besprechung

11 Beginnen Sie *pünklich*. Wer einmal anfängt, auf verspätete Teilnehmer zu warten, wartet immer!

12 Geben Sie die *Minutenkosten* dieser Sitzung (Gesamtgehälter/Minute plus 80% Zusatzkosten) und Ihren Willen bekannt, die Besprechung rationell führen zu wollen. Erzeugen Sie die Gewißheit, daß die Sitzung erfolgreich verläuft.

13 Vereinbaren Sie mit den Teilnehmern *Spielregeln für die Zusammenarbeit* (statt einer Geschäftsordnung), z. B. einzelne Diskussionsbeiträge auf 30 oder 60 sec-Sprechzeit zu begrenzen oder Beschlüsse in Übereinstimmung mit allen Teilnehmern zu fassen.

14 Betrauen Sie einen Teilnehmer mit der Verantwortung für die *Zeiteinhaltung* und Protokollführung.

15 Halten Sie *Unterbrechungen* unter Kontrolle, und blocken Sie *Killerphrasen* wie „Das haben wir noch nie so gemacht!" ab (vgl. Exkurs „Teilnehmertypen in Besprechungen").

16 Beachten und erkennen Sie die *kritischen Punkte* in Diskussionen wie ablenkende Unterhaltungen, Abschweifungen, Meinungsverschiedenheiten, „den toten Punkt", übereilte Beschlüsse oder falsche Entscheidungen.

17 Überprüfen Sie während der Sitzung, ob *Zielsetzungen* erreicht werden: Problemanalyse, Alternativlösungen, Entscheidungsfindung, Information, Koordination.

18 Wiederholen Sie *Entscheidungen* und *Maßnahmen*, um die Zustimmung der Teilnehmer sicherzustellen und Mißverständnisse auszuschließen.

19 Fassen Sie am Ende der Sitzung das *Ergebnis* zusammen, und erläutern Sie,
❏ was
❏ von wem
❏ bis wann durchzuführen ist.

20 Machen Sie *pünktlich* zur vorgesehenen Zeit Schluß. Auf diese Weise verschaffen Sie sich den guten Ruf eines erfolgreichen Konferenzleiters! Die Teilnehmer werden sich bei zukünftigen Sitzungen selbst disziplinieren, die Tagesordnung in der vorgesehenen Zeit zu erledigen; niemand gerät mehr wegen unnötigen Überziehens unter Zeitdruck bzgl. seiner nächsten Termine.

Wenn Sie auch bei der Besprechungsplanung *Prioritäten* gesetzt haben, stellen Sie sicher, daß Sie die wichtigsten Punkte am Anfang behandelt haben und nur die unwichtigsten Punkte am Ende unerledigt bleiben.

Beschließen Sie die Besprechung *positiv* mit ein paar freundlichen, *persönlichen* Worten.

Exkurs

In einer Besprechung kann man davon ausgehen, daß man es oft mit den gleichen *Teilnehmertypen* zu tun hat.

➤ Im folgenden lesen Sie, wie Sie damit umgehen bzw. fertigwerden können!

1 Der Streiter
Sachlich und ruhig bleiben. Die Gruppe veranlassen, seine Behauptungen zu widerlegen.

2 Der Positive
Ergebnisse zusammenfassen lassen, bewußt in die Diskussion einschalten.

3 Der Alleswisser
Die Gruppe auffordern, zu seinen Behauptungen Stellung zu nehmen.

249

4 Der Redselige
Taktvoll unterbrechen. Redezeit festlegen.

5 Der Schüchterne
Leichte, direkte Fragen stellen, sein Selbstbewußtsein stärken.

6 Der Ablehnende
Seine Kenntnisse und Erfahrungen anerkennen.

7 Der Uninteressierte
Nach seiner Arbeit fragen. Beispiele aus seinem Interessengebiet geben.

8 „Das große Tier"
Keine direkte Kritik üben, „Ja-aber"-Technik.

9 Der Ausfrager
Seine Fragen an die Gruppe zurückgeben.

(3) Nach der Besprechung

21 Überprüfen Sie – zumindest von Zeit zu Zeit – Verlauf und Erfolg der durchgeführten Konferenz, z.B. durch Befragung der Teilnehmer:

- ❏ Waren Anlaß und Zweck der Besprechung klar?
- ❏ Hat jeder die Tagesordnung und evtl. Unterlagen rechtzeitig vorher bekommen?
- ❏ Hat die Sitzung pünktlich angefangen?
- ❏ Wurde die Tagesordnung eingehalten?
- ❏ Wurde das Ziel dieser Besprechung erreicht?
- ❏ Wurden Aufgaben verteilt und entsprechende Termine festgelegt?
- ❏ Wieviel Zeit wurde im Verhältnis zur Gesamtdauer der Sitzung nicht effektiv verwendet?

22 Fertigen Sie ein klares, zusammenfassendes Protokoll *(Ergebnisprotokoll)* an. Dieses sollte möglichst innerhalb 24 oder maximal 48 Stunden erstellt und verteilt werden.
→ Ein Muster (Formular) finden Sie auf der nächsten Seite.

Besprechungsplan/Checkliste

Datum: 15. 12.	Uhrzeit: 14⁰⁰

Ort: Konti B

Thema: 2. Hj.

Zielsetzung:

Teilnehmer: alle Gruppenleiter	Benötigte Unterlagen: Budget Kundenliste

Nr.	Besprechungspunkte:	Beschlüsse/Ergebnisse/Massnahmen:	OK
1	Budgetaufgliederung	Info	
2	Maßnahmen je GL. - Herr Abels - Frau Rolle - Herr Mittel - Herr Stabel	Detailgliederung ?	
3	Kundenbetreuung - welche Branchen - welche Fa. - welche Ti.	Ditenbank - Recherde durch Michael Klase → 15.07.	

Sofort zu veranlassen:

Telefonate mit allen GL. (Fr. Christoph)

1107

„Der schlimmste Fehler nach Sitzungen sind gar keine Protokolle, der zweitschlimmste schlechte Protokolle." (R. A. Mackenzie)

23 Ein sog. *Kurzprotokoll* mit den wichtigsten Daten und Ergebnissen sollte am Ende der Sitzung bereits allen Teilnehmern als Fotokopie mitgegeben werden; meist erübrigt sich dann ein eigens abgefaßtes Protokoll über die gesamte Besprechung.

24 *Kontrollieren* Sie, ob die beschlossenen Schritte auch von den Betreffenden durchgeführt wurden.

25 Nicht erledigte Aufgaben und Probleme kommen als erste Punkte auf die *nächste Tagesordnung*.

6.4 Rationelle Zweier-Gespräche (Besuchermanagement)

Besucher im Büro stellen für viele Manager in mancherlei Hinsicht ein Problem dar. Für ihren Empfang wird oft sehr viel mehr Zeit aufgewandt als für jede andere Tätigkeit. Eine schwedische Studie (zit. bei Mackenzie, 1974, S. 83 f.) ergab, daß die auf Besucher (meistens Mitarbeiter) entfallende Zeit einer Führungskraft durchschnittlich 3 $1/2$ *Stunden pro Tag* betrug!

➡ Wie hoch ist Ihr persönlicher Durchschnittswert? | Std. |
(Überprüfen Sie Ihre *Tätigkeits- und Zeitanalyse*, Kap. 0)

Die Unfähigkeit vorauszusehen, *ob* ein Besucher etwas Wichtiges mitzuteilen hat, führt zu vielen, oft unnötigen Zweier-Gesprächen. Dies ist die sachliche Komponente. Auf der sozialpsychologischen Ebene resultieren eine Reihe von Besucherproblemen aus dem Bedürfnis nach Kontakt und Aufbau von sozialen Beziehungen. Die wesentlichen Zeitfresser sind vor allem die plötzlichen, unangemeldeten Besucher, die auch sofort oder unmittelbar empfangen werden, weil man glaubt, etwas zu verpassen, wenn man sie nicht anhört.

Die *Beweggründe der Besucher* resultieren aus einem oder mehreren der folgenden Punkte:

- ❑ Bedarf an Information,
- ❑ Bedarf an Hilfe oder Beratung,
- ❑ Erteilung von Informationen,
- ❑ Beantwortung Ihrer Einladung oder Aufforderung („Wenn Sie in der Nähe sind, schauen Sie doch einmal vorbei!"),
- ❑ Pflege der gesellschaftlichen oder freundschaftlichen Beziehungen.

Gerade der letzte Punkt kann unter zeitökonomischen Aspekten leicht überhandnehmen, da viele Besucher gerade aus diesem Grund kommen, um nur mal ,reinzuschauen', nichts mitbringen, einfach da sind und Zeit kosten! Die meisten wünschen oft weniger einen Ratschlag, sondern vor allem eine Bestätigung und Unterstützung ihrer Vorhaben. Die erste Strategie des *Besuchermanagement* zielt daher zunächst auf das *Abschirmen* von unnötigen und ungeplanten Besuchern ab. Die weiteren Ausführungen behandeln den Umgang mit ihnen und nennen zehn Möglichkeiten, eine Unterredung schließlich zu beenden.

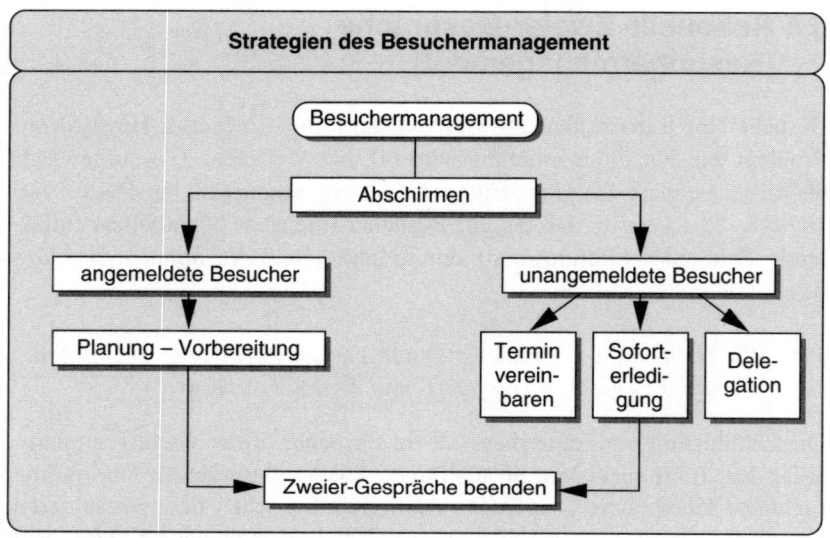

Strategien des Besuchermanagement

Besuchermanagement

Abschirmen

angemeldete Besucher

unangemeldete Besucher

Planung – Vorbereitung

Termin verein-baren

Sofort-erledi-gung

Dele-gation

Zweier-Gespräche beenden

(1) Abschirmen vor Besuchern

Gerade Führungskräfte müssen Zeit zum Denken und Arbeiten möglichst ohne Unterbrechung zur Verfügung haben.

> Schützen Sie sich daher zumindest für bestimmte Tageszeiten vor unerwünschten Unterbrechungen durch Besucher! Das gilt auch – oder gerade – für Ihre Mitarbeiter.

Es gehört zu den Fehlinterpretationen mitarbeiterorientierter Führungsstile, daß Mitarbeiter *jederzeit* Zugang zu ihren Vorgesetzten haben können oder müssen!

Wir halten es für einen falsch verstandenen, zeitökonomischen Luxus, wenn Manager jeden Wochentag, vielleicht auch zu jeder Tageszeit von jedermann, sei es persönlich oder telefonisch, beansprucht werden können!

Und welcher plötzlich auftauchende Besucher könnte denn schon in Ihr Büro kommen, ohne auch einen Grund dafür zu haben?

➡️ *Schirmen* Sie sich vor Besuchern zunächst einmal *ab* – z.B. mit Hilfe eines 12-Punkte-Programms (vgl. hierzu auch Mackenzie, 1985, S. 105 ff.):

1. Übertragen Sie Ihrer *Sekretärin* die Veranwortung für Ihre Termine; lassen Sie die Termine möglichst *vorher* vereinbaren.

2. Benutzen Sie den Schreibtisch Ihrer Sekretärin als *Barriere*, an dem niemand vorbeikommt, ohne von ihr gesehen und gefragt zu werden: „Was kann ich für Sie tun?", „Kann er Sie anrufen?" etc.

3. Führen Sie eine *„Stille Stunde"*, z.B. zu Beginn Ihres Arbeitstages, ein, in der Sie für niemanden zu sprechen sind.

4. Setzen Sie allgemeine Empfangs- oder *Sprechzeiten* fest, und lassen Sie nach den *Gründen* für die gewünschten Besuchstermine fragen, damit Sie sich vorbereiten können.

5. Richten Sie feste *Sprechstunden für Ihre Mitarbeiter* ein (z.B. „Meyer Do 14–15 Uhr").

6. Gehen Sie in die *Büros Ihrer Mitarbeiter*, und stehen Sie für Fragen zur Verfügung. Es ist dann bedeutend einfacher, sich selbst aus dem Raum zu verabschieden und zu gehen, als den oder die Gesprächspartner aus dem eigenen Büro „hinauszukomplimentieren"!

7. Halten Sie *Stehkonvente* ab (z.B. im Vorzimmer), und bestimmen Sie während der Begrüßung die Priorität oder Notwendigkeit des Besuches. Wenn Ihr Gesprächspartner erst einmal sitzt, sind Sie – psychologisch gesehen – im Nachteil!

8. Versuchen Sie, ggf. *morgens früher ins Büro* zu kommen, statt abends länger zu bleiben.

9. Begeben Sie sich in *Klausur*, z.B. in ein separates Büro oder das Zimmer eines anderen; nur Ihre Sekretärin sollte informiert sein.

10. Pflegen Sie Ihre *persönlichen Beziehungen* bei anderen Gelegenheiten, statt in Ihrem offiziellen Büro. Verabreden Sie sich turnusmäßig mit den für Sie wichtigen Leuten zum Mittagessen o.ä.

11. Stellen Sie ggf. Ihren *Schreibtisch* aus dem Blickfeld der offenen Tür, um potentielle Besucher nicht zusätzlich zu ermuntern.

12. *Und vor allem: Machen Sie Schluß mit dem Mythos von der offenen Tür („Management by open doors")!*

> Lassen Sie die Tür zu Ihrem Büro offen, wenn Sie zu sprechen sind; schließen Sie die Tür, wenn Sie nicht gestört werden wollen!

Jeder, der Sie besucht oder besuchen will, hat einen Grund für dieses Gespräch, der ihm wichtig erscheint.

1. Fragen Sie sich zunächst bei jedem externen wie internen Besucher, den Sie empfangen oder einladen wollen, *welchem Zweck* dieses Gespräch dienen soll.

2. Klären Sie möglichst zusammen mit Ihrem Gesprächspartner zu Beginn seines Besuches die Frage: *Was ist das Ziel dieses Gesprächs?*

3. Legen Sie vorher die *Zeitdauer* des Besuches fest; auch ein Gespräch zieht sich in der Regel so lange hin, wie Zeit zur Verfügung steht! Tragen Sie die voraussichtliche oder auch vorgesehene Dauer des Gespräches in der entsprechenden Leiste Ihres Tagesplan-Blattes ein (vgl. Beispiel S. 257 unten).

4. Verschieben Sie ggf. ein vorgesehenes Thema oder das gesamte Gespräch, wenn Sie das angestrebte *Ziel* in der *verfügbaren Zeit* nicht erreichen können.

5. Legen Sie private Informationen möglichst an den Schluß, wenn Sie die „Warming-up"-Phase (Gesprächseröffnung) beendet haben.

6. Lassen Sie Ihre Sekretärin die Besuche zeitlich überwachen; vereinbaren Sie z.B. für eine bestimmte Zeit eine Erinnerungshilfe oder eine entsprechende Intervention wie „Sie müssen in einer halben Stunde nach XY fahren" o.ä.

7. Bereiten Sie sich möglichst – auch wenn nur kurz – inhaltlich auf dieses Gespräch vor (Hintergründe des Problems, frühere Diskussionen, Entscheidungen und Schritte), und legen Sie notwendige *Unterlagen* bereit.

8. Stellen Sie sich auf zu erwartende *Argumente und Einwände* Ihres Gesprächspartners ein.

9. Prüfen Sie abschließend, ob dieses *Gespräch wirklich unbedingt notwendig* ist und ob es nicht Alternativen gibt, z.B. ein Telefonat oder Arbeitsessen.

10. Bereiten Sie sich auf das *Gespräch*, z.B. anhand des folgenden *Check-ups,* vor:

Gesprächsvorbereitung

Planung:	❏	Termin
	❏	Thema
	❏	Zeitlimit
	❏	Vorbereitung
	❏	Unterlagen
Eröffnung:	❏	Kurze Begrüßung
	❏	Direkt auf den Kernpunkt
Verlauf:	❏	Thementreu bleiben
	❏	Aktiv zuhören
Abschluß:	❏	Konkrete Aufgabenverteilung (Follow up)
	❏	Einhaltung des Zeitlimits
	❏	Kurze Zusammenfassung
	❏	Beendigung mit persönlichen Worten

Verkäufer - Berichte

Wiederkehrende Aufgaben/Aktivitäten

Termin	Aktivität/Aufgabe				Delegiert	OK
	☐ ½-jährlich ☐ ¼-jährlich ☐ monatlich ☒ wöchentlich				an	
Do. 13⁰⁰ - 14⁰⁰	ZOB - KW 26				GJD	
14⁰⁰ - 14³⁰	ER - BK WI				IHD	
14³⁰ - 15⁰⁰	ER - BK MZ				UW	
15⁰⁰ - 16⁰⁰	ER - BK DA				EKD	
16⁰⁰ - 16³⁰	ER - BK F				KB-SJ	
16³⁰ - 17⁰⁰	ER - BK LU/MH				MKW	

257

Gespräche mit Mitarbeitern

Besser als die Besuche von Kollegen aus anderen Abteilungen lassen sich die Besuche von Mitarbeitern, bedingt durch das Arbeitsverhältnis, kontrollieren und in den eigenen Zeitplan einfügen:

❏ Setzen Sie für jeden Mitarbeiter *regelmäßige Sprechzeiten* an, in denen Sie alles behandeln, was sich zwischenzeitlich bei Ihnen und Ihren Mitarbeitern angesammelt hat.
❏ Legen Sie zu diesem Zweck für jeden Mitarbeiter ein *(Notiz-)Blatt* in Ihrem Zeitplanbuch an.
❏ Halten Sie auch regelmäßige, kurze *Stabsbesprechungen* ab, um einfache Arbeits- und Verwaltungsprobleme zu klären.
❏ Treffen Sie sich hin und wieder mit Ihren Mitarbeitern zum *Mittagessen*, um den Bedarf an persönlichem *Kontakt* zu pflegen.
❏ Veranlassen Sie Ihre Mitarbeiter, das Telefon zu benutzen oder eine Kurznotiz zu schreiben, wenn eine persönliche Vorsprache nicht erforderlich ist.

(3) Umgang mit unangemeldeten Besuchern

Die Art und Weise, wie Sie unangemeldete Besucher behandeln, hängt davon ab,

❏ ob Sie über genügend Zeit verfügen,
❏ ob die Anforderungen der Besucher an Ihre Zeit gerechtfertigt sind,
❏ in welcher Beziehung Sie zu ihnen stehen und
❏ welche Erfahrungen Sie mit ihnen in früheren Gesprächen gemacht haben.

Zur Vorgehensweise

➡ Fragen Sie nach dem Anliegen des Besuches (W-Fragen: Was, wozu, wer, warum, wie, womit, wann?).

Je nach Wichtigkeit

➡ Delegieren Sie das Gespräch an einen Ihrer Mitarbeiter, an eine andere Stelle oder Abteilung.

➡️ Wenn sofort mit geringem Zeitaufwand zu erledigen, führen Sie das Gespräch – die Störung, die schon läuft, wird kürzer.

➡️ Sonst vereinbaren Sie einen Termin – und entlassen den Besucher.

Das beste ist jedoch:

➡️ Besucher an feste Sprechzeiten und Nicht-Sprechzeiten zu gewöhnen!

(4) Gespräche beenden

Ob ergiebig oder unergiebig, alle Zweier-Gespräche müssen einmal beendet werden. Wenn Sie bei jedem Besuch nur 5 Minuten verschwenden, 5 Besucher am Tag empfangen, verlieren Sie in einer Woche bereits über zwei Stunden Zeit!

Falls Ihr Besucher von sich aus die Unterredung nicht zu Ende bringen will, probieren Sie es mit einer der folgenden, je nach Situation höflichen oder weniger höflichen Methoden (nach J. D. Cooper, 1980, S. 189):

1. Äußern Sie eine zusammenfassende oder abschließende Bemerkung.
2. Beenden Sie den geschäftlichen Teil des Gesprächs, indem Sie zu einer belanglosen Plauderei überwechseln.
3. Blicken Sie auf Ihre Armbanduhr, oder lassen Sie ein vorher programmiertes Signal ertönen.
4. Zeigen Sie sich gelangweilt.
5. Stehen Sie auf.
6. Führen Sie Ihren Besucher zur Tür.
7. Beginnen Sie, Ihre Post zu lesen, während der Besucher spricht.
8. Verständigen Sie durch den Summer Ihre Sekretärin, so daß diese Sie unterbrechen und an den nächsten Termin erinnern kann.
9. Sprechen Sie in der Diskussion etwas energischer und eiliger.
10. Teilen Sie Ihrem Besucher vor und auch gegen Ende des Gesprächs mit, daß Sie einen weiteren Besucher erwarten und Ihre Zeit beschränkt ist.

Oder: *Artikulieren Sie Ihr Bedürfnis, sagen Sie ganz einfach, daß Sie das Gespräch jetzt beenden möchten!*

6.5 Rationelles Telefonieren

Das Telefon ist das am meisten benutzte, aber auch am meisten strapazierte Kommunikationsmittel und damit die häufigste Störquelle im Geschäftsleben.

➤ Von zehn Managern, so R.A. Mackenzie, verbringen neun mindestens eine Stunde täglich am Telefon, und vier von zehn telefonieren mehr als zwei Stunden am Tag.

Man kann weder mit dem Telefon – noch ohne das Telefon leben. Wer kennt nicht die Allmacht des klingelnden, schrillenden – oder heute oft nur noch elektronisch summenden Telefons? Wie viele Führungskräfte gehen auf dem Weg aus dem Büro wieder an den Schreibtisch zurück, weil das Telefon klingelt? Wie viele Hausfrauen (oder Hausmänner) unterbrechen das Kochen oder Abendessen, allein weil das Telefon klingelt? Und wie ist es bei Ihnen?

Ein Telefonat ist nicht nur unter arbeitsmethodischen und zeitökonomischen Gesichtspunkten so etwas wie ein unerbetener Besuch, mit dem wir in die Sphäre des anderen eindringen. Während viele es nicht ohne weiteres wagen würden, ohne Anmeldung in Ihr Büro einzudringen, können sie dies mit Hilfe des Telefons jederzeit, da durch die Entfernung und unmittelbare persönliche Distanz geschützt. Ist die Verbindung einmal hergestellt, verleitet es zu unnötigen, zeitraubenden Gesprächen.

Viele Berufe sind mittlerweile schon zu ausgesprochenen Telefonberufen geworden, z.B. Börsenmakler, Anlageberater, Auskunftsstellen etc. Therapie und Rat bietet die eigens geschaffene Telefonseelsorge. Hinzu kommt, daß Telefonieren immer einfacher und bequemer wird, z.B. durch Abruf eingespeicherter Nummern per Tastendruck und andere Errungenschaften der Telefon-Mikroelektronik. Auf der anderen Seite führt die immer häufigere Verwendung des Kommunikationsmittels „Telefon" dazu, daß auch häufiger Fehler gemacht werden, die auf die Dauer relativ viel Zeit kosten.

1 Zielsetzung unklar
2 Improvisatorische Vorbreitung
3 Ungünstiger Zeitpunkt
4 Suche der Teilnehmernummer
5 Ohne benötigte Unterlagen
6 Keine Stichwörter (vorher) notiert
7 Keine Erklärung der Gesprächsabsicht
8 Monologisierung statt Zuhören und Fragen
9 Keine Telefonnotizen
10 Keine konkreten Abmachungen

Viele telefonieren aus Ratlosigkeit, aus Geltungsbedürfnis, um Kontakt zu suchen, um beschäftigt zu wirken, um sich aufzuspielen, um Ärger loszuwerden, aus Schwatzhaftigkeit, aus Umständlichkeit, aus Langeweile und, und, und. Wie steht es mit Ihnen?

Telefonieren sollte in erster Linie ein Instrument der rationellen Information und Kommunikation sein!

Als solches Rationalisierungsmittel genutzt, bietet es verschiedene Zeitsparvorteile. Auf der anderen Seite jedoch ist es der wohl häufigste Störfaktor im Tagesgeschäft. Eine widersinnige Konstellation:

Das Telefon ist eines der effektivsten Mittel zum *Zeitsparen*, aber auch einer der häufigsten *Zeitfresser* überhaupt (*Telefon-Paradoxon*).

➡ Ob das Telefon nun bei Ihnen zur Zeitersparnis oder zur Zeitverschwendung beiträgt, hängt davon ab, wie sinnvoll Sie es benutzen und inwieweit Sie mißbräuchliche Verhaltensweisen abzulegen versuchen!

Die nachfolgenden Ausführungen wollen Ihnen einige Anleitungen geben, besser und rationeller zu telefonieren. In diesem Zusammenhang soll zwischen

❏ passivem Telefonieren (Umgang mit ankommenden Gesprächen)
❏ und aktivem Telefonieren (Vorbereitung hinausgehender Gespräche)
unterschieden werden:

Strategien des rationellen Telefonierens

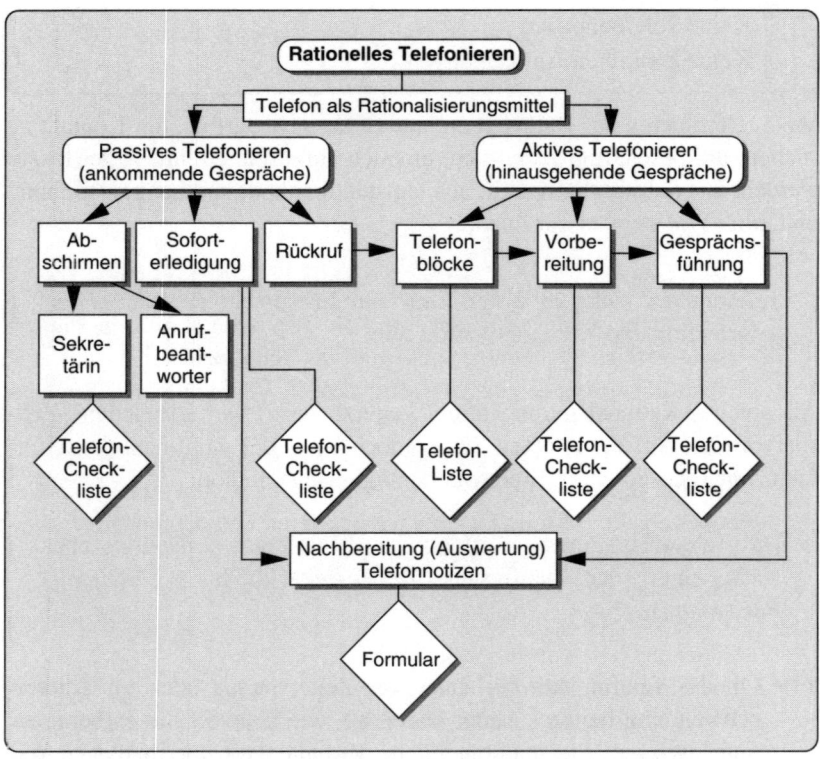

(1) Das Telefon als Rationalisierungsmittel

Das Telefon bietet vor allem fünf Vorteile, die es gegenüber den schriftlichen Medien der Telekommunikation (Telegramm, Telex, Teletex, Telefax, BTX, Datex-Dienste) und vor allem dem Brief auszeichnet:

❏ Die Übermittlungsgeschwindigkeit (*Zeitvorteil*) :
   Die Verbindung zwischen den Kommunikationspartnern wird sofort hergestellt – unter der Voraussetzung, daß der andere auch erreichbar ist; oft kann man mitten in der Arbeit sofort über die nötigen Informationen verfügen und braucht damit verbundene Tätigkeiten nicht aufzuschieben.

❏ Der unmittelbare Informationsaustausch *(Dialogvorteil)* :
   Durch die direkte Beziehung zwischen Sender und Empfänger können Fragen sofort geklärt (Rückkopplung) und Vereinbarungen unmittelbar getroffen werden.

❏ Die persönliche Verbindung *(Kontaktvorteil)* :
   Während ein Briefstil oft schwerfällig, nüchtern und sachlich ist, können Sie am Telefon mit Ihren Geschäftspartnern freundlicher, persönlicher und lebendiger umgehen. Wenn Sie von Ihrem Partner etwas erreichen möchten, sind Sie am Telefon in einer stärkeren Position und haben eher die Möglichkeit, Vorbehalte und Einwände zu widerlegen, als wenn eine briefliche Absage bereits eingetroffen ist. Evtl. Mißverständnisse können Sie sofort bereinigen! So sind auch die Erfolge des Telefonverkaufs um ein Vielfaches höher als die Bestellquote bei Werbebriefen und Annoncen.

❏ Kein Papierkrieg *(Aufwandsvorteil)* :
   Sämtliche mit einem Schreibvorgang verbundenen Tätigkeiten (Diktieren, Tippen, Durchlesen, Korrigieren, Unterschreiben, Verschicken) fallen grundsätzlich fort.

❏ Die Einsparung von Geld *(Kostenvorteil)* :
   Wenn man davon ausgeht, daß ein Geschäftsbrief nach einschlägigen Berechnungen je nachdem zwischen DM 20,- und DM 30,- Verwaltungskosten verursacht (wenn nicht noch mehr), ist schon ein 5- oder gar 3minütiges Ferngespräch erheblich billiger! Reisen, die man zum Zweck der persönlichen Unterredung unternehmen müßte, können eingespart werden. Besprechungen, ob zu zweit

oder mit mehreren, können durch das Telefon ersetzt werden und ebenfalls Reisezeit und -kosten sparen (→ Telefonkonferenzen).

Darüber hinaus können Sie durch ein Telefonat die Erledigung schwieriger Probleme, die als Brief erst einmal zur Seite gelegt würden, oftmals erleichtern oder beschleunigen.
Die Benutzervorteile des Telefons sind gerade bei komplexen Vorgängen erheblich größer als beim Brief.

Daher:

> Telefonieren Sie, statt zu diktieren!

Passives Telefonieren (Ankommende Gespräche)

Im Interesse eines kontinuierlichen, zielgerichteten Arbeitens (Selbstmanagement) sollte es Ziel einer jeden Führungskraft sein zu verhindern, daß ankommende Telefongespräche (ebenso wie andere Störquellen) die Konzentration auf eine äußerst wichtige Tätigkeit (A-Aufgabe) unterbrechen.

> Verhindern Sie Unterbrechungen zunächst durch Abschirmen.

(2) Abschirmen

Jeder, der Sie anruft, ist von der Wichtigkeit seines Vorhabens überzeugt. Von daher müssen Sie jeden im Hinblick auf sein Anliegen behandeln; auf der anderen Seite jedoch können Sie Ihren mehr oder weniger zahlreichen Telefongesprächen nur eine begrenzte Zeit einräumen, wenn Sie Ihre andere Arbeit innerhalb eines 8- oder 9-Stunden-Tages erledigen wollen.

Nur:

Das Ablehnen eines bereits angenommenen Anrufes gehört – neben der Abweisung bereits eingetretener Besucher – zu den schwierigsten, da zwischenmenschlichen Problemen überhaupt! Und Sie können selten absehen, zu welchen Konsequenzen Ihre Weigerung einmal führen könnte.

Daher:

Besser und wirksamer ist es, wenn Sie sich vor unnötigen Anrufen von vornherein abschirmen oder sie auf andere, für Sie günstige Stunden verlegen lassen:

❏ Informieren Sie alle potentiellen Anrufer, mit denen Sie immer wieder zu tun haben (Mitarbeiter, Kollegen, Kunden, Freunde etc.), wann Sie nicht zu sprechen bzw. erreichbar sind.

❏ Vereinbaren Sie nach Möglichkeit auch tägliche Telefonsprechzeiten, in denen die Telefonanliegen bei gebündelter Vorbereitung abgearbeitet werden können.

❏ Teilen Sie Ihren Anrufern aber auf der anderen Seite die Zeiten mit, zu denen man Sie am besten anrufen *kann.*

❏ Vermeiden Sie am Ende einer Gesprächs die Aufforderung oder Floskel „Rufen Sie mich mal wieder an!" Erwähnen Sie dies nur, wenn Sie es wirklich wünschen.

❏ Lassen Sie andere, die mit einer Nachricht von Ihnen rechnen, nicht unnötig warten, sondern rufen Sie pünktlich (zu einer Ihnen passenden Zeit) an, bevor Sie angerufen werden.

❏ Lassen Sie möglichst alle ankommenden Telefonate über Ihre Sekretärin laufen, oder setzen Sie zeitweise einen Anrufbeantworter ein.

a) Abschirmung durch Ihre Sekretärin
Wichtigste Hilfe und Schlüssel zur Effektivität eines Managers ist eine gute *Sekretärin*, die ankommende Telefongespräche entgegennehmen, selektieren und ggf. – nach Prioritäten – weiterleiten kann. Telefonanalysen zeigen, daß eine ganze Reihe hereinkommender Gespräche eigentlich an die falsche Adresse gelangen und umdirigiert werden müssen; andere Mitarbeiter oder Stellen im Unternehmen können die gewünschte Auskunft oft besser und schneller geben.

Hier nun einige konkrete Hinweise:

➡️ Die Sekretärin sollte grundsätzlich den *Zweck des Anrufes* erfragen, um das Gespräch von seiner Dringlichkeit *und* Wichtigkeit her einstufen zu können. Jeder wirklich wichtige Anrufer wird dies auch verstehen, wenn er höflich und geschickt danach gefragt wird.

➡️ Geben Sie daher Ihrer Sekretärin eine *Checkliste mit Kriterien* an die Hand, wann ankommende Gespräche abzulehnen, aufzuschieben (Rückruf) oder durchzustellen sind!

Telefon-Checkliste für die Sekretärin

1 Welches Anliegen hat der Anrufer? ....

2 Welche Anrufe sollen an Ihre Mitarbeiter oder andere Stellen und Abteilungen direkt weitergeleitet werden? ....

3 Welche Themen möchten Sie von Ihrer Sekretärin direkt geklärt haben? ....

4 Zu welchen Zeiten wollen Sie grundsätzlich nicht gestört werden („telefonlose oder Stille Stunde")? ....

5 Welche Personen sollen Sie überhaupt nicht erreichen (evtl. Ihr Anliegen schriftlich einreichen lassen!)? ....

6 Für welche Gesprächspartner oder Personengruppen sind Sie nur zu bestimmten Tageszeiten erreichbar (Telefonstunde, Sprechzeiten)? ....

7 Welche Personen dürfen Sie jederzeit erreichen? ....

8 Wann sollen Privatgespräche durchgestellt werden? Welche Personen? ....

9 Zu welcher Zeit können Sie am günstigsten Rückrufe tätigen? ....

10 Wann kann man den Anrufer am besten zurückrufen? ....

➡ Lassen Sie sich niemals wie folgt *entschuldigen*:
- ❏ „... ist in einer wichtigen Besprechung",
- ❏ „... möchte nicht gestört werden" oder
- ❏ „... hat wichtigen Besuch".

Solche oder ähnliche Formulierungen erzeugen leicht unangenehme Gefühle auf seiten des Anrufers, der sich gleichfalls als wichtig angenommen haben will, denn auf der sozialen oder Beziehungsebene erreicht ihn die Botschaft „Der andere ist wichtiger und größer als Du!" (denn sonst würde er jetzt mit Dir sprechen). Vermeiden Sie daher, daß sich Ihr Telefonpartner leicht zurückgesetzt oder gar abgewimmelt und damit nicht akzeptiert fühlt, indem Sie eine „neutrale" Entschuldigung wählen – ganz abgesehen davon, daß Sie dem anderen überhaupt nicht sagen müssen, woran Sie gerade arbeiten oder was Sie tun!

Eine *wertfreie* Formulierung ist z.B.: „Herr X ist gerade außer Haus (unterwegs, zu Tisch) und wird gegen 14 Uhr zurückerwartet. Können wir Sie zurückrufen?" Wenn sich die Sekretärin nicht sicher ist, ob sie einen Anruf weiterleiten soll, kann sie die Entscheidung über die relative Dringlichkeit und Wichtigkeit auf den Anrufer zurückverlagern: „Er ist im Moment (sehr) beschäftigt/in einem wichtigen Gespräch – soll ich ihn unterbrechen?" Diese Strategie funktioniert meistens gut, da dem Anrufer deutlich wird, daß man ihm behilflich sein möchte.

b) Abschirmung durch Anrufbeantworter
Wenn Sie zeitweise oder auf Dauer über keine eigene Sekretärin verfügen können, läßt sich behelfsweise ein Anrufbeantworter als automatische Abschirmung vor eingehenden Telefongesprächen einschalten. Abgesehen davon, daß hierzulande immer noch viele Leute emotionale Vorbehalte gegenüber Anrufbeantwortern haben, bleibt er doch nur „zweite Wahl", da sämtliche Telefonate gleichermaßen ohne Filter unterdrückt werden (Geräte ohne Mithörkontrolle). Der Vorteil – gegenüber der völligen Abschaltung des Telefons – ist, daß Sie nach Beendigung Ihrer Tätigkeit die Mitteilungen der Anrufer abhören und zurückrufen können.

(3) Soforterledigung

In Ausnahmefällen, wenn wichtige Anrufe durchgestellt werden müssen, und während Ihrer Telefonsprechzeiten sollten Sie sofort zu *Beginn des Gesprächs* die folgenden Punkte klären, die Ihnen eine rationelle Abwicklung des Telefonierens erleichtern:

Telefon-Checkliste „Sofort-Erledigung"

vorher: Telefon-Notizblock zur Hand nehmen!

1 Wer genau ist Ihr Gesprächspartner, von welcher
Firma, welche Funktion etc.? ....

2 Worum geht es (Anliegen des Partners)? ....

3 Wie dringlich und wichtig ist das Anliegen des
anderen (Erledigungsfristen)? ....

4 Wann können Sie später zurückrufen (Unterlagen
heraussuchen)? ....

5 Wo können Sie Ihren Telefonpartner erreichen
(bei Erstkontakt: Anschrift, Telefon- und Fax-
nummer, Schreibweisen von Namen)? ....

Eine andere Möglichkeit der *Soforterledigung* besteht darin, daß die *Sekretärin* den Anrufer bittet, einen Augenblick zu warten, und sagt: „Ich will sehen, ob ich ihn stören kann." Sie bittet ihren Chef um eine kurze Antwort, die dem Anrufer oft schon genügen wird. Eine solche Störung kann auf diese Weise leicht und schnell behandelt werden, so daß der Manager in seinem Arbeitsfluß nicht oder kaum unterbrochen (keine Begrüßung und Verabschiedung des Anrufers, keine lange Unterredung) und der Wichtigkeit oder Dringlichkeit des Anrufers genauso entsprochen wird.

Wenn Sie telefonisch direkt erreichbar sind, keine Sekretärin oder keinen Anrufbeantworter verfügbar haben, wehren Sie unnötige Anrufe kurz und präzise ab, z.B. „Ich rufe Sie wieder an" oder „Bitte rufen Sie mich um 16 Uhr wieder an." Ansonsten verfahren Sie nach der Checkliste „Soforterledigung".

Neben der Abschirmung und Soforterledigung in Ausnahmefällen ist ein *Rückruf-System* die dritte Methode, ankommende Telefonanrufe effizient und rationell zu handhaben.

Auch wenn dem ursprünglichen Anrufer die zu einem Rückruf gewählte Zeit nicht besonders gelegen kommt, ist dies eine Grundlage des persönlichen *Zeitmanagement:*

➡ Warum sollte der Gesprächsgrund des anderen automatisch für wichtiger gehalten werden als der eigene Grund, die augenblickliche Aufgabe fortzuführen, und darum angenommen werden?

In diesem Zusammenhang zitiert Mackenzie (1974, S. 90) die Aussage eines erfolgreichen Managers über die Rückrufmethode:

„Niemand erwartet, daß ein Arzt oder Chirurg während einer Untersuchung oder Operation ans Telefon geht. Niemand erwartet von einem Rechtsanwalt, während einer Gerichtsverhandlung ans Telefon zu gehen. Niemand erwartet, daß ein Professor während seiner Vorlesung ans Telefon geht. Warum sollte man dann erwarten, daß ein Geschäftsmann ‚immer bereit‘ ist, wenn das Telefon klingelt?“ (Joseph M. Trickett, A More Effective Use of Time, 1962).

Das *Rückrufsystem*, in *Telefonblöcken* ausgeführt, reduziert die Zahl der täglichen Unterbrechungen erheblich und bringt enorme Zeitspar- und Rationalisierungsvorteile.

Die Rückrufmethode macht es der Sekretärin auch möglich, dem Manager die zum Telefonieren notwendigen Unterlagen herauszusuchen, wodurch die benötigte Telefonzeit insgesamt verkürzt wird. Der Angerufene gewinnt Zeit, über die Antwort nachzudenken, wenn der Anrufer sein Anliegen genannt hat.

Einfacher, da aktiv handhabbar, als ankommende Telefonate zu verarbeiten, sind die Fälle, in denen man die Gespräche selbst tätigt. Die rationellste Methode ist, die hinausgehenden Anrufe möglichst nur noch in sog. Telefonblöcken zu führen.

(5) Telefonblöcke

Wählen Sie zwei Zeiträume, z.B. einen am späten Vormittag und einen am Nachmittag, in denen Sie Ihre Telefonate gebündelt oder serienweise abarbeiten, nachdem Sie diese vorbereitet haben.

Die Vorteile einer *„Serienproduktion"* von mehreren gleichartigen, kleineren Aufgaben liegt darin, daß Sie Ihre Arbeitsgänge nur einmal vorzubereiten brauchen und bei Arbeiten gleicher Art bleiben. Probieren Sie aus, welche Rationalisierungsmöglichkeiten in diesem Hinweis stecken – beachten Sie aber, daß Ihre Arbeitsblöcke nicht zu lange dauern (ca. 30 Minuten), da sonst Ihr Telefon ständig besetzt ist und Unmut bei den Anrufern erzeugen kann.

Sie telefonieren nicht mehr wahllos oder „einfach so zwischendurch", sondern gezielt, planvoll und effizient. Ihre Konzentration ist wesentlich höher, und Sie werden auch durch hereinkommende Telefonate viel weniger gestört (denn Sie blockieren ja Ihre eigene Leitung). Wenn Sie das Ziel Ihres Gespräches vorher festgelegt haben, bringen Sie nur die wichtigen Dinge zur Sprache. Sie versäumen keine Zeit durch hastiges Heraussuchen der Unterlagen während des Gesprächs, da alles schon vorgeordnet ist.

> Wenn Sie alle Anrufe zu bestimmten Zeiten der Reihe nach abarbeiten, erledigen Sie Ihre Gespräche konsequenter und zwingen sich automatisch, Ihre Telefonzeit kürzer zu halten (*Selbstdisziplin*).

Sie können dieses Prinzip auch auf einen halben oder ganzen Tag ausdehnen und an einem solchen *Telefontag* alle Vorgänge aus Ihrem Wochenplan herausgreifen, die sich telefonisch erledigen lassen.

Zur Vorgehensweise:

▶ Legen Sie eine *Telefonliste* an, auf der Sie alle Namen Ihrer Gesprächspartner, Themen und Rufnummern notieren und anschließend mit einer *Prioritätenkennziffer* nach Wichtigkeit/Dringlichkeit versehen und in eine Rangfolge bringen (z.B. A-B-C, 1-2-3).
→ Eisenhower-Prinzip (S. 138-140)

▶ Weniger wichtige und wenig dringliche Telefonate sollten Sie möglichst ganz unterlassen!

▶ Überprüfen Sie Ihre Telefonliste auch auf Delegationsmöglichkeiten, und übertragen Sie geeignete Anrufe auf Ihre Sekretärin und Mitarbeiter.

▶ Ordnen und sammeln Sie alle notwendigen Gesprächsunterlagen und Akten in der entsprechenden Reihenfolge Ihrer Telefonate.

▶ Legen Sie sich z.B. eine *Sammelmappe* „Telefonate" an!

▶ Beginnen Sie zur festgelegten Telefonzeit mit Hilfe Ihrer *Sekretärin* mit der Abwicklung des ersten Telefonblocks, indem diese in der Rangfolge Ihrer Liste die Nummern anwählt, bis ein Gesprächspartner erreicht wird. Die nicht zustande gekommenen Gespräche rücken automatisch an das Ende der „Warteliste" und werden dann nochmals angewählt usw. Wer bei zwei- oder dreimaligem Anwählen nicht erreicht wurde, kommt z.B. in den Nachmittagsblock.

▶ Denken Sie auch bei Einzelgesprächen daran, diese von Ihrer Sekretärin anwählen zu lassen und erst zu übernehmen, wenn die Verbindung hergestellt ist.

Sie sparen so – auf Dauer gesehen – eine Menge Zeit ein!

Einsatz des Zeitplanbuches:
Für eine kurze Vorbereitung eines oder mehrerer Telefongespräche können Sie die linke Seite des Tagesplanes (Rückseite des Vortages) verwenden. Notieren Sie hier die am Telefon zu klärenden Fragen und ggf. auch die Ergebnisse.

Telefonliste				Datum:	
Gespräch Nr.	Gesprächspartner	Thema, Anlaß	Tel. Nr. Durchwahl	Priorität	Erledigung Kontrolle

Weitere Möglichkeiten:

❏ *Routinetelefonate*, die während eines oder mehrerer Arbeitstage(s) anfallen, sollten als Telefonblock zu einer unproduktiven Zeit (Leistungskurve!) abgearbeitet werden, in der sie die übrige Arbeit nicht beeinträchtigen.

❏ Nutzen Sie *Leerlaufzeiten* und sonstige Momente zwischen einzelnen Aufgaben oder Besprechungen, um noch ausstehende Telefonate zu erledigen.

❏ Telefonieren Sie *antizyklisch*, nämlich außerhalb der Hochbetriebszeiten. Auf diese Weise können Sie Ihre(n) Partner schneller und besser erreichen. Am günstigsten sind dafür etwa die Zeiten von

– 8.00 bis 9.30 Uhr
– 13.30 bis 14.00 Uhr
– ab 16.30 Uhr

272

Zu den übrigen Zeiten muß man damit rechnen, daß sich die Erledigungszeiten fast verdoppeln und die Gesprächspartner nur in etwa 50 Prozent der Fälle sofort erreichbar sind.

(6) Vorbereitung

➡ Prüfen Sie vor jedem Anruf, den Sie tätigen wollen, die folgenden drei grundsätzlichen Fragen:

❏ Besteht ein eindeutiger Bedarf an persönlichem Kontakt?
❏ Ist es unbedingt notwendig, die Antwort zu kennen, um sich zu verständigen?
❏ Trifft man den Gesprächspartner demnächst?

> Überlegungen, die – *vorher* angestellt – *nicht* zum Telefonieren führen, sind wertvoller, als ohne Ziel oder Ergebnis zu telefonieren!

➡ Sie sollten daher erst telefonieren, wenn Sie sich über die *Zielsetzung* klargeworden sind:

❏ Will ich nur allgemeinen Kontakt pflegen und mich mit einem anderen austauschen?
❏ Will ich mich in Erinnerung bringen oder eine neue Beziehung herstellen?
❏ Will ich Informationen einholen oder solche vermitteln?
❏ Will ich Ideen vorbringen und sie bewerten lassen?
❏ Will ich den anderen von meinen Absichten überzeugen und ihm meine Projekte nahebringen?

➡ Sorgen Sie für den richtigen *Zeitpunkt* Ihres Gespräches:

❏ Klären Sie die *besten Anrufzeiten* ab! Ihr Gesprächspartner ist – ebenso wie Sie! – dankbar, wenn er in seinem Arbeitsablauf möglichst wenig gestört wird. Klären Sie dies am Ende eines anderen Telefonats oder bei einem persönlichen Gespräch einmal ab.
❏ Kündigen Sie Ihre Gespräche vorher exakt an! Viele Gesprächspartner halten sich dann am Schreibtisch bereit und sind auf Ihren Anruf eingestellt, wenn Sie den genauen Zeitpunkt vorher (Brief, Fax, Se-

kretärin) bekanntgegeben haben. Sie sparen Zeit und Kosten und beschleunigen die Erledigung des betreffenden Vorgangs!

➡️ *Bereiten Sie Ihre Anrufe sachlich und inhaltlich vor!*

Ein wesentlicher Punkt für erfolgreiches Telefonieren ist die Gesprächsvorbereitung. Die folgende *Telefon-Checkliste* soll Ihnen einige Anregungen geben, dieses Instrument effektiver zu benutzen.

Stellen Sie sich auf Ihren Partner ein, und konzentrieren Sie sich dann auf die Gesprächsführung.

Checkliste „Telefon-Vorbereitung"

Anruf erst vorbereiten – dann telefonieren

❏ *Ziele*

1 Was will ich erreichen?
(Gesprächsziele bzw. Teilziele setzen) ....

2 Wen will ich anrufen?
(Name, Abteilung, Funktion,
Durchwahlnummer) ....

3 Wann will ich anrufen?
(Postzeit, Tischzeit, Gleitzeit bzw.
Dienstschluß berücksichtigen) ....

4 Welche Fragen will ich stellen?
(Stichpunkte notieren) ....

❏ *Unterlagen*

5 Welche Unterlagen benötige ich?
(Kundenkartei, Korrespondenz, Berichte, Vorgänge) ....

6 Welche Unterlagen benötigt mein Partner?
(Korrespondenz, Prospekte, Akten) ....

❏ *Argumente und Einwände*

7 Was ist das Ziel meines Gesprächspartners? ....

8 Wie kann ich meinen Partner motivieren?
(Kenne ich den Vorteil und Nutzen, den
mein Gesprächspartner von meiner Aktivität hat?) ....

| 9 | Wie kann ich argumentieren? | .... |

| 10 | Welche Beweismittel, Referenzen oder Beispiele kann ich verwenden? | .... |

| 11 | Welche Fragen wird mir mein Partner stellen? | .... |

| 12 | Welche Einwände habe ich zu erwarten? | .... |

| 13 | Wie entkräfte ich diese Einwände? | .... |

| 14 | Was darf ich nicht sagen? | .... |

| 15 | Was wird mir mein Partner verschweigen? | .... |

| 16 | Wie komme ich an diese Punkte heran? | .... |

| 17 | Welche Kompromisse oder Zugeständnisse kann ich machen? | .... |

| 18 | Wie können bei einem Interessenkonflikt beide so auseinandergehen, daß jeder gewinnt? | .... |

❏ *Ergebnisse*

| 19 | Was habe ich erreicht? | .... |

20 Was ist zu veranlassen?
  ❏ von wem?
  ❏ wann?
  ❏ und wo? ....

(7) Gesprächsführung

Die in diesem Zusammenhang üblicherweise genannten *technischen Hinweise* wie deutliche Aussprache, Sprechmuschel freihalten, Namen nennen und wiederholen etc. setzen wir als hinreichend bekannt voraus. *Strategische Überlegungen* zur Gesprächsführung ergeben sich aus der vorhergehenden Telefon-Checkliste, insbesondere aus der Rubrik „Argumente und Einwände".

Zur konkreten Gesprächsführung, wenn Sie mit dem Teilnehmer verbunden sind, hier noch einige Anregungen und Hinweise:

1 *Fassen Sie sich kurz: Straffen Sie die Kontaktphase!*

Die Eröffnung eines Telefongesprächs bestimmt auch den Verlauf und sein Ende!

„Guten Tag, Herr X, wie geht es Ihnen?" ist eine Einladung zu einem langen Gespräch über Familie, Urlaub, Hobby und laufende Ereignisse. Tauschen Sie keine Wetterberichte aus, und straffen Sie die Kontaktphase!

„Guten Tag, Herr X! Ich benötige schnell ein paar Auskünfte, wenn Sie eine Minute Zeit für mich haben." oder ähnliche Sätze sind dagegen keineswegs unhöflich, aber garantieren ein kurzes Telefongespräch und erleichtern auch dem Partner am anderen Ende der Leitung ein rationelles Telefonieren. Ist die Kontaktaufnahme für das Gesprächsziel von besonderer Bedeutung, können Sie kurz an eine gemeinsame Erinnerung anknüpfen; bei Fremden erscheint eine kurze Vorstellung zur Schaffung einer positiven Beziehungsebene angebracht.

2 Sagen Sie Ihrem Gesprächspartner *zuerst, „worum es geht"*, und erläutern Sie dann erst die Gründe und Einzelheiten.

3 *Unterbrechen* Sie das Gespräch nicht, weil gerade auf einem anderen Apparat ein für Sie wichtiger Anruf kommt. In Notfällen fragen Sie, ob Sie unterbrechen dürfen, und sichern Sie Ihren Rückruf in 10 Minuten zu.

4 Vermeiden Sie ebenso „*Nebengespräche*" mit in Ihrem Büro anwesenden Personen.

5 Machen Sie deutlich und holen Sie das Einverständnis des anderen ein, wenn Sie Gespräche auf Band aufzeichnen oder einen *Mithörlautsprecher* einschalten wollen.

6 Fassen Sie bei längeren Gesprächen das Ergebnis und evtl. Maßnahmen (wer macht was bis wann?) am Ende kurz zusammen.

7 Erbitten oder versprechen Sie ggf. eine kurze schriftliche Bestätigung der telefonischen Absprache.

Der einfachste Weg ist eine Kopie der *Gesprächsnotiz* mit Unterschrift.

8 Notieren Sie während des Gesprächs wichtige Einzelheiten wie Namen, Zahlen und entscheidende Informationen, die auch von Ihren Mitarbeitern und Kollegen gelesen und verstanden werden können.

9 Verfolgen Sie insbesondere bei Ferngesprächen die Dauer = Kosten Ihres Anrufes (Kurzzeituhr, Chronograph, Telefon-Sanduhr, elektronischer Gebührenzähler etc.).

10 *Fassen Sie sich kurz: Schließen Sie das Gespräch ab, sobald das Gesprächsziel erreicht ist!*

Viele Telefongespräche ziehen sich oft endlos lange hin, weil beide Teilnehmer Schwierigkeiten haben, ein Gespräch zu beenden. „Vielen Dank, Herr X. Ich denke, das genügt. Ich sehe Sie hoffentlich bald einmal wieder!" z.B. ist ebenso rationell und knapp wie höflich und persönlich. Versuchen Sie, Ihre Gesprächspartner an ein kurzes, aber freundliches Telefonverhalten von Ihnen zu gewöhnen. Achten Sie darauf: Der letzte Eindruck sollte der beste sein!

Die nachfolgende *Telefon-Checkliste* faßt die wichtigsten Punkte zusammen:

Telefon-Checkliste „Gesprächsführung"

Fassen Sie Ihre Telefonate kürzer!

1   Straffen Sie die *Kontaktphase*. ....

2   Sagen Sie zuerst, *worum es geht*. ....

3   Unterbrechen Sie nicht wegen anderer Anrufe. ....

4   Vermeiden Sie *Nebengespräche* mit Dritten. ....

5   Lassen Sie Bandaufzeichnungen und Mithören genehmigen. ....

6   Fassen Sie *Ergebnisse und Maßnahmen* zusammen. ....

7   Sorgen Sie für eine schriftliche *Bestätigung*. ....

8   Notieren Sie wichtige *Einzelheiten*. ....

9   Verfolgen Sie die *Dauer = Kosten des Gesprächs*. ....

10   Bringen Sie das Gespräch zum *Ende*. ....

---

(8) Nachbereitung (Auswertung): Telefonnotizen

Letzte Phase eines *rationellen Telefonierens* ist das Festhalten und Auswerten eines erhaltenen oder getätigten Anrufes. Das Telefon als meist gebrauchtes Kommunikationsmittel im Wirtschaftsleben bietet auch den häufigsten Anlaß für Mißverständnisse.

> Gewöhnen Sie sich an, von allen wichtigen Gesprächen eine entsprechende Notiz anzufertigen.

So halten Sie die entgegengenommenen Informationen klar und vollständig fest und haben für später eine wertvolle Unterlage (Beleg). Diese Notiz können Sie je nachdem direkt auf dem Vorgangsblatt, der Gesprächs-

278

unterlage, dem vorliegenden Brief etc. oder auf einem separaten Notizblatt vornehmen.

Das nachfolgende Formular ist sowohl für die Vorbereitung als auch für die Mitschrift und Nachbereitung von Telefongesprächen geeignet:

Memo/Telefon-Notiz

Datum	Für:
Uhrzeit	Aufgenommen von:
Anruf von:	
Rufnummer:	

	Ruft selbst wieder an				
	Erbittet Rückruf		Dringend		Gelegentlich

Anruf wegen: — Zu veranlassen:

Rückgabe erbeten an:	Erledigt durch/ Datum:

6.6 Rationelle Korrespondenz

Der Zeitverlust, der Führungskräften aus der unzureichenden Abwicklung ihrer Korrespondenz erwächst, ist erheblich. Die unvermeidliche Bearbeitung der Post beschäftigt Manager oft mehr als eine Stunde am Tag. Angefangen bei der Bearbeitung der Eingangspost, über die Abfassung von Routineschreiben und individuellen Briefen bis hin zum fachgerechten Diktieren entstehen Zeitverluste, die bei rationellerer Arbeitsweise weitgehend zu vermeiden gewesen wären.

Die folgenden Hinweise sollen Sie dazu anregen, diese C- oder B-Aufgaben zeitökonomischer zu bewältigen:

(1) Rationelle Bearbeitung der Eingangspost

(nach L. Steinherr, 1979, S. 107–109)

1. Lassen Sie sich nur die *Eingangspost* vorlegen, die für Sie von Bedeutung ist, und verzichten Sie auf sämtliche „Routinepost"!

2. Lassen Sie sich die Eingangspost vorsortiert (z.B. nach Prioritäten) in *Ordnermappen* vorlegen.

3. Veranlassen Sie, daß Ihnen zu Eingangsbriefen der bereits vorhandene *Vorgang* als Unterlage beigelegt wird.

4. Befördern Sie direkt in den *Papierkorb*, was ohne Informationswert ist, nicht bearbeitet oder aufgehoben werden muß.

5. Markieren Sie beim Lesen eines Briefes sofort alle wichtigen *Textstellen*, um Ihnen und anderen die nachfolgende Bearbeitung zu erleichtern.

6. Versehen Sie einen Brief sofort mit *Bearbeitungsvermerken*, z.B. zu Antwort-Stichwörtern, Erledigungstermin, Bearbeiter, Verteiler, Ablage o.ä. Verwenden Sie hierfür normierte Vordrucke.

7. Leiten Sie Eingangsschreiben, die von einer *anderen Stelle* bearbeitet werden müssen oder sollen, sofort an diese weiter.

8 Erledigen Sie einen *Eingangsbrief*, wann immer dies möglich ist, *sofort*, also *während der Postdurchsicht* (s.u.).

9 Bemühen Sie sich dabei, *kein Schriftstück* zu bearbeiten (z.B. zu lesen), ohne damit nicht irgend etwas zu tun, zu veranlassen, eine Maßnahme zu ergreifen etc.

Ziel sollte sein:

> Nehmen Sie jedes Papier/jeden Vorgang möglichst nur einmal in die Hand!

10 Richten Sie sich einen dreistufigen *Postkorb* mit folgenden Fächern ein:

❑ Soforterledigung
❑ Wiedervorlage
❑ Ablage

(2) Rationelle Erledigung der Korrespondenz (Ausgangspost)

Ob Sie nun Routineschreiben oder individuelle Briefe erstellen wollen, stets sollten Sie als Grundprinzip vor Augen haben:

> •Schreiben und diktieren Sie so wenig wie möglich und nur so viel wie unbedingt nötig!

Auch Ihre Geschäftspartner werden es Ihnen danken, wenn sie schnelle und rationelle Korrespondenz erhalten.

Die folgenden Anregungen sparen Ihnen jeweils „nur" Minuten, addieren sich aber im Laufe eines Monats auf Stunden.

Darüber hinaus wird ein Unternehmen, eine Abteilung oder ein Angestellter auch daran gemessen, wie schnell, unkonventionell und zuverlässig diese ihre Geschäftspost erledigen.

1 *Rationelles Korrespondieren durch Sofort-Antworten*

➡ Notieren Sie die Antwort handschriftlich auf dem Eingangsbrief, versehen mit Datum und Unterschrift, und schicken Sie das *Original* an den Absender zurück (*Kopie* für Ihre Akten). Oft genügt schon „Einverstanden" oder „O.K.", um eine Anfrage zu beantworten.

Die positive Wirkung dieses Zeitspareffekts können Sie durch einen Aufkleber oder Stempel

noch zusätzlich unterstützen.

Die *Vorteile* dieser Rationalisierungstechnik:
- ❏ Einsparung von Diktat- und Schreibzeit
- ❏ „Postwendende" Antwort an den Briefpartner
- ❏ Einsparung von 50% Ablage auf beiden Seiten (2 Vorgänge = 1 Schriftstück).

2 *Rationelles Korrespondieren durch Kopie-Briefe*

Eine Variante der Sofort-Anwort ist, wenn Sie aufgrund eines Ihnen vorliegenden Schriftstückes (Prospekt, Katalog, Inserat, Artikel etc.) eine Anfrage oder Bestellung aufgeben wollen.

➡️ Legen Sie auf das Original des betreffenden Schriftstückes Ihre Visitenkarte, einen Adreßaufkleber, einen Kurzbrief o.ä. und kopieren Sie beides. Notieren Sie handschriftlich auf der Kopie Ihr Anliegen (Anfrage, Anmeldung, Bestellung), z.B. „Bitte 2x schicken", und senden Sie dieses Blatt an den Adressaten.

Die *Vorteile* dieses Verfahrens:
❑ Sie müssen keinen Brief formulieren oder schreiben lassen.
❑ Der Empfänger weiß sofort, um was es geht, da er seine eigene Unterlage zugeschickt bekommt.

3 *Rationelles Korrespondieren durch Pendel-Briefe*
Dieses auch als *Blitzantwort* bezeichnete Prinzip bietet sich an, wenn Ihre Nachricht eine Antwort verlangt und die Texte kurz gefaßt werden können.

Formular: Pendelbrief

Pendelbrief	**Unsere Nachricht**
	Unser Zeichen Ihr Schreiben vom Ihr Anruf vom Unser Gespräch am
Empfänger	Betrifft:—————————————
	—————————————————
	—————————————————
	—————————————————
	—————————————————
———————————	Ort, Datum Unterschrift
Pendelbrief	**Ihre Antwort**
	Ihr Zeichen Unser Anruf vom Unser Gespräch am
Absender:———————	Betrifft:—————————————
	—————————————————
	—————————————————
———————————	—————————————————
	—————————————————

➤ Erstellen Sie ein wie in unserem Beispiel angegebenes Formular, und senden Sie das Original an den Empfänger (Durchschlag für Ihre Unterlagen). Bei Vorliegen der Rückantwort können Sie den Durchschlag vernichten.

Die Vorteile dieses Prinzips:
- ❑ Knappe Nachricht- und Antwortfelder zwingen zur knappen Korrespondenz.
- ❑ Absender und Empfänger haben Nachricht und Antwort gleichzeitig vor Augen.
- ❑ Beide Korrespondenzpartner brauchen nur ein einziges Schriftstück abzulegen.
- ❑ Keine Wiederholung von Adressen, Zeichen, Datum und Betreff durch den Antwortgeber.

4 *Rationelles Korrespondieren durch Antworthilfen*
(Abstimmung mit Geschäftspartner)
Ebenso wie Sie eine kurze, aber schnelle Antwort auf Ihre eigene Korrespondenz erwarten, können Sie dem Geschäftspartner unnötige Arbeit abnehmen:

➤ Schicken Sie Ihre Briefe in zwei Exemplaren, und erwähnen Sie im Text z. B. den Satz: „Bitte verwenden Sie einfach die beiliegende Kopie für eine kurze, handschriftliche Stellungnahme!"
➤ Lassen Sie Raum für die Beantwortung, und schreiben Sie z.B. über den freien Raum: „Meine Antwort/Stellungnahme: ..."
➤ Regen Sie zur Kurzantwort an, indem Sie im Text hinzufügen: „O.K. genügt" oder „Einverstanden genügt" oder „Eine Kurz-Antwort genügt".
➤ Stimmen Sie sich mit Ihrem Geschäftspartner ab, indem Sie z.B. im direkten Gespräch erwähnen, daß lange Briefe nicht erforderlich sind und Sie sich die Antwort gegenseitig erleichtern wollen.

5 *Rationelles Korrespondieren durch Kurz-Briefe (Kommunikationsvordrucke)*
Verwenden Sie Vordrucke, Formbriefe oder Unterlagenbegleitzettel für Kurzmitteilungen, Auftragserteilung, Telefon- oder Aktennotizen, Laufzettel, Bedarfsmeldungen etc., wenn Sie kurze, standardisierte

Mitteilungen haben oder schriftliche Unterlagen (Anlagen) versenden, die nur einer kurzen Erläuterung bedürfen.

➡ Der Bürofachhandel hält hier ein umfangreiches Angebot bereit!

Der Vorteil von Kurz-Briefen:
Sie sparen Schreib- und Diktierzeit, indem Sie nur die vorgegebenen Hinweise ankreuzen oder Stichwörter notieren!

➡ Schnelle Erledigung macht oft einen besseren Eindruck als schöne, aber unrationelle Briefe!

Herrn
Prof. Dr. Lothar J. Seiwert
Vogtlandstraße 11 B

6204 Taunusstein

Kurzbrief

Ohne besonderes Anschreiben
übersenden wir Ihnen diesen
Kurzbrief

Ihr Zeichen	Ihr Schreiben vom	Ihr Anruf/FS vom	Unser Gespräch am

Betrifft:

Artikel "Formel für Erfolg" / Fax von heute Morgen

Anbei erhalten Sie:

- ☐ Fotokopie
- ☐ Abschrift
- ☐ Angebot v. _____
- ☐ Musterstein
- ☐ Farbtonkarte
- ☐ Referenzliste
- ☐ Pläne
- ☐ Prospekt
- ☐ Übersicht
- ☐ Zeichnung
- ☐ Aktennotiz v. _____
- ☐ Mit Dank zurück!

mit der Bitte um:

- ☐ Anruf
- ☐ Bearbeitung wie besprochen
- ☐ Entscheidung
- ☐ Erledigung
- ☐ Genehmigung
- ☐ Kenntnisnahme
- ☐ Prüfung
- ☐ Rückgabe
- ☐ Rücksprache
- ☐ Stellungnahme
- ☐ Verbleib
- ☐ Unterschrift

- ☐ Weitere Veranlassung
- ☐ Weiterleitung
- ☐ Angebot
- ☐ Auswertung
- ☐ an _____
- bis/am _____
- ☐ _____

Lieber Herr Prof. Dr. Seiwert,

anbei erhalten Sie eine Kopie des Artikels von heute Morgen.

Ich hoffe, sie ist besser zu lesen als das Fax.

Mit freundlichen Grüßen

Datum 26.06.89 Unterschrift *Christiane Lohmann*

Geschäftsführer: Rainer M. Megerle Nürnberg Handelsregister HRB 2890
Bankverbindung: Deutsche Bank Nürnberg Konto-Nr. 0191 999 BLZ 760 70012
Telefon (0911) 527777 **Telex** 6 22993 rameg
Stützpunkte in Nürnberg · Stuttgart · Frankfurt

6 *Rationelles Korrespondieren durch Textverarbeitung*
Einen regelrechten Boom haben in der letzten Zeit die zahlreichen *Mikrocomputer* (auch Personal- *oder* Homecomputer genannt) ausgelöst, die es Büros, Abteilungen, Kleinunternehmen, Rechtsanwälten, Ärzten etc. und Normalverbrauchern schon ab DM 2.000,– ermöglichen, neben verschiedenen anderen Programmen auch eine eigene, leistungsfähige *Textverarbeitung* zu besitzen. Bei dem zu beobachtenden Preisverfall und weiter fortschreitenden Trend zur Mikroelektronik wird dieser Rationalisierungsaspekt immer attraktiver werden!

Der Vorteil:
Programmierte Briefe ersparen Ihnen ebenfalls viel Zeit und bewahren dabei die äußere Form des persönlich geschriebenen Briefes.

7 *Rationelles Korrespondieren bei Individual-Briefen*
Schließlich gibt es noch die Fälle – und das sind nicht die wenigsten –, in denen Sie aus Repräsentationsgründen oder wegen des inhaltlichen Umfangs einen *Individual-Brief* schreiben müssen.

➤ Sammeln Sie einzelne Briefe für eine Serienproduktion (Aufgabenblöcke), z. B. in einer Sammelmappe „Korrespondenz".

➤ Bereiten Sie Ihre Korrespondenz- und Diktiervorgänge vor, indem Sie die nötigen Unterlagen bereitlegen, Stichwörter notieren etc.

➤ Verwenden Sie Kurzentwürfe mit einer sichtbaren Fixierung der Hauptpunkte, um sich voll auf die Formulierung konzentrieren zu können.

➤ Diktieren Sie einfache Briefe auf Band (Diktiergerät) oder besser: Delegieren Sie mehr, indem Sie der Sekretärin nur Stichwörter (z. B. Termine absagen) vorgeben.
→ „Bearbeitung der Eingangspost"

➤ Prüfen Sie schließlich, ob Sie diesen Fall nicht besser mit einem Anruf erledigen können. Oft lassen sich mehrere Dinge auf einmal klären (Rückkopplung); ein Anruf ist meist noch schneller erledigt als ein Diktat.

8 *Rationelles Korrespondieren durch fachgerechtes Diktieren*

Wir gehen davon aus, daß Sie mit den üblichen technischen Handlungsanweisungen für rationelles Diktieren und deutliches Sprechen vertraut sind (vgl. hierzu Steinherr, 1979, S. 119-127), und beschränken uns hier auf einige wenige, arbeitsmethodische Hinweise:

➡ Benutzen Sie das *Phono-Diktat* anstelle des althergebrachten Steno-Diktats. Im letzteren Falle wird die Zeit von zwei Personen gleichzeitig blockiert; während Sie nämlich den zweiten Brief diktieren, kann bei Diktataufzeichnung der erste bereits geschrieben werden. Ersparnis beim Phono-Diktat gegenüber dem Steno-Diktat: 50%.

➡ Nutzen Sie Leerlauf- und *Wartezeiten* (in Auto, Bahn, Flugzeug etc.) für Kurzdiktate.

➡ Prüfen Sie die Möglichkeit des *Stichwort-Diktats* (Verfasser diktiert nur wenige Stichworte, Sekretärin formuliert den Text selbst) als Alternative zum Volltext-Diktat (Verfasser diktiert den gesamten Text wörtlich).

➡ Fassen Sie auch kurze Diktate, besonders wenn sie weniger wichtig sind, zu Aufgabenblöcken zusammen.

9 *Rationelles Korrespondieren durch Selbstbeschränkung*

➡ Vermeiden Sie unnötigen Papierkrieg und die Gewohnheit, über wichtig erscheinende Vorgänge auch eine Aktennotiz verfassen oder diktieren zu müssen.

10 *Rationelles Korrespondieren durch zielorientiertes Arbeiten*

➡ Fragen Sie sich vor jedem Diktat und jedem Korrespondenzvorgang, *welchen Zweck* oder *welches Ziel* Sie mit dieser Arbeitstätigkeit erreichen wollen!

➡ Überlegen Sie sich immer *vorher*, was Sie dem anderen mitteilen wollen.

6.7 Arbeitsrationalisierung durch Checklisten und Formulare – Rationelle Schriftgutverwaltung

Gewinnen Sie zusätzliche Zeit, indem Sie Ihre wiederkehrenden Arbeiten und Aufgaben durch Checklisten rationalisieren. Der Begriff „Checkliste" kommt aus der Pilotensprache und bezeichnet eine Abstreichliste, die in genau festgelegter Reihenfolge aufzählt und angibt, was zu tun, zu lassen, zu überprüfen oder zu verändern ist. Checklisten haben sich inzwischen zu einem universalen Instrument der Arbeitserleichterung für sich wiederholende oder ähnliche Arbeitsvorgänge entwickelt.

Sie bieten vor allem folgende *Vorteile*:

Checklisten als Zeitmanagement-Projekt
1   Die Zerlegung der Arbeit in Einzelphasen führt zur besseren Konzentration auf das Wichtige.
2   Die beschleunigte Durchführung einer Tätigkeit setzt zusätzliche Energie frei.
3   Routinevorgänge müssen nicht immer wieder neu durchdacht werden („Das Rad nicht wieder neu erfinden wollen").
4   Es entfällt die Furcht, etwas vergessen zu können; Checklisten bieten ein Maximum an Sicherheit bei geringem Kontrollaufwand.
5   Checklisten dienen als Ausgangspunkt für künftige Erfahrungen und Verbesserungen.
6   Unübersichtliche Arbeitsabläufe werden durch Auflistung übersichtlich gemacht.
7   Checklisten dienen als Instrument der persönlichen Arbeitsvorbereitung.
8   Checklisten bilden eine Grundstruktur, die immer wieder umgestaltet und verbessert werden kann.
9   Checklisten bringen Erfolgserlebnisse durch bessere automatische Bewältigung wiederkehrender oder ähnlicher Arbeitsgänge.
10   Checklisten sind ein ständiger Erfahrungsträger und entlasten unseren Denkapparat.

Anwendung

❑ Checklisten dienen der Steuerung von Informations-, Denk-, Meinungsbildungs- und Entscheidungsprozessen.
❑ Checklisten sind besonders geeignet für Analysen, Beobachtungen, Kontrollen, Verhandlungen und Gespräche, Vorträge, Reisen etc.

Es gibt kaum eine sinnvolle Arbeitstätigkeit, die sich nicht in arbeitsteilige Einzelphasen zerlegen ließe!

➤ Suchen Sie nach Ihren häufigsten, immer wiederkehrenden Arbeiten und Tätigkeiten in Büro und Haushalt, und entwickeln Sie Ihre *eigenen Checklisten,* z.B. für:

❑ Reisevorbereitung,
❑ Vorbereitung von Konferenzen (→ „Besprechungsplan/Checkliste", S. 251),
❑ fachgerechtes Diktieren,
❑ Projektüberwachung (→ „Projekt-Planung/Aufgaben-Steuerung", S. 154),
❑ Problemanalyse,
❑ Autopannen
❑ etc.

➤ Notieren Sie hier einige Stichwörter, die Sie später für Ihre ersten Checklisten-Entwürfe verwenden:

_____

_____

_____

_____

Das *Grundgerippe für eine Checkliste* können Sie sich wie folgt erarbeiten:

5 Stufen zur Erstellung einer Checkliste

1. Arbeit oder Tätigkeit auswählen,
   - ❑ die sich wiederholt,
   - ❑ die ähnlich erledigt wird.

2. Gesamtablauf in Arbeitsetappen und Arbeitsphasen zerlegen:
   - ❑ Was alles muß getan werden?
   - ❑ Was alles muß beachtet werden?
   - ❑ Wer muß ggf. gefragt oder kontaktiert werden?
   - ❑ Wer ist zu informieren etc.?

3. Logische Reihenfolge zusammenstellen:
   - ❑ Was hängt voneinander ab?
   - ❑ Weche zeitlichen Bedingungen sind einzuhalten?
   - ❑ Was baut sachlogisch aufeinander auf?
   - ❑ Wo werden Zwischenergebnisse gebraucht?

4. Gruppenbildung vornehmen:
   - ❑ Welche Tätigkeiten wiederholen sich?
   - ❑ Wo gibt es logische Zwischenstopps?
   - ❑ Wo werden gleiche Hilfsmittel gebraucht?

5. Vorläufige Checkliste überarbeiten:
   - ❑ Fehleranalyse
   - ❑ kritische Phasen
   - ❑ Delegationsmöglichkeiten
   - ❑ Probelauf
   - ❑ Endkorrektur
   - ❑ fertige Checkliste

➡ Versuchen Sie, eine *Liste Ihrer wiederkehrenden Arbeiten* aufzustellen und *Checklisten* nach diesem 5-Stufen-Schema zu erarbeiten!

Meine wiederkehrenden Arbeiten:

1 _____

2 _____

3 _____

4 _____

5 _____

6 _____

7 _____

8 _____

9 _____

10 _____

➡ Versuchen Sie dann einmal, Ihre effektive Arbeits- und Zeitersparnis in Tätigkeiten und Minuten zu ermitteln!

Weitere Zeit können Sie einsparen, wenn Sie sich auch für Vorgänge und Projekte *checklistenähnliche Formulare* in Form einer *Sammelnotiz* und *Vorgangsübersicht* anlegen.

➡ Ein Beispiel *„Projekt-Planung/Aufgaben-Steuerung"* finden Sie auf Seite 154.

➡ Ein weiteres Beispiel „Interessenten-Datei/Akquisitions-Checkliste" ist auf den nächsten beiden Seiten abgebildet.

➡ Entwickeln Sie Ihre eigenen Formulare!

➡ Überprüfen Sie die von Ihnen bereits verwendeten Formulare auf Aufbau, Sinn und Vollständigkeit!

_____

_____

_____

Kunde		

Kontakt-Person	Funktion
Anschrift	Plz/Ort
Telefon	Branche
Telex	

	Besuch	☎	⊠

Kaufentscheidung wird beeinflußt durch:

Name	Funktion
Name	Funktion

Kaufmotivation wird beeinflußt durch:	stark	neutral	wenig
Preis/Preisniveau			
Produkt-Qualität/Leistung			
Liefer - Service			
Verfügbarkeit/Liefertermin			
Kundendienst			

Notizen:

_____

_____

_____

_____

_____

_____

_____

_____

_____

_____

_____

Sofort zu veranlassen:

_____

_____

_____

▶

4108

Systematische
Gesprächs-Vorbereitung

Meine Zielsetzung/ Benötigte Unterlagen	
Gesprächs- Eröffnung	
Was könnte der Engpass des Kunden sein?	
Mein Lösungs- Vorschlag	
Erwartete Einwände	
Meine Gegen- Argumente/ Stärken	

Notizen/Analyse/Bewertung

Sofort zu veranlassen:

Exkurs:

Rationelle Schriftgut-Verwaltung

Ein erfolgreiches Zeitmanagement hängt nicht nur von den angewandten Zeitplanungs- und Arbeitsmethoden, sondern auch von der Einrichtung des Arbeitsplatzes und dem richtigen Gebrauch von Hilfsmitteln ab. Dies gilt insbesondere für die *rationelle Schriftgutverwaltung*: Ablagesystem, Aktenplan, Registratur, Ordnungsmittel etc.

Wir wollen uns hier mit dem Hinweis auf das vielseitige, praktische und rationelle Arbeitsmittel der *Hängeregistratur*, insbesondere der *Stehablage*, beschränken.

Diese Systeme lassen sich ebenso wie im Büro auch zu Hause einsetzen und bieten erhebliche Vorteile gegenüber anderen Ablagesystemen wie *Ordnern* oder *Heftern* (Pendelmappe).

Es ist grundsätzlich vorteilhaft, Poststücke, Akten, Belege etc. schon *während* der Bearbeitung so zu erfassen und aufzubewahren, daß ohne Suchen, Sortieren und Blättern ein sofortiger Zugriff zum jeweiligen Vorgang oder auch zum einzelnen Schriftgut möglich ist. Die Konsequenz: Ändern Sie Ihre persönliche Ablagemethode, d.h.:

❑ weg vom regelmäßigen klassischen Abheften und Abstellen in Hebelordnern im Aktenschrank;
❑ hin zu einer *Sofort-Ordnung* am Arbeitsplatz mit zahlreichen Ordnungsmappen in *Loseblatt*-Form.

Für jeden *neuen Vorgang* ist auch gleich eine *neue Mappe* anzulegen. Je feiner die Gliederung, desto schneller der Zugriff. Ein vereinfachtes, schnelleres Handling von Papier spart konsequenterweise Zeit und Kosten ein. Nach diesem Prinzip läßt sich z.B. mit den handlichen Mappei-*Stehmappen* sowohl das persönliche Schreibtisch-Management (Orga-Paket-„Boss") als auch die Abteilungsablage nachhaltig verbessern (vgl. hierzu Heyer 1984).

Die nachfolgende Abbildung gibt einen Überblick über die unterschiedlichen *Ablagesysteme* unter Berücksichtigung des jeweiligen Belegflusses.

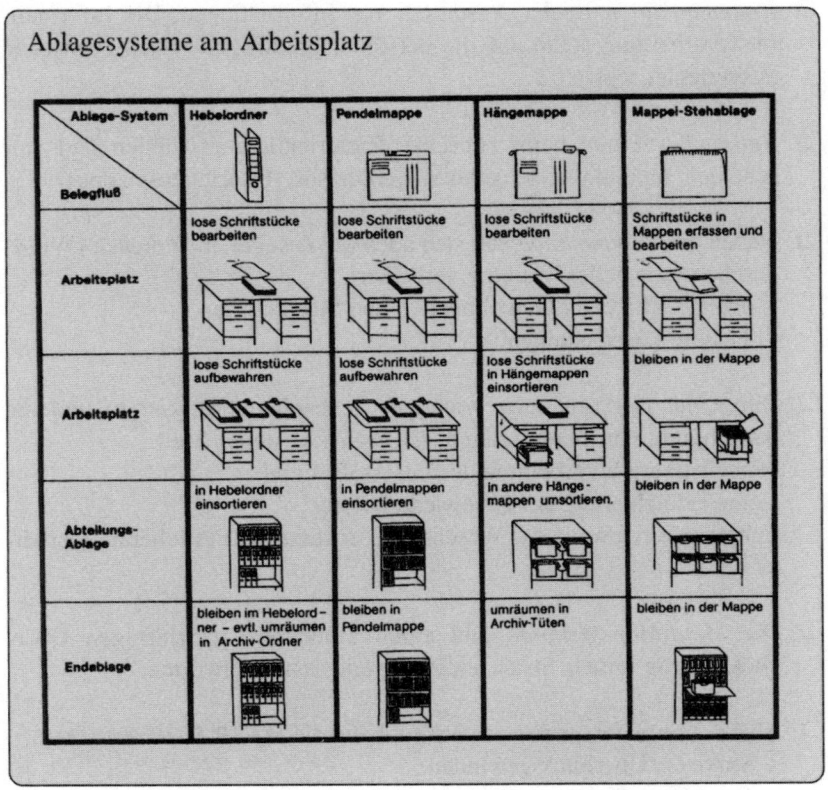

Ablagesysteme am Arbeitsplatz

Ablage-System Belegfluß	Hebelordner	Pendelmappe	Hängemappe	Mappel-Stehablage
Arbeitsplatz	lose Schriftstücke bearbeiten	lose Schriftstücke bearbeiten	lose Schriftstücke bearbeiten	Schriftstücke in Mappen erfassen und bearbeiten
Arbeitsplatz	lose Schriftstücke aufbewahren	lose Schriftstücke aufbewahren	lose Schriftstücke in Hängemappen einsortieren	bleiben in der Mappe
Abteilungs-Ablage	in Hebelordner einsortieren	in Pendelmappen einsortieren	in andere Hänge-mappen umsortieren.	bleiben in der Mappe
Endablage	bleiben im Hebelord-ner – evtl. umräumen in Archiv-Ordner	bleiben in Pendelmappe	umräumen in Archiv-Tüten	bleiben in der Mappe

(Quelle: H. Heyer/Mappei, Den Umgang mit Schriftstücken rationalisieren, Wuppertal 1984, S. 7)

6.8 Zusammenfassung und Auswertung

❏ *Kommunikation* ist der Austausch von Informationen. Die Informationsverarbeitung sollte auf die persönlichen Arbeits- und Lebensziele ausgerichtet sein.

❏ *Rationelles Lesen* heißt zunächst: Zielorientiert auswählen und entscheiden, ob und wieviel gelesen werden soll (Prioritätensetzung).

❏ Neben der *Lesemethode* läßt sich auch die *Lesegeschwindigkeit* (WpM) durch ein spezielles Training verbessern:
  - Abbau schlechter Gewohnheiten und Störfaktoren,
  - bessere Lesetechniken.

❏ Durch die Hervorhebung wichtiger Textstellen (*Markieren*) und die Anfertigung von Textauszügen (*Exzerpieren*) stellen Sie
  - eine bessere Verarbeitung des Lesestoffes und
  - eine Erleichterung der Lesewiederholung
  sicher, indem jeweils das Wesentliche in kürzester Form herausgearbeitet wird.

❏ Die *Mind-Map-Methode* gibt einen bildhaften, ganzhirnigen Überblicksauszug mittels Strichzeichnung und Schlüsselworten.

❏ Als zusammenfassende Lesetechnik kann die *SQ 3R-Methode* gelten:
  - Survey = Überblick gewinnen,
  - Question = Fragen stellen,
  - Read = Lesen,
  - Recite = Rekapitulieren,
  - Review = Wiederholen.

❏ Die nachfolgende *Checkliste* faßt die wichtigsten Hinweise und Regeln für *rationelle Besprechungen* zusammen:

Organisationsprinzipien für rationelle Besprechungen

Vor der Besprechung

1	Einberufung der Sitzung überhaupt nötig?	....
2	Welche Alternativen zur Besprechung gibt es?	....
3	Muß ich persönlich daran teilnehmen?	....
4	Dauer der Teilnahme so gering wie möglich	....
5	Anzahl der Teilnehmer so gering wie möglich	....
6	Geeigneter Zeitpunkt für die Besprechung	....
7	Störungsfreier Raum und Visualisierungsmedien	....
8	Zielsetzung der Tagesordnungspunkte	....
9	Tagesordnung mit Vorgabezeiten für einzelne Themen	....
10	Einladungen mit Angaben von Themen und Zielsetzungen	....

Während der Besprechung

11	Pünktlich beginnen	
12	Bekanntgeben der Minutenkosten dieser Sitzung	....
13	Spielregeln für die Zusammenarbeit	....
14	Veranwortlicher für Zeiteinhaltung und Protokollführung	....
15	Unterbrechungen und Killerphrasen ausschalten	....
16	Kritische Punkte in Diskussion beobachten	....
17	Zielsetzungen der Sitzung kontrollieren	....
18	Entscheidungen und Maßnahmen wiederholen	....
19	Ergebnisse zusammenfassen	....
20	Pünktlich aufhören (positiv – persönlich)	....

Nach der Besprechung

21	Verlauf und Erfolg der Konferenz überprüfen	....
22	Ergebnisprotokoll anfertigen	....
23	Kurzprotokoll kopieren und verteilen	....
24	Maßnahmenplan kontrollieren	....
25	Nichterledigtes auf die nächste Tagesordnung	....

- Schirmen Sie sich vor *unerwünschten Besuchern* möglichst ab, und machen Sie Schluß mit dem *Mythos von der offenen Tür* (*"Management by open doors"*)!
- Richten Sie *"Stille Stunden"* und Empfangs- oder *Sprechzeiten* (auch für Ihre Mitarbeiter) ein. Planen und bereiten Sie Gespräche mit (angemeldeten) Besuchern möglichst vor (Zweck oder Zielsetzung etc.).
- Das Telefon ist eines der effektivsten Mittel zum Zeitsparen, aber auch einer der häufigsten Zeitfresser überhaupt (*Telefon-Paradoxon*). Lernen Sie, Ihr Telefon zu beherrschen (Selbstmanagement), statt sich beherrschen zu lassen.
- Verhindern Sie *Unterbrechungen* zunächst durch *Abschirmen* (Sekretärin), und handhaben Sie ankommende Gespräche nach der *Rückrufmethode*.
- Tätigen Sie hinausgehende Gespräche möglichst in *Telefonblöcken* (vormittags, nachmittags), und *bereiten* Sie Ihre Anrufe sachlich und inhaltlich *vor* (*Telefon-Checkliste*).
- Fassen Sie Ihre *Telefonate kürzer*, und fertigen Sie von allen wichtigen Gesprächen eine *Telefon-Notiz* (vorher-während-nachher) an.
- Machen Sie Schluß mit der *"Aktennotizmanie"*, und reduzieren bzw. rationalisieren Sie Ihre gesamte Korrespondenz.

Eingangspost
1 Keine „Routinepost" bearbeiten
2 Sortieren in Ordnermappen
3 Unterlagen beilegen lassen
4 Unwichtiges in den Papierkorb
5 Markieren wichtiger Textstellen
6 Bearbeitungsvermerke anfügen
7 Weiterleitung an andere Stellen
8 Sofort-Erledigung eines Briefes
9 Kein Schriftstück ohne Bearbeitung
10 Postkorb mit drei Fächern

Ausgangspost
1 Sofort-Antworten
2 Kopie-Briefe
3 Pendel-Briefe (Blitz-Briefe)
4 Antwort-Hilfen
5 Kurz-Briefe
6 Textverarbeitung
7 Individualbriefe
8 Fachgerechtes Diktieren
9 Selbstbeschränkung
10 Zielorientiertes Arbeiten

❏ *Checklisten* führen zur Konzentration auf das Wesentliche, schaffen Denkentlastung und sparen Zeit:

1. Arbeit oder Tätigkeit auswählen,
2. Gesamtablauf in Arbeitsetappen und -phasen zerlegen,
3. Logische Reihenfolge zusammenstellen,
4. Gruppenbildung vornehmen,
5. Vorläufige Checkliste überarbeiten.

❏ Checklistenähnliche Formulare wie *Vorgangsübersichten* und *Sammelnotizen* helfen ebenfalls Zeit sparen.

❏ Bei der *Schriftgutverwaltung* haben sich insbesondere *Hängemappen* als vielseitig, praktisch und rationell bewährt.

➡ Werten Sie auch das Kapitel „*Information und Kommunikation*" für Ihre persönlichen Zwecke aus!

➡ Was erschien Ihnen beim Durcharbeiten dieses Kapitels (besonders) wichtig?

➡ Was haben Sie an neuen Erkenntnissen gewonnen?

➡ Was haben Sie bestätigt gefunden?

➡ Was wollen Sie eingehender bearbeiten?

➡ Was wollen Sie umsetzen?

Auswertung Kapitel „Information und Kommunikation"				
Ergebnis Nr.	Seite(n)	Was (Gedanke, Thema Anregung etc.)?	Bis wann bearbeiten, umsetzen?	Kontrolle

➡ Versuchen Sie, autonomer zu werden und sich vor Besuchern, Telefonaten und Besprechungen abzuschirmen, die Ihnen Ihre Zeit stehlen:

Unkontrollierte und übertriebene Kommunikation ist ein Schlüsselproblem des persönlichen Arbeitsstils und der größte Zeitfresser dazu.

7. Transfer:

Umsetzung in die Praxis

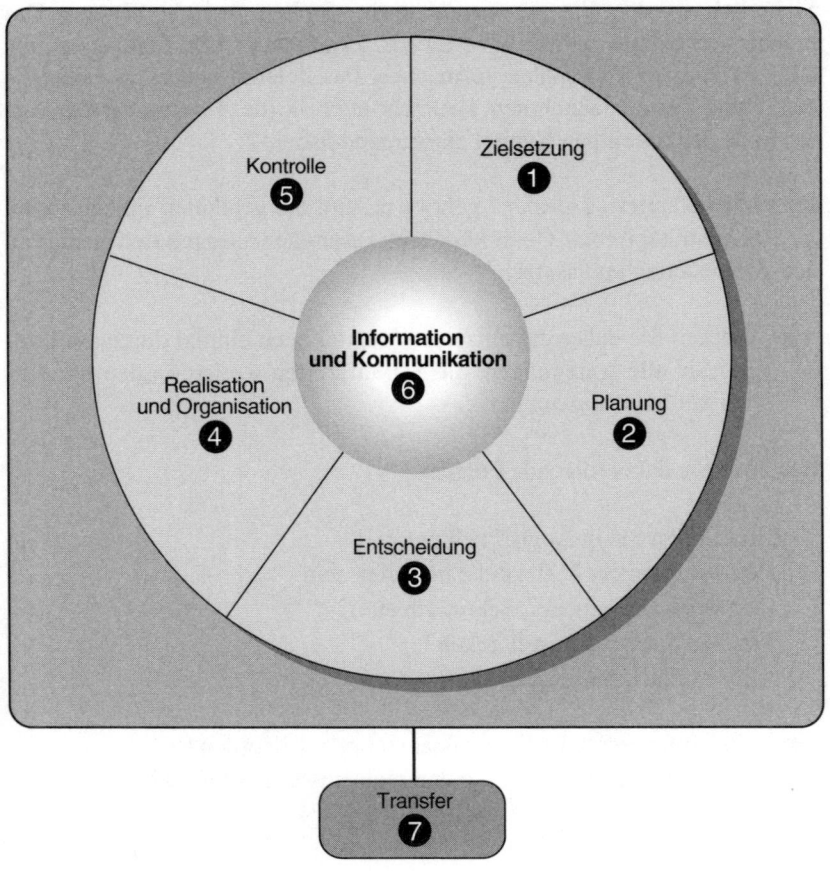

„Alle Dinge sind schwer, bevor sie leicht werden."
(Persisches Sprichwort)

7.1 Rückblick und Maßnahmenplan

Nachdem Sie im bisherigen Teil des Buches die Funktionen und Anwendungsmöglichkeiten des Zeitmanagement kennengelernt haben, sollen Sie nun in diesem Kapitel die im Durcharbeiten und bei der Lektüre gewonnenen Erfahrungen möglichst nutzbringend für sich auswerten, nämlich die Ergebnisse dauerhaft in Ihre Praxis übertragen.

Sicherlich werden Sie an verschiedenen Stellen gedacht haben: „Das möchte ich einmal probieren" o.ä., z.B. Prioritäten (ABC) zu setzen, ein ZPB zu kaufen, Tagespläne zu machen, das Telefon anders zu benutzen etc. – und diese Maßnahmen vielleicht auch in die *Auswertungstabellen* am Ende der jeweiligen Kapitel eingetragen haben!?

Im letzten Kapitel *„Transfer"* geht es darum, die geplanten Einzelschritte zu einem strategischen Gesamtkonzept zusammenzutragen und gezielt in den Arbeitsalltag umzusetzen.

➡ Blättern Sie daher die einzelnen Kapitel noch einmal durch, und tragen Sie alle Anregungen, die Sie aufgreifen wollen, in den umseitigen *Maßnahmenplan* ein.

Beachten Sie dabei folgende Fragen:

1 *Was* wollen Sie in Angriff nehmen?
2 *Wer* wird von der Maßnahme betroffen sein
(Sie selbst, Mitarbeiter, Sekretärin etc.)?
3 Welcher *Starttermin* soll gelten?
4 Gibt es *Erledigungsfristen*?

➡ Wie umfangreich ist Ihr Maßnahmenplan geworden?
➡ Ist das auch alles realistisch und nicht zuviel des Guten?

Maßnahmenplan „Zeitmanagement"				
Was?	Wer?	Ab wann?	Bis wann?	Kontrolle

Das Problem derartiger Maßnahmenpläne liegt oft darin, daß der einzelne sich zu Anfang oft ein allzu umfangsreiches Programm auf die Fahnen geschrieben hat und diese – wirklich ernst gemeinten – Vorsätze zur Besserung und Veränderung der Arbeitsgewohnheiten dann mit zunehmender Zeitdauer im Sande verlaufen.

➤ Der *Benutzervertrag* zu Beginn dieses Buches sollte verdeutlichen, wie wichtig es dem Autor ist, daß eben dieser Effekt nach der Lektüre wenig oder – im Idealfall – gar nicht auftritt.

➤ Der nachfolgende *Änderungsvertrag* soll Ihnen eine Hilfestellung für die Zeit nach der Lektüre des Buches bieten und methodisches Instrument sein, Zeitmanagement-Techniken in die Praxis umzusetzen.

Soll ich nicht doch
erst zum nächsten Geschäftsjahr
auf „Zeitmanagement" umstellen?

7.2 Änderungsvertrag

Änderungsverträge sind Aktionspläne zur Veränderung von Einstellungen, Verhaltensweisen und Gefühlen, die man *mit sich selbst* abschließt.

Sie können Maßnahmen beschließen in bezug auf
❏ sich selbst,
❏ Ihre Mitarbeiter,
❏ Ihren Vorgesetzten,
❏ Ihren privaten Bereich.

➤ Nehmen Sie sich ausreichend Zeit, und versuchen Sie, die nachfolgenden Fragen zu beantworten.

Reflektieren Sie dabei auch Ihr bisheriges Arbeitsverhalten (Frage 3) auf die damit verbundenen echten und eingebildeten Vorteile hin, denn wenn dem nicht so wäre, hätten Sie sich gleich anders verhalten können.

Was ist z.B. Ihr Vorteil, sagen zu können, Sie seien ständig unterwegs, völlig überarbeitet, hätten nie Zeit etc.? Bewunderung? Rücksichtnahme?

Änderungsvertrag	Datum: _____

1 Was will ich *wirklich* ändern?
(so konkret wie möglich formulieren!)

2 Was will ich in Zukunft *nicht* mehr machen?

3 │ Welche einzelnen Vorteile habe ich aus meiner *bisherigen* Einstellung, aus meinen Arbeitsgewohnheiten, aus meinem *bisherigen* Verhalten?

4 │ Wie kann ich diese Vorteile auch durch eine *andere Einstellung*, durch ein anderes Verhalten gewinnen?

5 │ Was tue ich *konkret*, um dieses Ziel zu erreichen?
Wo und in welchen Situationen kann ich die Änderung erproben?

6 │ Woran merken die *anderen*, daß ich mich geändert habe?

7 │ Wie werde ich mich möglicherweise selbst *überlisten*, um den Vertrag nicht erfüllen zu müssen?

8 │ Welche *Schwierigkeiten* sind von anderer Seite zu erwarten?
Wie kann ich diesen Schwierigkeiten begegnen?

9 │ Termin für die *erste* Überprüfung, ob ich den Änderungsvertrag eingehalten habe (Frist: 2–4 Wochen):

10 │ Wie gut habe ich meinen Vertrag *erfüllt*?
(Stellen Sie diese Frage nach Ablauf der ersten Frist und auch der weiteren Überprüfungstermine.)
Wenn er nicht gut erfüllt wurde, woran lag es?

7.3 Hinweise zum Transfer

Das Problem des *Zeitmanagement* besteht vielfach nicht in der fehlenden Kenntnis der Methoden, sondern in der mangelnden oder unzureichenden Anwendung des Instrumentariums.

In diesem Zusammenhang abschließend noch einige Hinweise:

1. Prüfen Sie bei jeder dargebotenen Methode, z.b. „First things first", auch wenn sie noch so banal erscheint:
   Was spricht dagegen, diese einmal auszuprobieren?

2. Fangen Sie mit einem Problem an, das für Sie wirklich wichtig und dringend ist.
   Praktizieren Sie auch beim Transfer das Arbeitsprinzip der *Prioritätensetzung*!
   Stellen Sie das wichtige Problem, z.B. Tagespläne zu machen (ALPEN-*Methode*), in den Mittelpunkt Ihres Maßnahmenplanes, und verwenden Sie darauf auch Ihre meiste Energie.

3. Versuchen Sie nicht, gleich allzu perfekt zu werden. Leiten Sie nur realisierbare Schritte ein: Gut ist besser als perfekt!

4. Beginnen Sie nicht mit Maßnahmen, die Ihnen zwar objektiv sehr einleuchtend erscheinen, die aber gefühlsmäßig für Sie Widerstand erzeugen. So mag es sehr zweckmäßig und sinnvoll sein, morgens um 6 Uhr einen Waldlauf zu machen. Jedoch wird diese Maßnahme bei einem passionierten Langschläfer langfristig nur geringe Realisierungschancen besitzen.

5. Beginnen Sie jede neue Aktivität so intensiv wie möglich. Unterlassen Sie am Anfang möglichst jede zu lange Pause, und kontrollieren Sie sich selbst durch eine kleine Checkliste, die Sie täglich (oder wöchentlich) abhaken. Das hat noch einen kleinen Nutzeffekt: *Sie verschaffen sich ein regelmäßiges kleines Erfolgserlebnis!*

6. Nehmen Sie sich für Ihren ersten Maßnahmenplan nur eine größere und einige wenige kleinere Maßnahmen vor, und schließen Sie diese erst ab, bevor Sie – ermutigt durch Ihre ersten Erfolge – die nächsten Aktivitäten in Angriff nehmen.

7. Entscheiden Sie für sich selbst, ob Sie Ihren Wandel ankündigen oder andere Personen mit einbeziehen wollen, um so die Erfolgswahr-

scheinlichkeit zu erhöhen, oder ob Sie bestimmte Probleme – zunächst unbemerkt für die anderen – allein angehen wollen.

8 Lassen Sie sich ruhig auch von außen unter Druck setzen. Schalten Sie z.B. Ihre Sekretärin sofort mit ein, lassen Sie sich von ihr mahnen und kontrollieren.

9 Besprechen Sie Ihre Vorhaben mit Ihren Mitarbeitern, und versuchen Sie, diese auch gleich mit einzuschalten.

10 Nehmen Sie sich bei den einzelnen Maßnahmen nicht zuviel vor. Setzen Sie dafür realistische Termine, und untergliedern Sie die Aktivität in überschaubare Einzelschritte.

11 Kontrollieren Sie sich von Zeit zu Zeit selbst. Kontrollieren Sie auch den Nutzen der neuen Zeitmanagement-Methoden.
Und: Man kann *jeden Tag* beginnen.

> Es kommt am Ende nicht darauf an, was Sie angefangen haben, sondern darauf, was Sie *erfolgreich* durchgeführt haben.

12 Beginnen Sie nicht zu spät mit der Kontrolle und Überprüfung der laufenden Maßnahmen, um so noch rechtzeitig Änderungen einleiten zu können.

➤ Bei allen diesen Maßnahmen und Aktivitäten hilft Ihnen ein gutes *Zeitplanbuch* als kompaktes Arbeitsringbuch, mit dem Sie den Inhalt dieses Buches – Ihre geplanten Vorsätze – in die Tagesroutine umsetzen und beibehalten werden, wenn Sie das notwendige Maß an *Selbstdisziplin* dafür aufbringen (wollen).

7.4 Fluchtstrategien und Widerstände

> Nur Sie selbst können Ihr Verhalten ändern, andere können Sie
> dabei nur motivieren (oder davon abhalten)!

Auf der anderen Seite können Sie sich selbst am besten im Wege stehen.
Aus diesem Grund möchten wir Sie zu einer letzten kreativen Übung einladen, die sich in unseren Seminaren gut bewährt hat:

Transfer-Übung:

➡ Wie kann ich es *verhindern*, mit Zeitmanagement-Techniken erfolgreich zu arbeiten?

Nennen Sie mindestens 10 Verhinderungsgründe:

1 _____

2 _____

3 _____

4 _____

5 _____

6 _____

7 _____

8 _____

9 _____

10 _____

Hier eine Auswahl der Antworten von Seminarteilnehmern:

- ❏ Nicht planen
- ❏ Zuviel Aufwand für Zeitplanaufstellung
- ❏ Alles und jedes planen (Perfektionismus)
- ❏ Nicht alle Aktivitäten eintragen
- ❏ Unrealistische Zeitvorgaben für Aktivitäten
- ❏ Eingetragenes nicht beachten
- ❏ Ungenaue Definition der Aufgaben (Aktivitäten)
- ❏ Keine Kontrolle über Erledigung durchführen
- ❏ Unerledigte Punkte nicht neu einplanen
- ❏ Prioritäten nicht beachten
- ❏ Falsche Prioritäten setzen
- ❏ Wahllose Annahme von Aktivitäten (nicht „nein" sagen)
- ❏ Terminabsprachen nicht vorausschauend durchführen
- ❏ Keine Selbstkontrolle und Selbstdisziplin
- ❏ Sich beliebig von Störfaktoren beeinflussen lassen
- ❏ Unmotiviert und ablehnend der Zeitplantechnik gegenüberstehen
- ❏ Kollegen und MA nicht dazu bringen, Spielregeln einzuhalten
- ❏ Keine Mahnungen an betroffene Stellen und Mitarbeiter erteilen
- ❏ Schlampige Plandurchführung
- ❏ Nichts aus Planungsfehlern lernen.

Fluchtstrategien und Widerstände

➡ Wie werden Sie sich im Arbeitsalltag möglicherweise *selbst überlisten*, um nicht planmäßig und systematisch zu arbeiten, z.B. wenn eine unangenehme Arbeit die höchste Priorität hat?

- ❏ Öffnen Sie dann erst einmal die Tagespost?
- ❏ Führen Sie ein ablenkendes Gespräch mit anderen?
- ❏ Werfen Sie einen Blick in die Tageszeitung, das neueste Wirtschaftsmagazin etc.?
- ❏ Beginnen Sie mit einem anderen, weniger wichtigen oder einem einfacheren Vorgang?
- ❏ Räumen Sie erst einmal Ihren Schreibtisch oder das Büro auf?
- ❏ Erledigen Sie vorher noch schnell das eine oder andere Telefonat?
- ❏ _____? (Ihre Version)

Oder bauen Sie *Widerstände* gegen das Thema *Zeitmanagement* als solches auf?

❑ Das habe ich noch nie so gemacht.
❑ Das mache ich ja so ähnlich schon seit Jahren.
❑ In meiner praktischen Arbeit als .... geht das nicht.
❑ Da lachen mich ja meine Kollegen (Chef, Mitarbeiter) aus.
❑ Tägliche Hektik, Arbeitsdruck, Termine etc. lassen mir keine Zeit dazu.
❑ Das funktioniert nur in der Theorie.
❑ Das sind doch alles Binsenweisheiten.
❑ Wenn das so einfach wäre, dann täte es doch jeder.

Vielleicht probieren Sie einmal das eine oder andere Zeitmanagement-Instrument aus! Versuchen Sie herauszufinden, welche Arbeitsmethoden und welcher Stil *persönlich* zu Ihnen passen, und verbessern Sie diese kontinuierlich.

> Es gibt immer einen einfacheren Weg, Dinge zu erledigen!

Viel Erfolg dabei!!!

7.5 Zusammenfassung

Als zusammenfassendes Schema finden Sie auf dieser Seite ein letztes
Übungsblatt, in dem Sie Ihre Maßnahmen auf der Basis des wichtigsten
arbeitstechnischen Prinzips eintragen können, nämlich der *Prioritätensetzung*:

Transfer: Umsetzung in die Praxis

Wichtigste Maßnahmen   *Wichtige Maßnahmen*

A _____   B _____

A _____   B _____

A _____   B _____

A _____   B _____

A _____   B _____

Weniger wichtige Maßnahmen

C _____

C _____

C _____

C _____

C _____

Zehn Goldene Zeitgewinn-Tips

1. Arbeitsblöcke für größere oder gleichwertige Aufgaben bilden

Wer immer wieder seine Arbeit unterbricht oder durch andere gestört wird, braucht für eine größere Aufgabe bedeutend länger als jemand, der sich ausschließlich nur dieser einen Aktivität widmet. *6 x 10 Minuten* mit Unterbrechungen dauern – mathematisch einmal etwas anders betrachtet – einfach länger als *1 x 60 Minuten* konzentrierte Arbeit nur an diesem einen Vorgang. Unterbrechungen bedingen immer wieder zusätzliche Anlaufs- und Einarbeitungszeiten. Ein Rationalisierungseffekt tritt ebenfalls ein, wenn mehrere kleinere, aber ähnliche Aktivitäten zu *Arbeitsblöcken* zusammengefaßt werden, z.B. Post beantworten, Telefonate erledigen, Rücksprachen mit Mitarbeitern klären.

2. Gezielt abschirmen – Stille Stunde und später Rückrufe tätigen

Für die Erledigung äußerst wichtiger Aufgaben ist es unabdingbar, einmal in Ruhe ungestört arbeiten zu können. Niemand muß immer erreichbar und ständig für jedermann verfügbar sein. Während der Fahrt zum Kunden oder einer Geschäftsbesprechung kann man ja auch nicht dauernd angerufen werden. Eine *persönliche Sperrzeit*, abgesichert durch Umstellen des Telefons auf Sekretärin, Kollegen und Anrufbeantworter, sichert einen begrenzten Zeitraum höchst konzentrierter und wirkungsvoller Schaffenskraft. Eingehende Telefonate werden später nach der *Rückruf-Methode* beantwortet.

3. Zeitlimits bei Besprechungen und eigenen Terminen setzen

Eine Tätigkeit zieht sich oft so lange hin, wie Zeit zur Verfügung steht. Kaum jemand, der nicht über zu langwierige und ineffektive Besprechungen klagt. Man sollte hier über alles reden, nur nicht über *eine Stunde*. Diese Zeit muß ausreichen, um die wesentlichen Gesichtspunkte erörtern und eine gute Entscheidung treffen zu können. Darüber hinaus arten solche Zusammenkünfte schnell in eine Quatschbude („Meeting") aus, in die viele hineingehen, aber wenig herauskommt. Ein beliebter Beginn ist 10 Uhr morgens, Dauer gewöhnlich bis zum Mittagessen. Besprechungen um 11 Uhr enden ebenfalls mit dem Mittagessen, dazu mit einem vergleichsweise guten, manchmal sogar besseren Ergebnis. Deshalb *feste Zeitrahmen* für Besprechungen, aber auch andere Aktivitäten setzen. Zeit ist Geld; letzteres wird ständig budgetiert, Zeit hingegen relativ selten!

4. Prioritäten als Grundprinzip allen Arbeiten zugrunde legen

Niemand kann alles erledigen, was er tun möchte oder sollte. Ein verbreitetes Phänomen und Problem ist der Versuch, zuviel auf einmal zu tun. Ein Tag hat nur 24 Stunden, notfalls nimmt man noch die Nacht hinzu. Streß kommt nicht von dem, was wir erledigt haben, sondern von den unerledigten Dingen. Was wir nicht geschafft haben, „das schafft uns." Die einzige Möglichkeit, die Flut aller Aufgaben, Aktivitäten und Termine in den Griff zu bekommen, ist und bleibt eine klare *Prioritätensetzung* (A, B, C), orientiert an den eigenen *Zielen* und wirklich wichtigen Aufgaben. Damit kann man einen Tag, eine Stunde oder nur 5 Minuten am besten nutzen. In dieser Zeit tut man sinnvollerweise das zuerst, was für einen die Priorität Nr. 1 hat.

5. Möglichst nur das wirklich Wesentliche tun (Pareto-Prinzip)

Vilfredo Pareto fand im 19. Jahrhundert heraus, daß innerhalb einer bestimmten Menge nur wenige Teile für den höchsten Wert stehen. So machen nur 20% der Kunden bereits 80% des *Umsatzes* aus. Oder in 20% des Textes eines Artikels oder Rundschreibens stecken bereits 80% des Informationsgehaltes. Beschränken wir uns auf das wirklich Wesentliche beim Lesen, beim Archivieren, beim Konferieren etc., schaffen wir in 20% unserer Arbeitszeit bereits 80% der *Ergebnisse*. Der Engpaß und damit das Problem ist, genau diese 20% *Erfolgsverursacher* herauszufinden. Weniger ist hier nämlich entscheidend mehr!

6. Delegation auch als bezahlte Dienstleistung voll ausnutzen

Kein Zeitmanager darf alles selbst machen. Alles, was auch andere tun könnten, sollten diese unbedingt tun. Wer keine oder nicht ausreichend *qualifizierte Mitarbeiter* hat, muß sich um deren Förderung und Entwicklung kümmern oder dafür sorgen, daß er entsprechende Mitarbeiter bekommt. Da Delegation ein ganz besonderer Zeitgewinner ist, wird es auf Dauer billiger, auch *externe Dienstleistungen* von Agenturen, Beratungen oder einen Büro- bzw. Korrekturservice gegen Bezahlung in Anspruch zu nehmen. Heutzutage bekommt man auf dem Dienstleistungsmarkt jede qualifizierte Arbeitsleistung und Unterstützung, die ansonsten festangestellte Mitarbeiter erbringen. Die dafür aufzuwendenden Kosten sind vergleichsweise gering, da die „Arbeitgeber-Aufschläge" (Sozialversicherung etc.) meist nicht anfallen.

7. Größere Aufgaben in kleine Teile portionieren (Salami-Taktik)

Holzhacken ist deshalb so beliebt, weil es unmittelbare Erfolgserlebnisse verschafft, wußte schon Albert Einstein zu berichten. Um größere, dazu schwierigere Aufgaben drückt man sich gerne herum. Dieses Phänomen wird auch *Aufschieberitis* genannt. Auch mit größtem Hunger kann man einen Ochsen nicht auf einmal essen, sondern nur in vielen kleinen Portionen, etwa jeden Tag zwei Steaks etc. Ziele und Projekte müssen ebenfalls in *mehrere Teilaufgaben* gegliedert und über einen längeren Zeitraum hinweg abgearbeitet werden. Dazu reserviert man sich jeden Tag z.B. zwei Stunden. Mit dem Erreichen *erster Zwischenziele* stellen sich auch Erfolgserlebnisse ein und motivieren dazu, auch noch die restlichen Aufgaben in Angriff zu nehmen.

8. Termine mit sich selbst für A-Aufgaben vereinbaren (Z.D.F.)

Selten mangelt es an guten Vorsätzen, jedoch an der Zeit, bestimmte Dinge wirklich zu tun. Der Grund: Kurz vorher kommt noch ein dringender Termin dazwischen; die Pflicht, hier das Tagesgeschäft, ruft lautstark, und die letzte Lücke im Terminkalender wird geschlossen. Hat man hingegen rechtzeitig vorher, etwa zu Beginn eines Monats, bestimmte *Zeitblöcke im voraus* reserviert und wie echte Termine, etwa in einer anderen Farbe, in seine Monatsübersicht eingetragen, geht hiervon bereits eine psychologische Schutzwirkung aus: Bei der Abstimmung neuer Termine stolpert man unwillkürlich über diese Eintragungen und sagt hier viel eher nein, um einen anderen, späteren Termin anzubieten, als wenn man auf ein freies weißes Feld stößt. Nur so zwingt man sich, an diesen Tagen auch wirklich *Zeit für eigene A-Aufgaben* einzuplanen. Grundsätzlich gilt, eigene Termine genauso wie Termine mit anderen zu fixieren, d.h. ganz konkret mit Zahlen, Daten, Fakten (Z.D.F.). Wird die eigene Zeit auch noch von anderen disponiert, müssen die *„Termine mit sich selbst"* ebenfalls in den anderen Kalendern sofort blockiert werden.

9. Schwerpunktaufgaben sehr früh erledigen (Erfolgserlebnis)

Morgenstund hat Gold im Mund. Wer kennt das nicht, daß gute Vorsätze zu *Tagesbeginn* von den unerwarteten Ereignissen des Arbeitsalltages überrollt und sämtliche Planungen über den Haufen geworfen werden? Was jedoch bereits zuvor erledigt wurde, etwa vor allen anderen Aktivitäten, wie Telefonaten, Postbearbeitung oder Besprechungen, verschafft ein regelrechtes *Erfolgserlebnis* und kann einem von keinem Zeitdieb der Welt mehr weggenommen werden. Das Geheimnis vieler erfolgreicher Zeitmanager ist, daß sie bereits sehr *früh morgens* entweder zu Hause oder im Büro vor ihrem eigentlichen Arbeitsbeginn eine sehr wichtige Sache erledigt oder zumindest einen entscheidenden Schritt vorangebracht haben. Dieser entscheidende Vorsprung zahlt sich in jedem Fall aus.

10. Leistungshochs und -tiefs gezielt in Planungen einbeziehen

Die meisten spüren es selbst. Die Leistungsfähigkeit bleibt nicht konstant, sondern schwankt. Und dies unabhängig davon, ob man ein Frühaufsteher oder ein Morgenmuffel ist. Auf jeden Fall bietet es sich an, die *wichtigsten Arbeiten* in die Zeit der *höchsten Leistungsbereitschaft* zu legen. Hier ist man noch relativ unverbraucht und schafft bedeutend mehr als in seinen Leistungstiefs. Die unwichtigsten Aufgaben wären etwa in der Zeit nach dem Mittagessen zu erledigen. Für die Tagesplanung gilt: Die wichtigsten Aufgaben, die A-Aufgaben, gehören an den Anfang. In dieser Phase der persönlich höchsten Schaffenskraft sollten Mitarbeiter und Außenstehende nicht mit weniger wichtigen Aufgaben dazwischenkommen können. Rücksprachen und Rückrufe lassen sich später immer noch tätigen.

Literaturübersicht „Zeitmanagement"

Adam, Ingrid und *Schmidt, Eva Renate:* Umgang mit Zeit. Gelnhausen und Berlin: Burckhardthaus 1978.

Ahrens, Dieter F: Gewinnen Sie Zeit – Planen Sie Ihre Wünsche. Wie Sie sich Ziele setzen und Ihr Leben planen. Landsberg: Moderne Verlagsgesellschaft 1988.

Appel, Walter A: Bio-Rhythmik – Die biologische Erfolgsuhr. München: Moderne Verlagsgesellschaft 1980.

Arndt, Roland: Das neue Zeitbewußtsein. Wie Sie mit der richtigen Strategie und Motivation jedes Ziel erreichen. Bonn: Rentrop 1991, 1992[2].

Asgodom, Sabine: Selbstmanagement für Frauen. Düsseldorf und Wien: Econ 1993.

Barrois, Jules W: Zeit beherrschen – Arbeit gestalten. Persönliche Arbeitsmethoden. Offenbach: Jünger 1995.

Becker, Helmut L: Ganzheitliche Management-Methodik. Die Erfolgsfaktoren der Selbstführung, Mitarbeiterführung und Arbeitsmethodik. Ehningen: Expert 1989, 1991[2].

Becker, Rolf-Walter: Leben mit Terminen. Anregungen und Hilfen zum Umgang mit Zeit in der Gemeindearbeit. München: Chr. Kaiser 1981.

Beer, Ulrich: Praktisches Selbst-Management. Die Grundlage des persönlichen Erfolges. Freiburg i. Br.: Herder 1983.

Bekman, Adriaan: Self-Management. Die Kunst, den Alltag zu bewältigen. Stuttgart: Urachhaus 1999.

Betz, Otto: Jeder Tag neu geschenkt. Vom Umgang mit der Zeit. Freiburg i. Br.: Herder 1989.

Beutler, Peter: Mit Power durch den Tag. Mehr Zeit durch Selbstmanagement. Frankfurt: Haag + Herchen 1999.

Beyer, Günther: Zeitmanagement. Arbeitsmethodik, Zeitplanung und Selbststeuerung. Düsseldorf u.a.: Econ 1992.

Beyer, Metta und *Günther:* Optimales Zeitmanagement. Ohne Streß Aufgaben bewältigen. Düsseldorf u.a.: Econ 1995.

(-) mit *Norbert Zeller:* Rationelles Lesen leicht gemacht. Ein 12-Lektionen-Programm. Düsseldorf und Wien: Econ 1988.

Birkenbihl, Vera F: Stroh im Kopf? Oder: Gebrauchsanleitung fürs Gehirn. Offenbach: GABAL 1983, 1999[15].

318

Bischof, Anita und *Bischof, Klaus:* Selbstmanagement. Effektiv und effizient. Planegg: STS-Verlag 1997.

Blanchard, Kenneth und *Johnson, Spencer:* Der 1-Minuten-Manager. Reinbek b. Hamburg: Rowohlt 1983.

(–) und *Lorber, Robert:* Die Praxis des 1-Minuten-Managers. Landsberg: Moderne Industrie 1986.

(–); *Oncken, Jr., William* und *Burrows, Hal:* Der 1-Minuten-Manager und der Klammer-Affe. Wie man lernt, sich nicht zuviel aufzuhalsen. Reinbek b. Hamburg: Rowohlt 1990.

Boëthius, Stefan und *Zellweger, Hansruedi:* Heute beginnt der Rest Deines Lebens. Neerach (CH): Time/system 1987, 1988[2].

Bossong, Clemens: Selbst- und Zeitmanagement. Mehr Effizienz im Büro. Regensburg und Düsseldorf: Fit for Business 1998.

(–): Zeitmanagement. Mehr leisten in weniger Zeit. München: compact 1991.

(–): Zeitmanagement im Büro. Weniger Streß – bessere Kommunikation, das Richtige tun. Berlin, Bonn und Regensburg: Walhalla 1994.

Braem, Harald: Selftiming. Über den Umgang mit der Zeit. München: Langen Müller/Herbig 1988.

Briese-Neumann, Gisa: Zeitmanagement im Beruf. Zeit planen, Ziele festlegen, Arbeitsorganisation verbessern. Niedernhausen/Ts.: Falken 1997.

(–): 10 Minuten Zeitmanagement. Niedernhausen/Ts.: Falken 1998.

Bruno, Frank J.: Nichts mehr aufschieben. München: Knaur 1998.

Buzan, Tony: Kopftraining. Anleitung zum kreativen Denken. München: Goldmann 1984[7].

Clemm, Helmut L: Zeitgewinn durch neue Methoden der Zeitplantechnik. Kissing: Weka 1979[2].

Cooper, Joseph D: So schafft man mehr in weniger Zeit. München: Moderne Verlagsgesellschaft 1980.

Covey, Stephen R: Die sieben Wege zur Effektivität. Ein Konzept zur Meisterung Ihres beruflichen und privaten Lebens. Frankfurt und New York: Campus 1992, 1998[9].

(–); *Merrill, A. Roger* und *Merrill, Rebecca R:* Der Weg zum Wesentlichen. Frankfurt und New York: Campus 1997, 1999[3].

Crisp, Michael J: Streßabbau durch Zeitgewinn und Lebensplanung. Erfolgreiche Techniken für jede Situation. Wien: Ueberreuter 1996.

Descartes, René: Abhandlung über die Methode des richtigen Vernunftgebrauchs und der wissenschaftlichen Wahrheitsforschung. Stuttgart: Reclam 1979.

Diehl, Karl H: Die Zeit, die wir nicht haben. Wien: Signum 1993.

Diehl, Rolf: Zeit-Intelligenz & Leadership. Konzepte für Führungs-Erfolg, Karriere und Lebensqualität. Paderborn: Junfermann 1992.

Dittrich, Helmut: Erfolgsgeheimnis Zeiteinteilung. München: Humboldt 1990.

(–): Einsame Spitze! Erfolgstechniken trainieren. München: Humboldt 1993.

(–): Zeit besser nutzen. Erfolg und Lebensqualität durch Zeitmanagement. Planegg: WRS Verlag 1994.

Döring, Peter: Effektives telefonieren: vorbereitet, ergebnisorientiert, computerunterstützt. Landsberg: Moderne Industrie 1992, 1992[2].

Döttling, Frank: Von der Idee zur Tat. Eine praxisorientierte Einführung in Ziel- und Zeitmanagement. Bornheim: Hanseatischer Fachverlag 1995.

Donders, Paul: Kreative Lebensplanung. Asslar: Schulte + Gerth 1977, 1998[2].

Drucker, Peter F.: Die ideale Führungskraft. Zeiteinteilung. Organisation, Effektivität. (Neuausg.) Düsseldorf: Econ 1995.

Ebeling, Peter: Mehr verkaufen durch bessere Planung im Außendienst. Neue Zeitplantechniken. München: Moderne Verlagsgesellschaft 1978, 1980[2].

Ende, Michael: Momo oder Die seltsame Geschichte von den Zeit-Dieben und von dem Kind, das den Menschen die gestohlene Zeit zurückbrachte. Stuttgart: Thienemanns 1986[31].

Enkelmann, Nikolaus B: Werde Herr deiner Zeit. So planen Sie Ihre Erfolge und genießen das Leben. Arbeitsbuch mit Toncassette. München/Landsberg: mvg-verlag 1994.

Feyler, Günther: 140 Checklisten und wie man mit ihnen analysiert, optimiert und kontrolliert. München: Heyne 1981.

(–): Schluß mit der Zeitnot! Erfolgreich, streßfrei und länger leben! Ehningen: Expert 1990.

Fiore, Neil: Wenn nicht jetzt, wann dann? So überlisten Sie Ihre „Aufschieberitis". Landsberg: mvg-verlag 1996.

Fletcher, Winston: Super-E-Training. Der Schlüssel zu mehr Freude und Erfolg im Beruf durch Efficiency. München: Heyne 1987.

Forsyth, Patrick: Erfolgreiches Zeitmanagement. Effektiver arbeiten, mehr erreichen. Niedernhausen/Ts.: Falken 1997.

Fritz, Klaus (Hrsg.): Nimm dir Zeit. Zitate, Aphorismen und Gedichte über die Zeit. Frankfurt: Fritz 1990.

Gaedemann, Claus: Ich habe immer Zeit. Zeitökologie: Zeit nutzen, Zeit sparen, Zeit haben. Genf und München: Ariston 1992.

Gätjens-Reuter, Margit: Effizient arbeiten. Zeitmanagement für die Sekretärin. Wiesbaden: Gabler 1993.

Gehmacher, Ernst: Lebens-Management. Planungswissenschaft für die individuelle Daseinsgestaltung. Stuttgart: Seewald 1975.

Geissler, Karlheinz A: Zeit leben. Vom Hasten und Rasten, Arbeiten und Lernen, Leben und Sterben. Weinheim und Berlin: Quadrig 1989[3].

Gerding, Michael und *Kretschmer, Bernd:* Zeitmanagement mit dem PC. Düsseldorf und Wien: Econ 1994.

Gesellschaft für Arbeitsmethodik (GfA) e.V.: Methodenhandbuch der Arbeits-, Führungs- und Erfolgsmethoden (für Mitglieder der GfA). Kaiserslautern: GfA-Fauteck 1989[3].

Godefroy, Christian H und *Clark, John:* T.M.S. – Das Zeitmanagement-System (2 Bände). Bonn: Rentrop 1991.

Gross, Günter F: Beruflich Profi, privat Amateur? Berufliche Spitzenleistungen und persönliche Lebensqualität. Landsberg: Moderne Industrie 1989.

Großmann, Gustav: Sich selbst rationalisieren. Lebenserfolg ist lernbar. Grünwald: Ratio 1927, 1993[28].

Hackl, Heinz (Hrsg.): Praxis des Selbstmanagements. Techniken und Hilfsmittel für systematisches Arbeiten im Büro. Erlangen: Publics MCD 1994.

Hans, Karlfried: Konferenzen erfolgreich vorbereiten, leiten, auswerten. Düsseldorf und Wien: Econ 1992.

Haupt, Heinz: Zeitmanagement für die Sekretärin. Optimale Arbeits- und Zeitplantechniken. Landsberg: Moderne Industrie 1988.

Hawking, Stephen W: Eine kurze Geschichte der Zeit. Die Suche nach der Urkraft des Universums. Rowohlt: Reinbek b. Hamburg 1988.

Haynes, Marion E: Persönliches Zeitmanagement. So entkommen Sie der Zeitfalle. Wien: Ueberreuter 1991.

Helfrecht, Manfred: Planen, damit's leichter geht. (2 Bände). Bad Alexanderbad: HelfRecht 1984.

(–) und *Wehner, Ernst-Walter:* Aktive Erfolgs-Strategie. Für Karrieren mit System. München: Heyne 1988.

Heinold, Erhardt: Erfolgreiches und methodisches Arbeiten. Tips und Hilfen für den Berufsalltag. Düsseldorf und Wien: Econ 1987, 1989[2].

Heyer, Hans: Den Umgang mit Schriftstücken rationalisieren. Die Mappei-Stehablage stellt sich im Vergleich. Wuppertal: Mappei 1984.

Hirt, Josef: Das Ich und das Gesetz von Lust und Unlust. Zürich: Hirt 1987[11].

Hirth, Regina; Sattelberger, Thomas und *Stiefel, Rolf Th.:* Life-Styling. Das Leben neu gewinnen. Landsberg: Moderne Verlagsgesellschaft 1981.

Hirzel, Matthias: Managementeffizienz. Managementinstrumentarien kennen, können und anwenden: Wiesbaden: Gabler 1984, 1989[4].

Hirzel, Leder & Partner (Hrsg.): Speed-Management. Geschwindigkeit zum Wettbewerbsvorteil machen. Wiesbaden: Gabler 1992.

Hobbs, Charles R: Time Power. Zeitgewinn mit System. Heidelberg: Sauer 1989.

Hoffman, Kaye: Das Jenseits ist jetzt. Zeitmanagement aus spirarueller Sicht. Sulzberg: Joy 1995.

Holland, Gary: Zeit ist Geld. Die richtige Konferenztechnik. München: Goldmann 1988.

Hovestädt, Wolfgang: Sich selbst organisieren. Weg vom Zeitdruck: Wie man sich die Arbeit erleichtern kann. Weinheim und Basel: Beltz 1997.

Howald, Wolfgang und *Gottwald, Franz-Theo:* Bewußtseins-Management. Zeit-, Gesundheits- und Lifestyle-Management. Landsberg: mvg-verlag 1996.

Hunt, Diana und *Hait, Pam:* Das Tao der Zeit. Erfolgreiches Zeitmanagement. Düsseldorf und Wien: Econ 1992.

Institut für Beratung und Training: Mit PEP an die Arbeit. So organisiere ich mich und meinen Job. Frankfurt und New York: Campus 1996.

Kälin, Karl; Michel-Alder, Elisabeth und *Schmid-Keller, Silvia:* Sich selbst managen. Thun (CH): Ott 1998.

Kempe, Hans-Joachim und *Kramer, Rolf:* Zeit nutzen – Zeit haben. Die Uhr als Erfolgsfaktor. Bergisch Gladbach: Heider 1998.

Kerler, Richard: 101 Tips für Zeitmanagement und Chefentlastung. Landsberg: Moderne Industrie 1989.

Killinger, Barbara: „Ich hab leider keine Zeit" (Workaholics). München: Heyne 1994.

Kirckhoff, Mogens: Mind Mapping. Die Synthese von sprachlichem und bildhaftem Denken. Offenbach: Gabal 1988, 1996[9].

Kirschbaum, Volker: Unternehmenserfolg durch Zeitwettbewerb. Strategie, Implementation und Erfolgsfaktoren. München und Mering: Hampp 1995.

Kirschner, Josef: Hilf dir selbst, sonst hilft dir keiner. Die Kunst, glücklich zu leben. Locarno: Droemer-Knaur 1978.

Kitzmann, Arnold: Persönliche Arbeitstechniken und Zeitmanagement. Ehningen: Expert 1992, 1994[2].

Knoblauch, Jörg: Berufsstreß adé. 33 erprobte Strategien für den beruflichen Alltag. Neukirchen-Vluyn: Aussaat 1986, 1999[5].

Koch, Martha: Von der Kürze der Zeit. Nach Texten von Seneca. Heide: Edition Hornhof 1987.

Koch, Richard: Das 80/20-Prinzip. Mehr Erfolg mit weniger Aufwand. Frankfurt und New York: Campus 1997.

Körber, Heinz: Die Gunst der Stunde nutzen. Der persönliche Kairos. München: Langen-Müller/Herbig 1990.

Kramer, Friedhelm: Problemlösungs-, Zielsetzungs- und Entscheidungssystematik in der Führungspraxis (Die Orientierung Nr. 90). Bern: Schweizerische Volksbank 1987.

Kratz, Hans-Jürgen: Delegieren – aber wie? Offenbach: GABAL 1999.

Krüger, Günther: Selbst-Management. München: Heyne 1990.

Kulich, Claus: Zeitmanagement und Gemeinkostenwertanalyse. Heidelberg: Management und Poesie 1993.

Lakein, Alan: Lakeins Zeitsystem. Dein Leben ist kurz, mach' was draus! Hamburg: Hoffmann und Campe 1974.

Le Boef, Michael: Mehr leisten – weniger arbeiten. Doppelt so erfolgreich in der halben Zeit. München/Landsberg: mvg-verlag 1993.

Leicher, Rolf: Mehr Zeit für Ihren Erfolg. Persönliche Zeitoptimierung und Zielplanung für alle Verkaufsberufe. Köln: TÜV Rheinland 1991.

Leitz, Louis (Hrsg.): Methodik-Handbuch „Leitz ALPHA Schreibtisch-Aktei". Ihre persönliche Erfolgs-Strategie für optimale Organisation am Arbeitsplatz. Stuttgart: Leitz 1986.

Lewis, David: Ab heute hab' ich immer Zeit. Jede Woche 10 Stunden gewinnen. Berlin: Urania 1997.

Linneweh, Klaus: Bevor es mich zerreißt. Strategien für ein erfolgreiches Selbstmanagement. Düsseldorf: Econ 1991.

Löhn, Johann: Selbstmanagement und Problemlösungstechniken (Grundkurs). Freiburg i. Br.: Haufe 1989.

Löhr, Jörg und *Pramann, Ulrich:* So haben Sie Erfolg. Wie Sie Ihre persönlichen Ziele leichter erreichen. München: Südwest 1999.

Machlowitz, Marilyn: Arbeiten auch Sie zuviel? Arbeitssucht – wie man damit leben kann. Landsberg: Moderne Verlagsgesellschaft 1981.

Mackenzie, R Alec: Die Zeitfalle. Der Klassiker für Zeitmanagement in Neuausgabe. Heidelberg: Sauer 1974, 1991[10].

(–): Zeit für Erfolg. Eine Strategie für Zielbewußte. Heidelberg: Sauer 1990.

(–) und *Waldo, Kay Cronkite:* Die doppelte Zeitfalle. Zeitmanagement für die Frau. Heidelberg: Sauer 1984, 1992[3].

Marketing-Report 30 (o. V.): Moderne Arbeits- und Zeitmanagement-Techniken für den Verkaufsleiter. München: Norbert Müller 1987.

Mayer, Jeffrey J: Zeitmanagement für Dummies. Bonn: Internat. Thomson Publ. 1997.

Meier, Rolf: Führen mit Zielen. Fördern, fordern, motivieren. Berlin, Bonn und Regensburg: Walhalla 1995.

Meiser, Hans Christian: Nutze den Tag! Wie man Ärger vermeidet und Zeit, Geld und Energie gewinnt. Berlin: Urania 1997.

Minor IV, Herman: Karriere light. Die 7 Wege der Ineffektivität. Anleitung zum erfolgsgekrönten Nichtstun. Frankfurt und New York: Campus 1997.

323

Nagel, Kurt: Erfolg durch effizientes Arbeiten, Entscheiden, Vermitteln und Lernen. München und Wien: Oldenburg 1986.

Nowotny, Helga: Eigenzeit. Entstehung und Strukturierung eines Zeitgefühls. Frankfurt a. Main: Suhrkamp 1989.

Ochsner, Martin: Persönliche Arbeitstechnik. Zeit- und Selbstmanagement als Weg zum bewußteren, produktiveren Leben und Arbeiten. Gießen: Schmidt 1990.

Oesch, Emil: Die Kunst, Zeit zu haben. Ratschläge für den Umgang mit unserem kostbarsten Gut. Landsberg a. Lech: mvg-Verlag 1999.

Parikh, Jagdish: Managing Your Self. Streßfrei und gelassen auf dem Weg zu Spitzenleistungen. Wiesbaden: Gabler 1994.

Payne, John und *Payne, Shirley:* Richtig delegieren. Effizient, erfolgreich, kontrolliert. Niedernhausen/Ts.: Falken 1997.

Perry, Susan und *Dawson, Jim:* Chronobiologie - die innere Uhr Ihres Körpers. Genf und München: Ariston 1990.

Plattner, Ilse E: Zeitberatung. Die Alternative zu Zeitplantechniken. München: mvg-verlag 1992.

(–): Zeitstreß. Für einen anderen Umgang mit der Zeit. München: Kösel 1993.

Porter, Mark: Zeit planen – sinnvoll leben. Zeitplanung ist Lebensplanung. Asslar: Schulte & Gerth 1989.

Quast, Christoph von: Psychotest Zeitmanagement. München: Humboldt 1994.

Reddin, William J: Das 3-D-Programm zur Leistungssteigerung des Managements. Managerial Effectiveness. Landsberg: Moderne Industrie 1981.

Regenscheidt, Ulrike: Die meisterhafte Zeitvermehrung. Wege zum bewußten Umgang mit der Zeit. München und Würzburg: Lexika 1997.

Reineke, Wolfgang: Optimal arbeiten und führen. Zeit nutzen - Resultate erzielen. Heidelberg: Sauer 1962, 1992[6].

Rischar, Klaus: Die perfekte Organisation im Sekretariat. Landsberg: Moderne Verlagsgesellschaft 1982.

Roth, Werner und *Spieß Computersystems:* Das große Zeitspar-Paket. Düsseldorf: Data Becker 1996.

Rüdenauer, Manfred: Durchsetzungsvermögen in Besprechungen und Konferenzen. Technik, Taktik, Psychologie. Kissing: Weka 1980[2].

Rühle, Hermann: Persönliche Arbeitstechniken. Goch: BRATT 1982.

Ryborz, Heinz: Training zum Erfolg. Wie Sie Ihre persönlichen und beruflichen Ziele erreichen. Regensburg und Düsseldorf: Metropolitan 1999.

Schaepman, Ellert; Heussen, Benno und *Weinknecht, Jürgen:* Zeit gewinnen. Arbeitstechnik und Zeitmanagement mit dem Computer. München: C. H. Beck 1992.

Schellbach, Oscar: Mein Erfolgs-System. Positive Lebensführung in Theorie und Praxis. Freiburg: Bauer 1978[25].

Schmidt, Horst: Die neue Lebenshilfe – Bio-Rhythmik. Köln: Buch und Zeit 1980.

Schmidt, Josef: Lebensenergien für privaten und beruflichen Erfolg (Lebensplanung). Bd. I u. II. Bayreuth: Schmidt 1989.

(–): Erfolgreiches Zeitmanagement im Verkauf. Freiburg i. Breisgau: Haufe 1989.

(–): und *Wollner, Hilmar:* Zeitsouveränität. Der Weg zur modernen Zeit- und Lebensplanung. Bayreuth: J. Schmidt 1988, 1993[3].

Schneider, Fritz: 85 Erfolgreiche Zeit-Geheimnisse. Murnau: Akzente 1991.

Schömbs, Wolfgang und *Hans, Karlfried:* Rationelle Arbeitstechniken für Chefs. Ein 5-Punkte-Programm gegen den Streß. Köln: BBE 1980[4].

Scholz, Hans-Eckart (Hrsg.): Erfolg durch bessere Methoden. Techniken und Hilfsmittel für systematisches Arbeiten im Büro. Berlin und München: Siemens 1982.

Schräder-Naef, Regula: Keine Zeit? Ein Ratgeber für sinnvolle Zeiteinteilung im Alltag. Weinheim und Basel: Beltz 1984, 1987[2].

Scott, Martin: Zeitgewinn durch Selbstmanagement. Schlankheitskur für Zeitfresser. Frankfurt und New York: Campus 1993.

Seidel, Eckhard: Zeitstreß – ade! Bad Alexandersbad: HelfRecht 1986, 1989[7].

Servan-Schreiber, Jean-Louis: Die 90-Minuten-Stunde. Mehr Zeit zum Leben. Düsseldorf und Wien: Econ 1984.

Sherman, James R: Plane deine Arbeit – arbeite nach deinem Plan. Wien: Ueberreuter 1992.

Siegert, Werner: Zeit-Management ist Zeit-Gewinn. Heiligenhaus: System-Management 1989[7].

(–): Selbstmanagement und Liebe. Mehr Lebensenergie. München: Moderne Verlagsgesellschaft 1991.

(–): Ziele – Wegweiser zum Erfolg. Von den Unternehmenszielen zu den täglichen Arbeitszielen. Bonn: Beste Unternehmensführung 1995.

Sievert, Ullrich: Mehr Zeit für das Wichtige. Methoden und Techniken für den Büroalltag. Düsseldorf und Wien: Econ 1973, Neuausgabe 1991[3].

Simon, Walter: Rede nicht, handle! Ziele setzen – Ziele erreichen. Offenbach: Gabal 1996, 1997[2].

Speck, Dieter: Erfolgreiche Problemlösung. Das ZIMT-Modell (Zielsetzung – Ist-Analyse – Motivation – Teilziele). Düsseldorf: Econ 1990.

Stalk jr., George und *Haut, Thomas M:* Zeitwettbewerb. Schnelligkeit entscheidet auf den Märkten der Zukunft. Frankfurt und New York: Campus 1990, 1992[3].

Steinherr, Ludwig: Selbstentlastung durch effektive Planungs-, Organisations- und Arbeitstechnik. Kissing: Weka 1979[2].

(–): Durch Arbeitsplanung die Chefarbeit rationalisieren. Ein Leitfaden. Eschborn: RKW 1985.

Stielau-Pallas, Alfred R: Nur für die Besten: Erfolg und Erfüllung. Donzdorf: Engel auf Erden 1989.

Stork, Edith: Logistik im Büro. Unordnung kostet Geld. Weinheim und Basel: Beltz 1997, 1998[2].

Stroebe, Rainer W: Arbeitsmethodik I + II (2 Bände). Heidelberg: Sauer 1978, 1996/98[7/6].

Studer, Jörg: Persönliche Arbeitstechnik – ein Leitfaden für die Praxis. Muri b. Bern: Cosmos 1991.

Tepperwein, Kurt: Mehr erledigen in weniger Zeit. Erfolgstraining für Ihr Unterbewußtsein. Textbuch und Toncassette. Landsberg: Moderne Verlagsgesellschaft 1986.

Theisen, Manuel R: Wissenschaftliches Arbeiten. Technik – Methodik – Form. München: Vahlen 1984, 1998[9].

Thieme, Kurt H: Das ABC des Selbstmanagements. Von Anti-Streß-Techniken bis Zeitplanung. Wiesbaden: Gabler 1995.

Treacy, Declan: Perfektes Zeitmanagement in 7 Tagen. Landsberg a. Lech: mvg-Verlag 1999.

Uhlmann, Regine und *Scheller, Monika:* Schaltstelle Sekretariat. Kommunikation, Menschenführung, Arbeitstechniken. Ehningen: Expert 1988.

Vogel, Ingo: Personal Way. Der persönliche Weg zum Lebens-Erfolg. München und Düsseldorf: Econ 1999.

Voss, Jutta: Selbstmanagement. Mehr Erfolg in Leben und Beruf. München: Compact 1995.

Wabner, Rolf: Selbst-Management. Wie Sie zum Unternehmer Ihres Lebens werden. Wiesbaden: Gabler 1993.

Wage, Jan L: Zeit- und Energiemanagement. Eine Zeitgebrauchs-Anleitung für Manager. Wien: Signum 1993.

Wagner, Hardy: Persönliche Arbeitstechniken, Grundlagen und Methoden erfolgreichen Selbst-Managements. Bremen: GABAL 1984, 1997[5].

Walker, Björn: Endlich Zeit haben. Bern: 1zu1-Verlag 1998.

Walter, Peter: Erfolgreicher durch Zeitmanagement. Stuttgart: Deutscher Sparkassenverlag 1993.

Wassermann, Jürgen: Persönliche Arbeitstechniken. Gießen: Schmidt 1983.

Weihe, Hermann J und *Rönsberg, Wolfgang:* Zeitmanagement: Das A bis Z für die Arztpraxis. Berlin: Synchron 1991.

Weiler, Peter: Endlich mehr Zeit! Stress und Probleme bewältigen durch die richtige Zeitplanung. München: Südwest 1999.

Weiling, Ludger: So machen Sie mehr aus Ihrer Zeit. Sinnvolle Zeitplanung für Beruf, Familie und Freizeit. Freiburg, Basel und Wien: Herder 1989.

Wellmann, Andreas und *Zelms, Regina:* Professionelles Zeitmanagement. Mit Timer und EDV das Büro jederzeit fest im Griff. Wiesbaden: Gabler 1995.

Wendorff, Rudolf (Hrsg.): Im Netz der Zeit. Menschliches Zeiterleben interdisziplinär. Stuttgart: Hirzel 1989.

Willing, Siegfried A und *Maubach, Ulrich:* Mehr Zeit für creatives Denken in Marketing, Werbung und PR. Düsseldorf: Gesellschaft für Wirtschaftspublizistik (GWP) 1990.

Winston, Stephanie: Organisation im Büro. Von Ablage bis Zeitplanung. München: Knaur 1994.

Wirz, Adolf: Efficiency – Herbert Cassons Philosophie des Erfolgs. Zürich und Schwäbisch Hall: Orell Füssli 1986.

Wurzer, Jörg: Zielmanagement. Perspektiven entwickeln, Visionen realisieren, Prioritäten richtig setzen. Renningen: Expert und Wien: Linde 1998.

Zeichen, Alfred: Zeitmanagement. Mehr Zeit für das Wichtige. Ein Leitfaden für Gestreßte. Wien: Wirtschaftsförderungsinstitut der Handelskammer 1991, 1993[3].

Zielke, Wolfgang: Handbuch Lern-, Denk-, Arbeitstechniken. München/Landsberg: mvg-Verlag 1988.

SEIWERT-Literatur zum
Weiterlesen, Weiterhören, Weiterspielen
Bücher

- *Ederer, Günther* und *Seiwert, Lothar J.:* DER KUNDE IST KÖNIG. Das 1x1 der Kundenorientierung. Das Strategie-Buch für kundenorientierte Unternehmen. 3. Aufl. Offenbach: GABAL 2000.

- *Friedrich, Kerstin; Seiwert, Lothar J.* und *Geffroy, Edgar K.:* DAS NEUE 1X1 DER ERFOLGSSTRATEGIE. EKS®-Erfolg durch Spezialisierung. 8. Aufl. Offenbach: GABAL 2002.

- *Koenig, Detlev; Roth, Susanne* und *Seiwert, Lothar J.:* 30 MINUTEN FÜR OPTIMALE SELBSTORGANISATION. Offenbach: GABAL 2001.

- *Küstenmacher, Werner Tiki;* mit *Seiwert, Lothar J.:* SIMPLIFY YOUR LIFE. Einfacher und glücklicher leben. 5. Aufl. Frankfurt und New York: Campus 2002.

- *Schimmel-Schloo, Martina; Seiwert, Lothar J.* und *Wagner, Hardy* (Hrsg.): PERSÖNLICHKEITS-MODELLE. Die wichtigsten Modelle für Coaches, Trainer und Personalentwickler. Offenbach: GABAL 2002.

- *Seiwert, Lothar J.:* DAS BUMERANG-PRINZIP. Lebenskunst zwischen Muss und Muße. München: GU-Verlag (erscheint Herbst) 2002.

- *Seiwert, Lothar J.:* DAS 1X1 DES ZEITMANAGEMENT. 23. Aufl. München: mvg-Verlag 2002.

- *Seiwert, Lothar J.:* 30 MINUTEN FÜR MEHR ZEIT-BALANCE – mit Life-Leadership-Konzept. 2. Aufl. Offenbach: GABAL 2001.

- *Seiwert, Lothar J.:* 30 MINUTEN FÜR OPTIMALE KUNDENORIENTIERUNG. 2. Aufl. Offenbach: GABAL 2001.

- *Seiwert, Lothar J.:* 30 MINUTEN FÜR OPTIMALES ZEITMANAGEMENT. 4. Aufl. Offenbach: GABAL 2002.

- *Seiwert, Lothar J.:* KURSBUCH LEBENS-ZEIT. Wie Sie den Fahrplan für Ihre Lebens-Balance bestimmen. 2. Aufl. Heidelberg: Seiwert-Institut 2002. *(www.seiwert.de)*

- *Seiwert, Lothar J.:* LIFE-LEADERSHIP. Sinnvolles Selbstmanagement für ein Leben in Balance. Frankfurt und New York: Campus 2001.

- *Seiwert, Lothar J.:* WENN DU ES EILIG HAST, GEHE LANGSAM. Das neue Zeitmanagement in einer beschleunigten Welt. Sieben Schritte zur Zeitsouveränität und Effektivität. 7. Aufl. Frankfurt und New York: Campus 2001.

- *Seiwert, Lothar J.* und *Gay, Friedbert:* DAS 1X1 DER PERSÖNLICHKEIT. Sich selbst und andere besser verstehen mit dem DISG-Persönlichkeits-Modell. 8. Aufl. Offenbach: GABAL 2001.

- *Seiwert, Lothar J.* und *Kammerer, Doro:* ENDLICH ZEIT FÜR MICH! Wie Frauen mit Zeitmanagement Arbeit und privatleben unter einen Hut bringen. 2. Aufl. Landsberg a. Lech: mvg-Verlag 2000. *(www.mvg-verlag.de)*

- *Seiwert, Lothar J.* und *Konnertz, Dirk:* ZEITMANAGEMENT FÜR KIDS – fit in 30 Minuten. Mehr Zeit für das, was Spaß macht. Offenbach: GABAL 2000.

- *Seiwert, Lothar J., Horst* und *Labaek-Noeller, A.:* 30 MINUTEN – ZEITMANAGEMENT FÜR CHAOTEN. 3. Aufl. Offenbach: GABAL 2001.

- *Seiwert, Lothar J.* und *Tracy, Brian:* LIFETIME-MANAGEMENT. Mehr Lebensqualität durch Work-Life-Balance. Offenbach: GABAL 2002.

Hörbücher

- *Seiwert, Lothar J.:* MEHR ZEIT FÜR DAS WESENTLICHE *(Erfolgs-Hörbuch)*. 4 Cassetten (Gesamt-Spielzeit 382 Minuten). Konstanz und Kreuzlingen (CH): Rusch 1998. *(www.rusch.ch)*

- *Seiwert, Lothar J.:* WENN DU ES EILIG HAST, GEHE LANGSAM *(Audiobook)*. 4 Hörcassetten (Gesamt-Spielzeit ca. 380 Minuten). Frankfurt und New York: Campus 1999. *(www.campus.de)*

- *Seiwert, Lothar J.* und *Gay, Friedbert:* DAS 1X1 DER PERSÖNLICHKEIT. *(Audioprogramm)*. 4 Toncassetten (Gesamt-Spielzeit ca. 260 Min.). Offenbach: GABAL 2000.

Drehscheibe

- *Seiwert, Lothar J.:* TIME & LIFE MANAGEMENT DECODER *(mit 4 Drehscheiben)*. Kirchzarten bei Freiburg: VAK-Verlag 2000.

Testhefte

- *Gay, Friedbert* und *Seiwert, Lothar J.:* STRATEGIE-PLANER FÜR ZEIT UND PERSÖNLICHKEIT. Eine Arbeitshilfe für die Verbesserung Ihres persönlichen Zeitmanagement-Verhaltens. 3. Aufl. Remchingen: DISG-Training 2002. *(www.disg.de)*

- *Seiwert, Lothar J.:* DISG-Zeitmanagement-Profil „TIME MASTERY". Arbeitsheft mit *Zeitmanagement-Test* (Lesen und Rubbeln). 4. Aufl. Remchingen und Offenbach: DISG-Training und GABAL/Jünger 2000. *(www.disg.de)*

Video-Cassette

- *Seiwert, Lothar J.:* MEHR ZEIT FÜR DAS WESENTLICHE. *Trainings-Video* (Dauer 70 Min.) mit Begleitheft und Trainingsplan. 6. Aufl. Landsberg a. Lech: Moderne Industrie (mi-Video) 1998 (zu beziehen über Seiwert-Institut, *www.seiwert.de*, siehe Anzeige Seite 336).

Newsletter

- *Seiwert, Lothar J.:* LOTHAR J. SEIWERT-BRIEF: WORK-LIFE-COACHING – für ein Leben in Balance. *Monatlicher Beratungs- und Trainingsbrief*. München: Aktuell Verlag im Olzog Verlag 2000 ff. *(www.coaching-briefe.de)*

Stichwortverzeichnis

TIME-MANAGEMENT UND LIFE-LEADERSHIP

Das neue Zeit- und Lebens-Management in einer beschleunigten Welt.

Prof. Dr. Lothar J. Seiwert ist „Deutschlands tonangebender Zeitmanagement-Experte" (Focus 1/2000).

WENN NICHT JETZT, WANN DANN?

Mit Prof. Seiwert und seinem Expertenteam können Sie Ihr Wissen über Time Management und Life-Leadership über die Lektüre dieses Buches hinaus vertiefen. Durch persönliches Training und effizientes Coaching lernen Sie ganz konzentriert, wie Sie mehr Zeit für das Wesentliche finden. Wir informieren Sie gerne. Sprechen Sie unverbindlich mit uns, und lassen Sie sich kostenlose Informationen schicken über:

☐ Motivations-Vorträge im Dialog mit Prof. Seiwert in Ihrem Unternehmen oder auf Ihren Tagungen
☐ Firmeninterne Time-Management und Life-Leadership-Seminare
☐ Öffentliche Time Management-Seminare – Ihr Kompaktwissen für die Umsetzung in der täglichen Praxis
☐ Zeitmanagement-Bücher, -Audio, -Video, -Software, -Tests (u.a. Time Mastery), -Think-Spiel

WENN NICHT SO, WIE DENN?

Nutzen Sie die Zeit! Kopieren Sie einfach diese Seite, und faxen oder schicken Sie uns Ihre Wünsche. Oder rufen Sie uns an.

Name	Vorname
Firma	Abteilung
Straße/Postfach	PLZ/Ort
Telefon	Fax
e-mail	Homepage

SEIWERT-INSTITUT GMBH
ADOLF-RAUSCH-STR. 7
D-69124 HEIDELBERG
FON: 0 62 21 / 78 77-0
FAX: 0 62 21 / 78 77 22
E-MAIL: INFO@SEIWERT.DE
INTERNET: WWW.SEIWERT.DE

SEIWERT/INSTITUT

TIME-MANAGEMENT UND LIFE-LEADERSHIP